人事ＤＸを超えた
経営戦略としての人材活用

科学的人事の実践と進化

株式会社プラスアルファ・コンサルティング
三室克哉　鈴村賢治　中居隆

東洋経済新報社

はじめに

人材活用にマーケティングの視点を採り入れ、社員を多角的に見える化する科学的人事戦略の必要性を訴えた前作、『「科学的」人事の衝撃』には多くの反響が寄せられた。日本企業の人事に対する考え方やスタンスに影響を与え、科学的人事プラットフォームの構築に向けてアクションを起こす企業を増やし、科学的人事のムーブメントを起こすことができたのではないかと自負している。

今回、その続編に当たる本書の刊行に踏み切ったのはほかでもない。２０２０年初頭からの新型コロナ禍が企業活動に地殻変動的なインパクトを与えたからだ。

コロナは組織の中で働く人々の考え方を変えた。価値観も、キャリアに対するスタンスも、学びに対する意識もコロナ前と同じではない。すべてがアップデートされている。

人事も変化を余儀なくされた。人材を集め、育成し、モチベーションの向上を図りパフォーマンスを引き出して組織を活性化し、企業価値の向上につなげるという役割自体は変わっていないが、コロナはデジタル化を促進し、人々の働き方を変え、人事評価制度に影響を与え、雇用形態をも揺るがしている。

実質GDPの成長率が下がり、失業率が上がり、世界の不確実性がかつてない水準にまで高まった──。これはまぎれもないコロナのデメリットだが、人事に関して言えば、働き方や企業活動がこれほどまでに変化した現在は、否応なしに、これまでの属人的人事の限界を越えるために、科学的人事に踏み出す絶好のチャンスともいえるだろう。いまこそITを駆使し、マーケティングの視点や思考を組み込んでデータを複合的に活用し、意思決定の高度化を図る好機である。

本書では全体を6章構成とし、まず第1章ではコロナがもたらした働き方の変化にフォーカスした。キャリア形成に対する考え方、人事評価制度や雇用制度がいかに変わってきたかをクローズアップしている。

第2章は、人材を資本ととらえる「人的資本」を詳しく紹介した。人材を「コスト」とみなす考え方はもう脱したい。人材は企業価値の源泉だ。企業戦略を決める上でもっとも優先されるべきは人材への投資である。人的資本経営の考え方をここで押さえていただきたい。第3章は本書のエッセンスといってもいいだろう。科学的人事とは何を指すのか。タレントマネジメントとは何を意味し、人事DXとはどう違うのか。混同され、間違って解釈されやすいワードを取り上げながら、マーケティング思考を取り入れた科学的人事の本質に迫っている。

続く第4章では科学的人事の最新事例を業界別に取り上げた。なぜその業界で先進的な取り組みが多く見られるのか、どのようなアプローチで科学的人事を展開しているのかを明らかにしている。一歩先を行く事例から自社に応用できる要素やヒントを感じ取っていただきたい。

第5章は科学的人事を人事施策別に紹介している。「配置・異動、抜擢・活躍促進」、「離職防止、エンゲージメント、ウェルビーイング、コミュニケーションの活性化、組織診断、健康経営」、「社員の育成・評価」、そして「採用」に分けて、それぞれを具体的に実践していくためのアプローチを解説した。頭から読んでいただくのはもちろん、いま着手したい施策を選び、ピンポイントで読んでいただいても構わない。部分的な施策からも科学的人事の可能性をつかめるはずだ。

最終章の第6章は科学的人事の始め方を解説している。失敗しないためにステップを3つに分け、それぞれのステップでのやるべきことや考え方を解説した。順を追って準備を進めていってもらいたい。

人材が育ち、成果を出すまでには時間がかかるように、科学的人事の実践にも時間が必要だ。インスタントに成功させることは不可能だが、人材データを見える化しデータを活用する科学的アプローチを段階的に進めれば、経営戦略と人事戦略を連動させることが可能になり、意思決定の高度化を実現できる。

企業活動を取り巻く環境や働く人々の考え方の「激変」を、属人的人事から科学的人事への進化のきっかけととらえたい。前作が科学的人事を知るための入門書だとすれば、本書は科学的人事を実践するための本格的な手引書だ。ダーウィンの言葉にあるように「変化する者が生き残る」。強い企業になるためにぜひ本書を活用し、本年を「科学的人事を当たり前のように使いこなす企業へと変貌を遂げる年」にしていただきたい。すでに多くの企業が科学的人事を標準装備しつつある。もはや科学的人事はスタンダードな取り組みであることを実感いただき、具体的に取り組む参考としていただきたい。

科学的人事の実践と進化

人事DXを超えた経営戦略としての人材活用

目次

第2章 人的資本という企業価値軸の変化 45

第3章 科学的人事戦略とは何か？ HR業界のバズワードに惑わされない人材活用 61

2

離職防止、エンゲージメント、ウェルビーイング、コミュニケーションの活性化、組織診断、健康経営

3

社員の育成・評価

第6章 科学的人事、成功の道筋 233

第1章

コロナで変わった働き方

1 コロナという地殻変動

2019年12月、中国で新型コロナウイルス感染症（以下コロナ）の第1例目の感染者が報告された。WHOがパンデミックを宣言したのは翌年の3月。以来、コロナは世界に甚大なダメージを与えてきた。世界秩序を揺るがし、グローバル経済に打撃を加え、サプライチェーンを分断し、人々のライフスタイルや価値観を変え、企業活動に多大な影響をもたらした。そのインパクトは「地殻変動」という表現がふさわしい。地殻変動の余波は世界全体におよび、現在進行形で続いている。

企業活動に絞るとコロナによる変化は大きく2つある。一つはデジタル化の進行だ。感染拡大を防止しつつ経済活動を維持するためにデジタル化は一気に加速。多くの企業が長年の懸案事項だったデジタル化に本腰を入れ、事業構造を見直し、新規事業に着手している。

製造業はIoTを活用した製品のスマート化や3D印刷を活用した製造技術、製造工程全般のデジタル化によるスマートファクトリーに取り組み、流通業はネットショッピングやECにデジタルシフトし、店舗や拠点のAI・ロボティクス化を図ると同時にリアル店舗ならではの買い物体験の提供に挑んでいる。金融業は店舗業務のデジタル化や事務処理の無人化を推進。そのほか、交通や物流、医療、教育、防災・防犯の業界でもDX（デジタルトランスフォーメーション）導入が急ピッチで進んでいる。そうした中で、企業のDX推進を担うDX人材の育成が急務となっている。コロナは人材に対する企業の価値観やスタンスも変えた。

もう一つの大きな変化は働き方だ。内閣府の調査によると、2021年10月時点の全国のテレワーク実施率は32・2％。決して高水準とはいえないが、コロナ以前のテレワーク実施率が10・3％であったことを考えると、リモートワークが普及してきたことは間違いない。いったん浸透したリモートワークへのニーズは根強い。オフィスワークに戻す企業が出てきているとはいえ、リモートワークがなくなることはないだろう。企業はリモートワークできる環境を整えると同時に、オフィスの意義や役割の見直しも迫られている。オフィスは本当に必要なのか。必要だとすればその目的は何なのか。何より、リアルなコミュニケーションをどのように実現していくべきなのか。いま問われているのは社員の働き方に対する企業の価値観だ。また、コロナという地殻変動の中で、企業のレジリエンス（変化への対応力）も重要性を増している。変異株が次々に現れ、コロナが終息する見通しはいっこうに立っていない。コロナ禍前の日常生活や企業活動に戻ることはないと考えるのが正解だ。

また今後、新たな感染症が拡大しないとも限らない。山火事や水害などの大災害も頻発している。コロナの再拡大、新たなパンデミックや災害といった危機的状況に備えつつ、事業を継続して成果を出していくためには、環境変化への適応力が不可欠だ。企業はデジタル化を進め、オンラインとオフライン、リアルとバーチャルのハイブリッドな働き方を実現しながら、社員がしっかりとパフォーマンスをあげられる環境を作り、成果をあげていかなければならないのである。

2 変わる人事評価制度

コロナ禍でリモートワークが定着するのに合わせ、企業においては社員に対する評価制度の見直しも進んでいる。社員の仕事ぶりがつかみにくくなったことが、大きな理由の一つだ。同じオフィスで働いていれば社員の勤務状況や勤務時間、勤務態度は把握しやすい。だが、リモートワークになった途端にその方法は通用しなくなる。成果やプロセスを可視化する仕組みが整っていないため、何をどう評価していいのかわからない。そのジレンマがミドルマネジメント層を直撃している。

これまで、人事評価の手法として一般的だったのが、ピーター・ドラッカーが提唱した

MBO（Management by Objectives）だ。社員一人ひとり、またはグループごとに達成目標を決め、その進捗や達成度合いによって人事評価を行うマネジメント手法で、目標管理の期間を半年もしくは1年後とし、その期間に目標がどの程度達成されているかを確認し、人事評価につなげていく。

しかし、事業環境がめまぐるしく変化するいま、1年はもちろん、半年というスパンでも長すぎる。個人の能力を最大限に発揮させるためにはMBOだけでは不十分なのではないかという見方も強まった。働いた時間が重視されるような評価制度のあり方への疑問も高まっている。

そもそも日本の労働生産性は国際的に見ると極めて低い。2020年の時間当たり労働生産性（就業1時間当たりの付加価値）は49・5ドルで、OECD加盟38カ国中、23位だ。7位のアメリカ（80・5ドル）の約6割程度しかなく、しかも1988年とほぼ同水準。主要先進7カ国で見るとデータが取得可能な1970年以降ずっと最下位に甘んじている。

残業をいとわない。長時間がんばって仕事をしている。勤務時間の長さが重視されがちな人事評価はすでに綻びを見せていたが、それがコロナによって大きくなり、傷口が広がってきている。これまでの評価制度ではもう通用しない――。企業の痛切な危機感を背景に新しい評価制度の導入が続いている。

その一つが、Ｇｏｏｇｌｅなど一部企業で導入が進んでいるＯＫＲ（Objectives and Key Results）だ。難易度が高めの明確なObjectives（目標）を設定し、Key Results（主要な成果）によって高い目標を達成するための目標管理を行い、社員のモチベーションアップやコミュニケーションの活性化を図り、エンゲージメントを向上させていく手法である。

ＯＫＲでは、半年に一度といった長いスパンではなく、ゴールに対してどこまで到達できるかを日々細かく確認し、目標を分解してチームに落とし込んだ上で、目標達成のために個人がやらなければならないことを紐付けていく。目標は四半期で設定しながらも、週次などでのフィードバックも行い、１on１面談などと組み合わせながら日々の成果を振り返っていくのが特徴だ。

軌道修正をこまめにかけながら進めていくＯＫＲでは、上司と部下とのコミュニケーションが発生しやすい。さらに社員同士が目標を互いに共有することで、目標達成に向けた社員間のコミュニケーションが活性化し、組織の一員としての一体感が高まっていく。

先ほど日本の労働生産性の低水準について言及したが、日本はエンゲージメントも低い。米ギャラップが世界各国の企業を対象として実施した従業員のエンゲージメント調査によると、日本の企業における「熱意あふれる社員」の割合はわずか５％。調査した１３９カ国中１３２位と最下位クラスだ。もっとも高かったのは35％のアメリカ。日本とは７倍もの開き

図表1-1 日本のエンゲージメントは低い

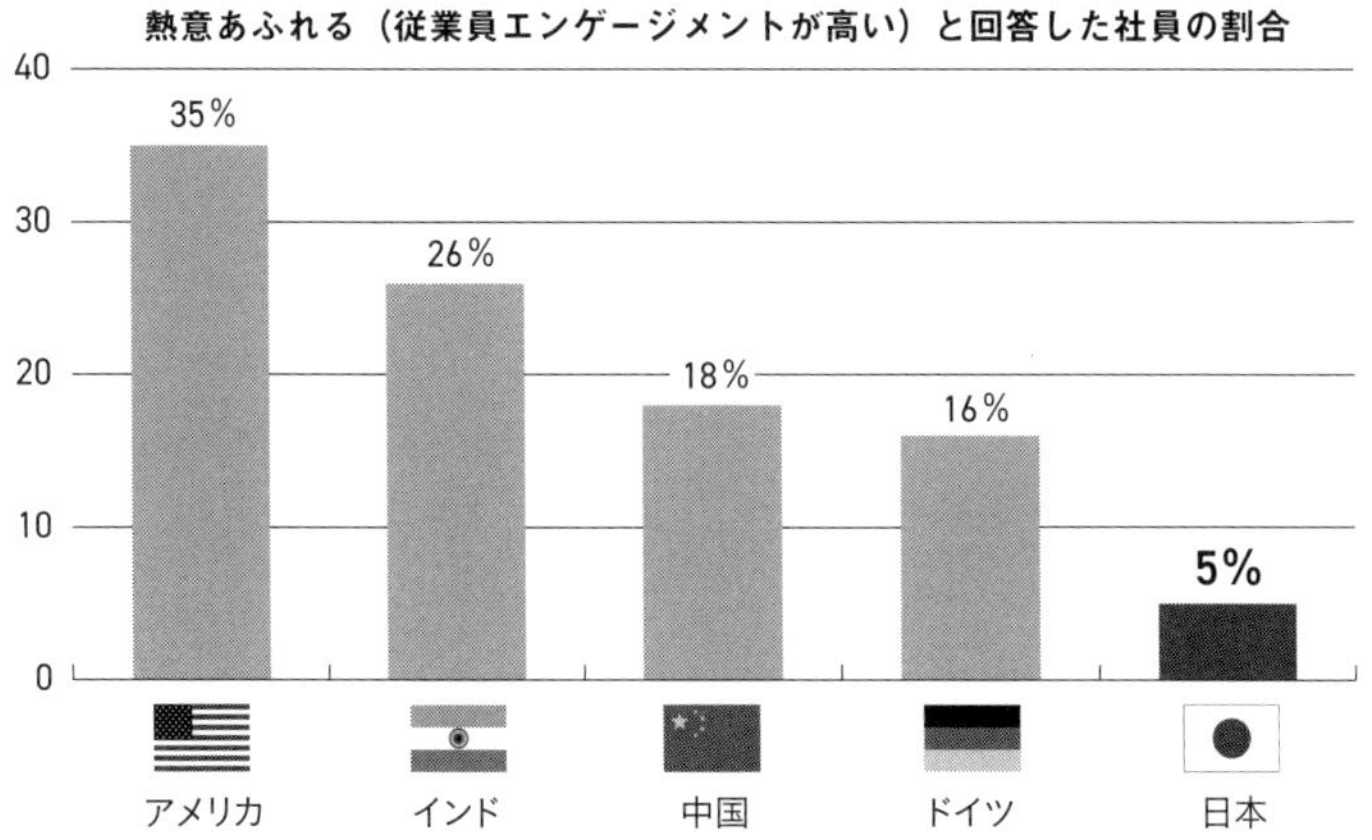

（出所）State of the Global Workplace：2022 Report GALLUPより筆者作成

がある。

エンゲージメントが低い原因の一つとして評価制度の曖昧さが挙げられる。何をどうしたら評価されるのか基準がはっきりとわからない、年功序列が強固でやりがいが感じられないといったことではエンゲージメントは高まりようがない。長時間労働による肉体的・精神的なストレスの大きさも生産性を下げている要因だ。

社員の意識の変化も大きく作用している。1960年～80年代の日本の多くの企業はメンバーシップ型雇用制を敷き、コマンド&コントロール（指示と管理）で経営を行っていた。そのため、いったん企業に入社すれば与えられた仕事を淡々とこなす、どちらかといえば受け身の姿勢が強かったが、ミレニアル世代（1980年代～1990年代前半生まれ）はそうではない。彼ら彼女らが求めているのは自らの成長だ。成長し、社会に貢献できているという実感を求める世代に対しては、企業理念やビジョンを浸透させ、社員の成長につながる仕組みを整備していかなければならない。ＯＫＲのような社員の自己成長やエンゲージメントの向上を図る評価制度を導入する企業が、今後増えていくと思われる。

このほか、業務ごとに高いレベルの成果を生み出している人の行動特性（コンピテンシー）をもとに評価項目や評価基準を設定するコンピテンシー評価や、上司や同僚、部下など立場の異なる複数の人が多面的に社員を評価する３６０度評価を取り入れる企業も増えてきた。

さらに、複数の評価制度を組み合わせた、独自の評価システムを構築する企業も増加している。評価制度はそれぞれにメリットとデメリットがあり、いずれも決して万能ではない。企業はより自社に合った評価システムを追求している。

3 ジョブ型雇用へのシフト

① 曖昧さを排除しやすいジョブ型雇用

評価制度が変わってきたように、雇用制度もじわじわとシフトチェンジしている。年功序列、終身雇用、新卒一括採用などを前提に仕事をローテーションさせながら人材を育成していくメンバーシップ型雇用は日本型雇用とも呼ばれ、長きにわたって日本の多くの企業で採用されてきた。その中で、部署や社内のポジションごとの職務を明らかにした上で職務に合う人材を雇用し、責任の大きさと成果で報酬を決めるジョブ型雇用を採用する企業も増えてきている。リモートワークを導入した結果、従来のような業務プロセスの管理が難しくなり、成果に応じた評価を行う管理方法が求められるようになったことが、ジョブ型雇用の広がりを後押ししている。

メンバーシップ型雇用では、まず、人材を採用し、適性や能力を見極めながら配属を決め、配置転換や転勤などを重ねながら企業活動に必要なスキルを備えた人材を育成していくが、業務内容や求められる成果が曖昧で、評価しづらいという難点がある。

対して、ジョブ型雇用はジョブディスクリプション（職務記述書）によって、仕事の具体的な目的と内容、責任の範囲、必要なスキルや経験を定義するため、これまでのような曖昧さを排除しやすい。グローバルな視点で人材獲得競争にさらされている企業が増えているいま、ジョブ型雇用はアドバンテージがある雇用制度と受け止められている。

② 専門性の高い業務で目立つジョブ型の導入

もっとも、日本の企業は長年新卒一括採用を基本としてきたため、全面的なジョブ型雇用への転換は容易ではない。欧米はジョブ型で先行しているが、日本とは文化的・法制的な背景が違う。例えば、「タレント」と言った場合、欧米の企業では能力があり成果をあげている一部のハイパフォーマーを指すことが多い。だが、日本企業における「タレント」は全社員だ。全体の底上げを旨とする日本企業のスタンスを考えると、メンバーシップ型からジョブ型への全面的な切り替えは難しい。

メンバーシップ型雇用にもメリットはある。一つは、企業の全体像を把握した、視野の広い人材を育成するための戦略的なジョブローテーションが可能な点だ。仕事に「人」を付けるジョブ型では、最初から能力が高かったり、得意とすることがはっきりしていなければ、そこに入ることすらできない。

チームワークが養われやすい点もメンバーシップ型のメリットだ。定義されていない仕事に皆で協力しながら取り組む中で助け合いの文化が醸成され、チームワークが強化されていく。一方、ジョブ型は責任範囲が明確なので、評価に直結しない仕事を引き受ける社員がどうしても少なくなる。チームワークが求められる職種にジョブ型は導入しづらい。そのため、ジョブ型雇用制度を取り入れるにしても、全社での導入は一部の会社であり、特定のポジション限定という企業が大半を占める。

特に多いのが、事業構造転換に伴う新規ポジションや、DX化を進めるために新たに立ち上げた部署や関連会社での導入だ。AI人材やDX人材、データサイエンティスト、エンジニア、商品開発やデジタルマーケティングといった専門性の高い業務はとりわけジョブ型雇用の導入が目立つ。これにはエンジニアなどの人材獲得戦争の激化も影響している。

3 社員の自律的キャリア形成が必須

企業のミドルマネジメント層への対応についても触れておきたい。この層は人数が多いため、会社主導で職務と人材をマッチングしていくだけでなく、社内公募などによって自発的な挑戦を促し、適材適所・適所適材を実現していくことが求められる。

経団連は2022年に春季労使交渉に臨む経営側の方針をまとめるにあたり、ジョブ型雇用に関して「導入・活用の検討が必要」と発表した。前年の「総合的な検討が必要」よりも一歩進んだスタンスだ。全面的ではないにしても、経済界にもプッシュされ、ジョブ型雇用を導入する企業は今後いっそう増えそうだ。

しかし、企業で働き、企業を支えているのは職務内容に100%合致したスキルを持つ人材ばかりではない。ジョブ型で異動できる対象者を増やしていくためにも戦略的な人材育成との両輪が必要だ。

ジョブ型雇用への移行を示すことで企業は社員の自律的な意識改革を促しているが、それだけでは人材育成は進まない。ジョブ型を推進するのであれば、社員の意識改革と並行して人材育成投資を強化し、研修などを充実させるとともに、社内公募によるチャレンジの場を提供するなど、社員の自律的キャリア形成を後押ししていく必要がある。

そもそも、今後ジョブ型雇用がさらに普及すれば、より高い専門性が必要になることは明白だ。もう受け身では通用しない。自分がいまどんなスキルを持っているのか、これからチャレンジしたいジョブに対して不足しているスキル、経験を社員が自ら把握し、自律的にキャリア開発を進めていく時代だ。

DX化の進行も、リスキリングの流れを加速している。リスキリングとは、新しい業務、あるいは現在の業務内容の大幅な変化に対応するために必要とされるスキルを再獲得することを指す。リスキリングの好例がフィンテックだ。銀行や証券、保険などの金融分野では、従来の金融業務にIT技術を組み合わせた新しいサービスが続々と誕生している。ブロックチェーン技術やセキュリティー技術、UIデザインといったスキル。こうした新しい領域ではリスキリング抜きで仕事をこなすことは難しい。

日本はGDPに占める人材育成投資比率が低い。各国平均が1~2%なのに対して、日本は0・1%。非常に低い水準にとどまっている。背景にあるのは、人材育成がOJT中心であり、オフJT（職場外研修）を受講する社員や自己啓発に取り組む社員の割合が低いという現実だ。

人生100年時代に突入した。新しい職務にチャレンジしようとするのであれば、新しいスキルが要る。それを何よりも会社の中にいる社員が実感している。社員に評価され支持されるのは、人材に積極的に投資し、必要なスキルを社員自らが選び学べる環境を提供し、自律的なキャリア開発を支援する企業である。

4 経営戦略としての健康経営

① 従業員の健康確保がパフォーマンスの源泉

コロナで多くの企業やそこで働く社員が苦しむ中で、改めてその重要性が見直されていることもある。その代表格が、社員の健康管理を経営的な視点で考え、社員の活力や生産性の向上を図ってパフォーマンスを最大化していく「健康経営」ではないだろうか。コロナ以前から大企業を中心に取り組みが広がっていたが、コロナ禍でさらに導入が進んでいる。

なぜいま、健康経営なのか。リモートワークには通勤の負担が減り、ワークライフバランスを実現しやすくなるというメリットがある反面、デメリットもある。社員は運動不足に陥りやすく、さらにリアルでのコミュニケーションも不足しがちになる。自律的に自己管理できる社員ばかりではない。リモートワークが続くと生産性が下がるというデメリットも指摘されている。

とりわけ深刻なデメリットがメンタル面に与える影響だ。短期間であればまだしも、他の社員とのリアルでの接点が少なく、コミュニケーションが不足しがちになるリモートワークが長期化すれば、メンタルに与える影響は計り知れない。精神的な孤立感が増大し、「在宅うつ」を誘発する可能性は高い。産業医制度を設けていても、社員と産業医との間に心理的な距離感があるためか、解決策と言うにはほど遠い。かといって、オンライン診察ができる環境整備もまだ道半ばだ。

こうした状況を改善し、社員のパフォーマンスを上げ、レジリエンスを高めていくために企業は何をすべきなのか。その答えとして注目されているのが健康経営だ。

健康経営は医療費の抑制にもつながり、業績向上や株価向上、ブランド力アップにも結びつく。優秀な人材の確保や採用力の向上にも効果的だ。経済産業省では2016年度に、地域の健康課題に即した取り組みや、日本健康会議が進める健康増進の取り組みをもとにして、特に優良な健康経営を実践している大企業や中小企業などを顕彰する健康経営優良法人認定制度を設けた。この制度への申請企業は年々増え、2021年度には1万5000社に達している。従業員の健康確保こそがパフォーマンスの源泉であり、健全で活力のある企業活動の根幹であるという認識が広まった証拠であろう。

② 健康データを人事で活用する!?

ヒトの健康リスクは、大きく生物学的リスクと生活習慣リスク、心理的リスクに分類される。生物学的リスクには血圧や血中脂質、肥満、血糖などが挙げられる。生活習慣リスクとは喫煙、食事や飲酒、睡眠休養、運動不足が原因で発症するリスクを指し、心理的リスクには主観的健康感、生活満足度、仕事満足度、ストレスなどが該当する。

健康経営を実践する上では、いま社員がどんな健康リスクにさらされ、そのリスクがどの程度なのかを知ることが欠かせないが、社員の健康に関する状態を可視化することは容易ではない。また、社員の健康データを採っていたとしてもバラバラに管理されていることがほとんどだ。

例えば、50人以上の事業所であれば必ず実施しなければならないのがストレスチェックだ。残念ながら「法律で課せられているから」実施しているというレベルの企業が大半を占め、データの活用にまで踏み込んでいる企業は少ない。社員のモチベーションやコンディションを見える化しようとメンタルチェックやパルスサーベイ（従業員に対して簡易的な質問を短期間に繰り返し実施する意識調査）を実施している企業は徐々に増えているものの、それぞれが独立したデータとして存在し、しかも大半が紙で記録されている。

そうした中、パフォーマンスの鍵は社員の健康にあるという認識の広がりとともに、健康データを社員一人ひとりのパフォーマンスと掛け合わせて分析・活用したいといったニーズが高まっている。いずれは健康リスクの評価・予測といったことも広がっていくだろう。現在はその手前でさまざまな取り組みが試行されている段階だ。それでも、メンタルヘルスの不調を100%防止することは難しい。徹底防止ではなく、むしろ「不調は起きて当然」という前提に立ち、不調をできるだけ早く発見できるチェック体制を敷く方が現実的な対策だ。専門医との面談などを通して、無理のない働き方を選択していくアプローチである。

5 曲がり角を迎えた人材採用戦略

① 見直されるインターンシップ

コロナの直接の影響はないが、人材採用も大きな曲がり角を迎えている。2022年4月、国公私立大および経団連からなる「採用と大学教育の未来に関する産学協議会」は、2021年度の報告書「産学協働による自律的なキャリア形成の推進」を発表した。

この中で注目されるのが、インターンシップのあり方の見直しだ。従来、採用活動前のインターンシップの情報は選考に活用できなかったが、その方針が一変。就業体験、指導、実施期間、実施時期、情報開示の5つの要件を満たしインターンシップを実施した企業は、インターンシップを通して得た学生の情報を採用活動に利用できるように提言した。2024年度卒から実施予定だ。

ジョブ型で人材を採用する欧米では長期インターンシップが一般的で、多くの企業が数カ月から1年もの時間をかけて学生の能力を見極めている。日本では、インターンシップといっても半月や数日～1日が一般的だったが、数カ月以上、有給で働く長期インターンシップも見られるようになってきた。これまでの日本の採用はポテンシャルを重視して新卒者を一括採用し、人材育成は入社後に時間をかけて行っていくというスタンスだったが、スキルを重視するスタンスに転換し始めたと見ていいだろう。

インターンシップを通して人材のミスマッチを減らしたい企業、コロナ禍で就職活動に不安を感じ、経験やスキルの蓄積を求めてインターンシップに励む学生。両者の思惑が一致し、さらに産学協議会からの提言も加わって日本の採用制度は変革のステージに突入している。

② ダイレクトリクルーティングの利用が加速

人材採用における大きな変化の一つがダイレクトリクルーティングだ。企業が求職者に直接アプローチする採用手法だ。これまでの求人サイトに掲載して応募や紹介を待つ採用に対して、企業自ら自社にマッチする求職者を探してアプローチする「攻め」の採用手法として、企業の注目度が高まっている。中途採用を中心に広がってきたダイレクトリクルーティングだが、さらに新卒採用においても従来のナビサイトは利用しつつ、エンジニアなどの専門性の高い職種についてはダイレクトリクルーティングで一本釣りするという新たなトレンドが生まれている。

これまで以上に人材を重視し、人材に積極投資するようになった企業は、もう待ちの採用では優秀な人材を採用できないことに気づき始めた。ダイレクトリクルーティングを積極的に活用していかなければ、優秀な学生は他社に持っていかれてしまう。そんな企業の危機感がダイレクトリクルーティングの利用を加速している。

危機感を抱いているのは学生も同様だ。希望する企業から内定を獲得するために、ダイレクトリクルーティングに登録する学生は年々増加している。Web説明会やWeb面談が増え、遠方の学生でも説明会や面接に参加することが容易になり、企業からのスカウトが増えていることもエントリー数を押し上げている。

さらにダイレクトリクルーティングが増加している要因として、1990年代中盤から2000年代までに生まれた「Z世代」の傾向についても知っておきたい。「Z世代」の特徴として、以下の点が挙げられる。

①SNSで情報を集める
②リスクを避け、安心・安定を求める
③人や社会への貢献意欲が高い
④大手・ブランド志向が弱い

②で安心・安定を求めながら、④のように大手やブランド志向ではないのは、安心・安定を企業に求めているわけではないからだ。企業への帰属によってではなく、自らのスキルや能力によって将来への安心を手に入れたい。こうしたZ世代の獲得戦争を勝ち抜くために重視すべきは、①のSNSに慣れ親しんだ個へのコミュニケーションのあり方だ。社員が成長できる環境や仕組みを整備し、企業としての価値観や文化、ビジョン、さらに③の人や社会

への貢献の仕方などを丁寧に伝えていくことである。

また、④に見るようにZ世代は企業名や規模、処遇や福利厚生といったことよりも、社員の人柄や社風を見て就職先を判断している。次項で紹介する、面接時に「面接官の対応・雰囲気」を重視する志向もその表れである。

会社の知名度やブランドに左右されない一方で、Z世代は承認欲求が非常に強いともされている。承認欲求を満たすことができるダイレクトリクルーティングは、Z世代の特性に合った採用手法と言える。

③ マッチングが重視されている

図表1-2を見てほしい。学生がエントリー時と内定承諾時に重視するポイントを表した図だ。

ご覧のように、エントリーのときには「業務内容」がもっとも高く、「給与・福利厚生」が続くが、内定承諾した一番の理由でもっとも多いのは「人間関係や社風のマッチング」、次が「成長できる環境」「価値観のマッチング」と続く。

「マッチング」というキーワードが複数回登場していることにお気づきだろうか。「相性」

図表1-2 エントリー時と内定承諾時に重視するポイント

エントリーする際に重視していること

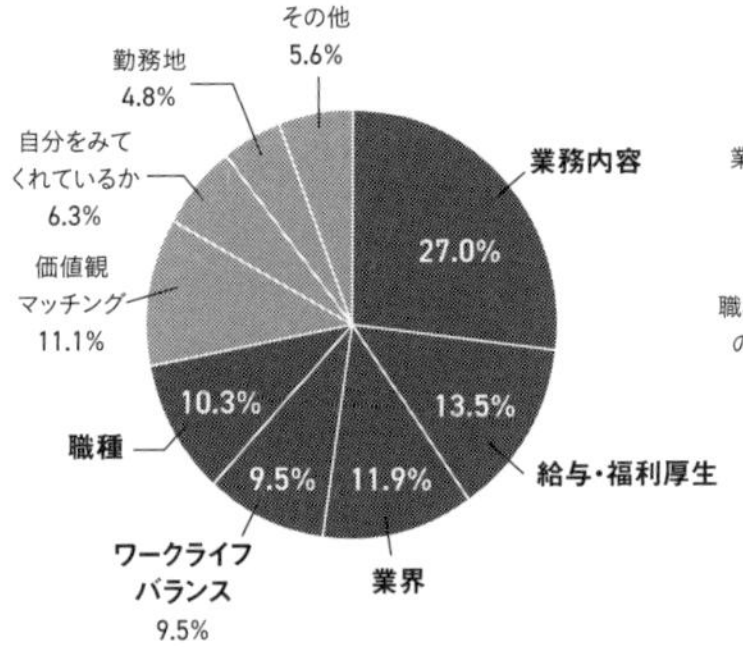

企業の基本情報を重視

内定承諾した一番の理由を教えてください

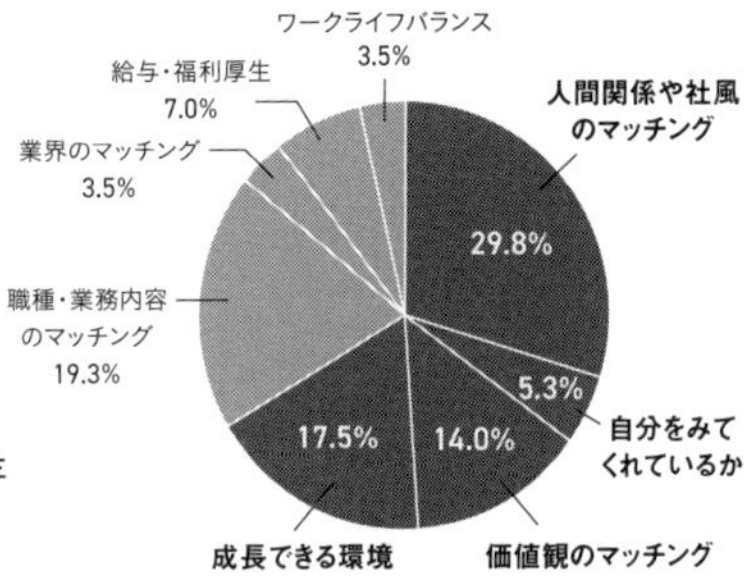

企業とのマッチングを重視

（出所）株式会社グローアップ調査「キミスカ」登録ユーザアンケート（2022/6）

図表1-3 採用のフェーズで異なる訴求ポイント

説明会で一番見ているポイント

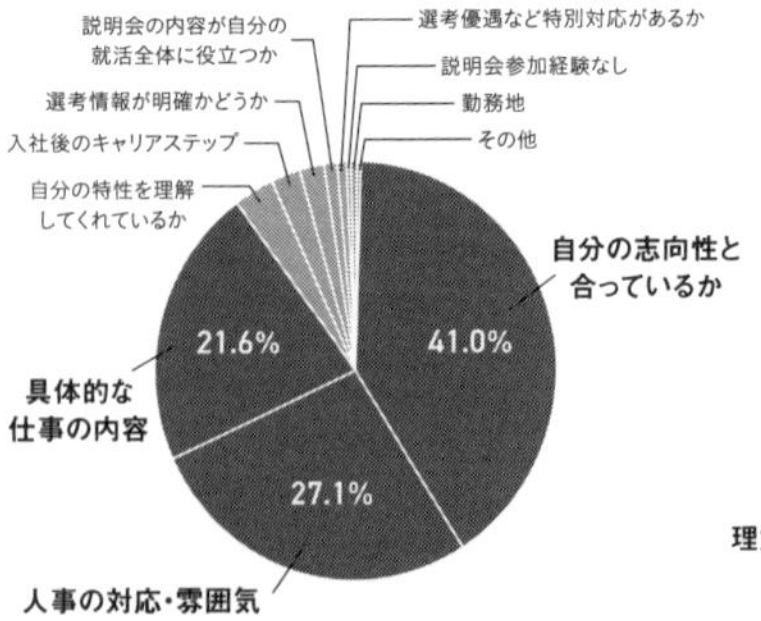

面接で一番見ているポイント

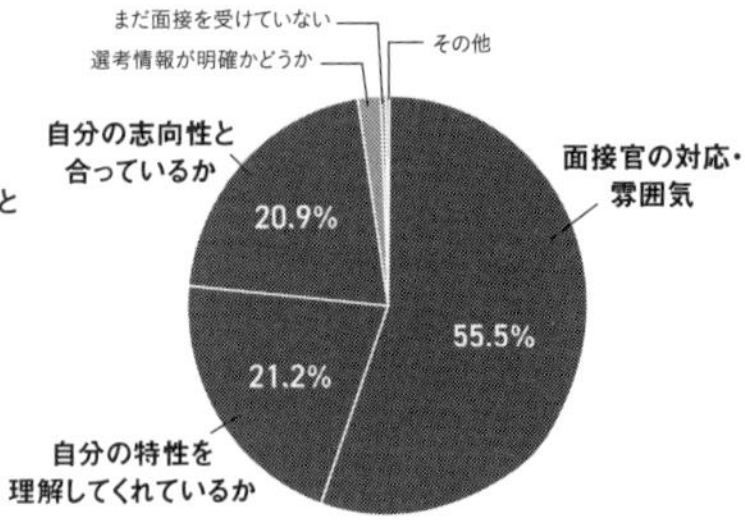

説明会では**「志向性とのマッチ」**、**面接**では**「面接官の対応」**に着目している

（出所）株式会社グローアップ調査「キミスカ」登録ユーザアンケート（2022/6）

が重視されていることの表れだ。図表1-3では、説明会でも「自分の志向性と合っているか」がもっとも高く、面接時では「面接官の対応・雰囲気」が圧倒的に高いことがわかる。その後に「自分の特性を理解してくれているか」が続いている。

この会社はいかに自分を理解しているのか、価値観が合うのか、そこで成長できるのか。そうした要素に重きを置く学生たちと相対する企業が重視すべきは、「この会社なら自分を理解してくれる」と感じさせるコミュニケーションだ。逆にいえば、コミュニケーション不全の会社はZ世代から選ばれなくなる可能性が高い。彼ら彼女らをしっかり理解し、個々に合ったコミュニケーションを図っていくことが重要である。

第2章

人的資本という
企業価値軸の変化

1 「ヒト」が経営資本となるサステナブル経営

① 人材がコストからアセットに

これまでの日本企業の人事の発想を一言で表すなら「人材管理」だ。社員を「資源」(Human Resource) としてとらえ、勤怠や労務、報酬などを管理することが人事の役割の中心だった。

だがその考え方は、人材を「資本」(Human Capital) ととらえる発想に変わりつつある。人材をただ雇用する対象としてとらえるのではなく、社員一人ひとりが持つスキルや知識・経験、これまでの成果、価値観や行動特性、モチベーションの状態などを見える化し、「資本」としてその最大化を追求していく経済学的な考え方だ。

人的資源から人的資本へ。この流れは世の中の変化に伴う、企業価値の源泉の変化がもたらした。30年ほど前を振り返ってみよう。いかに早く安くモノを生産するかが求められ、それが実際に成果を出してきた。モノが企業の競争力を生み出し、有形資産が物を言う時代だった。

しかし、いまはどうだろう。グローバル化やデジタル化が急ピッチで進み、あらゆる業態のサービス化が加速する中、無形資産の重要性がこれまでになく高まっている。モノそのものよりもモノを通して得られる体験価値が重視され、ソフトウエアや知的財産、ブランドといった無形資産が企業の競争力を生み出している。

では、そうした無形資産や付加価値を作り出しているのは何だろうか。言うまでもなく人材だ。人の能力こそが競争力を生み出す源泉だ。人材を資源ととらえると人件費はコストでしかないが、人を利益や競争の源泉となる「資本」と考えれば人材にかけた費用はアセットになる。

従来、企業の経営資源は「ヒト・モノ・カネ」と称されてきたが、もうその表現は現実に即していない。いまやヒトこそが企業価値の源泉であり、経営を支える根源は「ヒト・ヒト・ヒト」と言い換えた方がいい。人材への投資が経営戦略の優先事項であり、最大の差別化要素だ。企業はいまこそ人材に投資し、社員の能力や経験を見える化し、それらを組み合わせてパフォーマンスを最大化しなければならない。

②収益に関わるのはＥＳＧ投資の「Ｓ」

人的資本が経営の重要課題の一つであることは、市場や投資家の評価軸の変化からも見て取れる。いま世界の多くの機関投資家は、環境（Environment）・社会（Social）・ガバナンス（Governance）という非財務的な３つの指標から企業の将来性や持続可能性などを判断して投資を行っている。３つの指標の頭文字を取ったＥＳＧ投資は世界的なトレンドといえるが、ここではＥＳＧの「Ｓ」に注目したい。というのも、投資家からは、この「Ｓ」が将来の収益にダイレクトに関わってくる最重要事項とみなされているからだ。

「Ｓ」は適正な労働条件、男女平等など職場での人権対策、ダイバーシティ、ワークライフバランス、地域社会への貢献などを指している。「適正な労働条件」を細かく見ていくと、労働時間の短縮や職場の安全性確保、各種待遇の改善はもちろんのこと、働きがいの創出や能力・意識を高める教育システムも含まれる。ここで働いてよかった、成長できていると社員が感じられる。そうした環境の整備が社員のパフォーマンスを押し上げ、企業の収益を左右すると投資家は判断しているわけだ。

これは単に社員満足度の話ではない。企業が組織としての活力を高めるために人材投資、人材育成に力を入れているか否か。問われているのはそこだ。人事戦略はもはや経営戦略の核心といっても過言ではない。

③ 人的資本への投資を開示せよ

2018年に経済産業省がまとめた「持続的成長に向けた長期投資（ESG・無形資産投資）研究会」の報告書を見てみよう。

同研究会は、持続的な企業価値の向上や中長期的投資の促進のための方策として、人材、知的資本などへの投資を最適化する経営者の判断とガバナンスのあり方、投資家の投資判断のあり方、さらには情報提供のあり方について検証し、投資の最適化などを促す政策対応の検討を目的に掲げている。企業に対しては「こういったことをアピールしてほしい」、投資家に対しては「こういう目線で企業を見てほしい」という趣旨をまとめた内容は、長期投資に向けて企業と投資家の価値を協創していくための「共通言語」と考えるといいだろう。

この報告書では戦略の項目に「人的資本への投資」が設けられ、次のように述べられている。

「企業の競争優位を支え、イノベーションを生み出す根本的な要素は人材であり、自社の

図表2−1 長期投資にむけた企業と投資家の価値協創に向けた「共通言語」

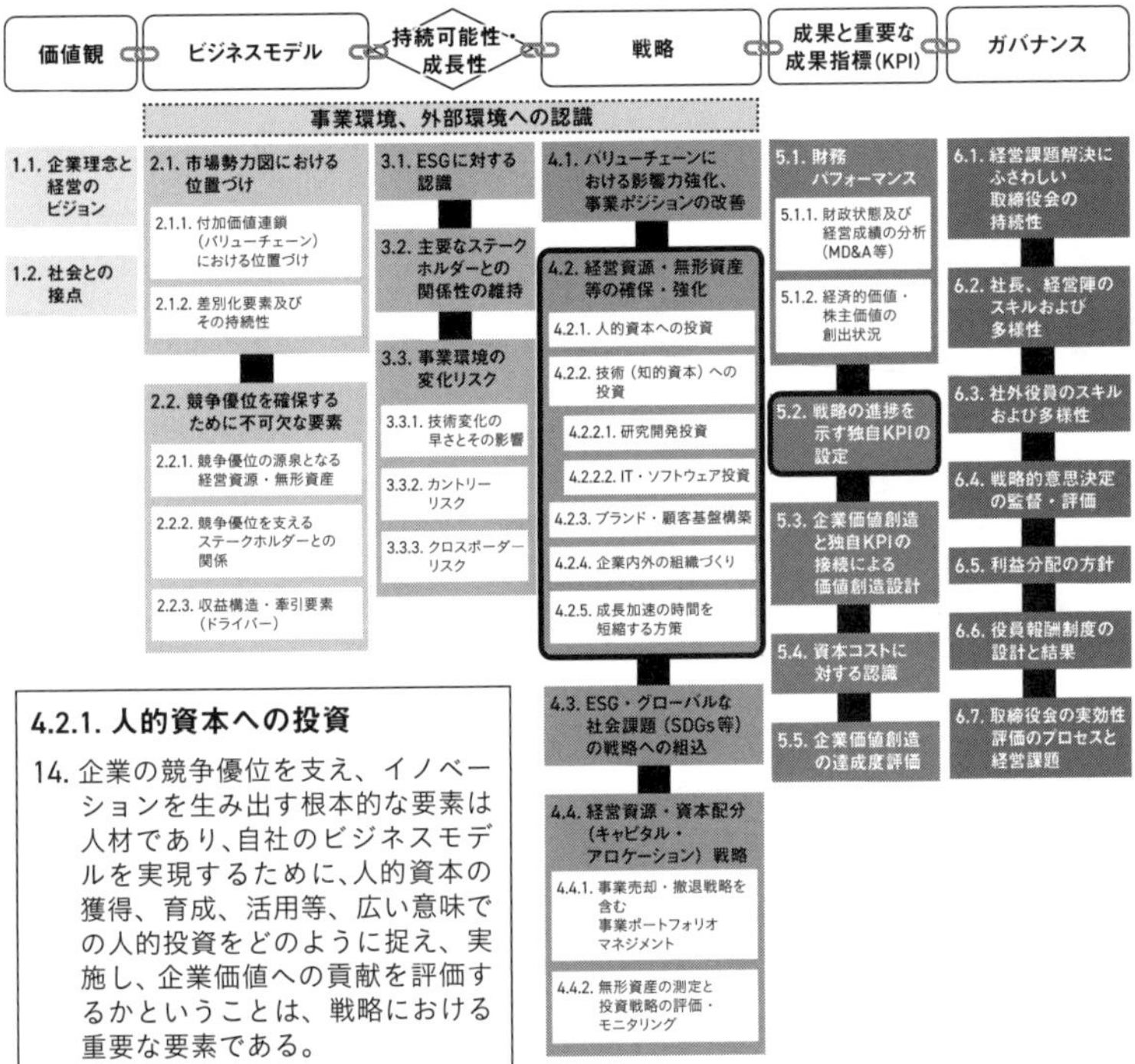

4.2.1. 人的資本への投資

14. 企業の競争優位を支え、イノベーションを生み出す根本的な要素は人材であり、自社のビジネスモデルを実現するために、人的資本の獲得、育成、活用等、広い意味での人的投資をどのように捉え、実施し、企業価値への貢献を評価するかということは、戦略における重要な要素である。

5.2. 戦略の進捗を示す独自 KPI の設定

09. 企業全体の価値創造に関連する KPI（ROE、ROIC 等）を示すことは有益だが、それだけでは企業がそれを達成するためにどのような具体的行動を取るかが見えにくいため、投資家にとって説得力ある KPI にはならない。
10. そのため、自社固有の戦略に沿って将来の経営計画を策定し、その進捗状況を検証するための定量・定性それぞれの企業独自の KPI を設定することが求められる。
11. また、KPI の変更は、重要な戦略の変更を行ったことと理解されるため、その理由を投資家に対し示すことが有益である。

（出所）経済産業省「持続的成長に向けた長期投資（ESG・無形資産投資）研究会」

ビジネスモデルを実現するために、人的資本の獲得、育成、活用等、広い意味での人的投資をどのように捉え、実施し、企業価値への貢献を評価するかということは、戦略における重要な要素である」

そして、戦略の進捗を示す独自ＫＰＩを設定し、開示するように提言している。人材に関する情報はアナログなものが多いため、外からはなかなか見えづらい。それを具体的な指標として開示せよ——。日本政府はこう主導している。

2 人的資本という考え方

① 人的資本に関する情報開示のガイドラインとは

海外ではどうか。２０１８年12月に国際標準化機構（ＩＳＯ）が策定したＩＳＯ３０４１４（人的資本に関する情報開示のガイドライン）に準拠して上場企業の情報開示の動きが進んでいる。

アメリカでは２０２０年11月からすでに人的資本の開示が義務化された。開示の項目は企業に一任されているが、徐々にレポートが出始めている。アメリカよりも前に2018年頃から人的資本の開示が義務化されていたヨーロッパでも最近、ISO30414に準拠するレポートを提出する企業が増加中だ。人的資本の開示はもはや「待ったなし」といっていい。

ISO30414では情報開示の項目として、11のカテゴリと58の指標が定められた。11のカテゴリは以下のとおりだ。

1―倫理とコンプライアンス
2―コスト
3―ダイバーシティ
4―リーダーシップ
5―組織風土
6―健康・安全・幸福
7―生産性
8―採用・異動・退職
9―スキルと能力
10―後継者計画

11 一 労働力

ただし、このISO30414には日本には馴染みにくい指標もある。欧米と日本とでは雇用・労働慣行が大きく違うためだ。

例えば、8の「採用・異動・退職」の大項目では、「採用にかかる平均日数」や「重要なポストが埋まるまでの期間」「内部登用率」が挙げられている。しかし、欧米では明確なポスト管理や要員管理が前提となっているのに対して、多くの日本企業では新卒を一括採用し、メンバーシップ型のマネジメントを行っている。また長期雇用を前提に人材育成を図り、人材登用も内部昇進がベースだ。そのため、こうした項目は日本企業の実情にそぐわず、情報開示の意義は薄いだろう。

② 人への投資を19項目で開示

そこで日本政府は、ISO30414を参考にしながら日本ならではのガイドラインを作ろうと、独自に開示すべき情報の策定を進めている。開示が望ましいとして設定されたのはリーダーシップや人材育成、スキル／経験、エンゲージメント、採用、維持、サクセッションなど19項目。これらについて「価値向上」「リスク管理」「独自性」「比較可能性」の4つの基準で整理・分類した上での開示を促している。

ここで19の項目には「攻め」の指標と「守り」の指標が同居していることに注目したい。「攻め」の指標とは、人材育成やエンゲージメント、人材登用（採用、抜擢、維持、サクセッション）など企業の価値向上に寄与する指標だ。DX人材やサステナビリティ人材、特定資格の保有者など、必要な人材を質と量の両面から見える化する人材ポートフォリオも「攻め」の指標に該当する。ポートフォリオというと利益を生み出している事業や投資対象を俯瞰することがイメージされるが、人材についてもポートフォリオとして開示すれば企業が目指す方向性をアピールできる。そのほか組織風土、チャレンジ指数、社内公募への応募率、さらに一人当たり研修時間や投資費用も「攻め」の指標に含まれる。

一方、「守り」の指標に該当するのは、コンプライアンスや健康、労務といった経営のリスクを抑えるための投資だ。離職率や5年在籍従業員比率、休職者比率、健診受診率などもリスクマネジメントに有効な「守り」の投資にあたる。従業員のエンゲージメントスコアや一人当たりの売上・付加価値、D&I（ダイバーシティ&インクルージョン）指標（女性比率、女性管理職比率、従業員国籍比率など）といった指標は「攻め」と「守り」の中間に位置している。

第1章で述べたように日本のエンゲージメントや労働生産性は世界的に見ても低い。エンゲージメントスコアや一人当たりの付加価値を上げていくためには、バランス良く「攻め」と「守り」の投資を充実させていかなくてはならない。

実際に、金融庁は、2023年3月期決算以降の有価証券報告書に人材投資や社員満足度といった「人的資本」情報の開示を義務化することを決定した。まずは、①サステナビリティ（持続可能性）情報、②人材の多様性を測る指標など比較的開示しやすい情報を義務化するようだが、対象となる大手企業4000社は、早急に開示への対応が必要となる（「日本経済新聞」2022年11月28日掲載記事より）。

③ 人事戦略とは、経営戦略実現のために人的資本を最大限発揮させること

人的資本を開示する際には、指標となるKPIの数値とそれを上げるための制度や仕組みをセットで示すことが不可欠だ。イノベーティブで躍動的な組織風土を対外的にアピールしたいのであれば、チャレンジ指数、社内公募への応募率などの数字をもとに表していく。どんなにチャレンジ制度や社内公募制度が整っていても、実際に利用されていないのでは意味がない。組織風土に直結する制度が実際に稼働し成果をあげている実態を数字で明示してい

図表2-2 人的資本を企業が望む方向で発揮させるのが人事戦略

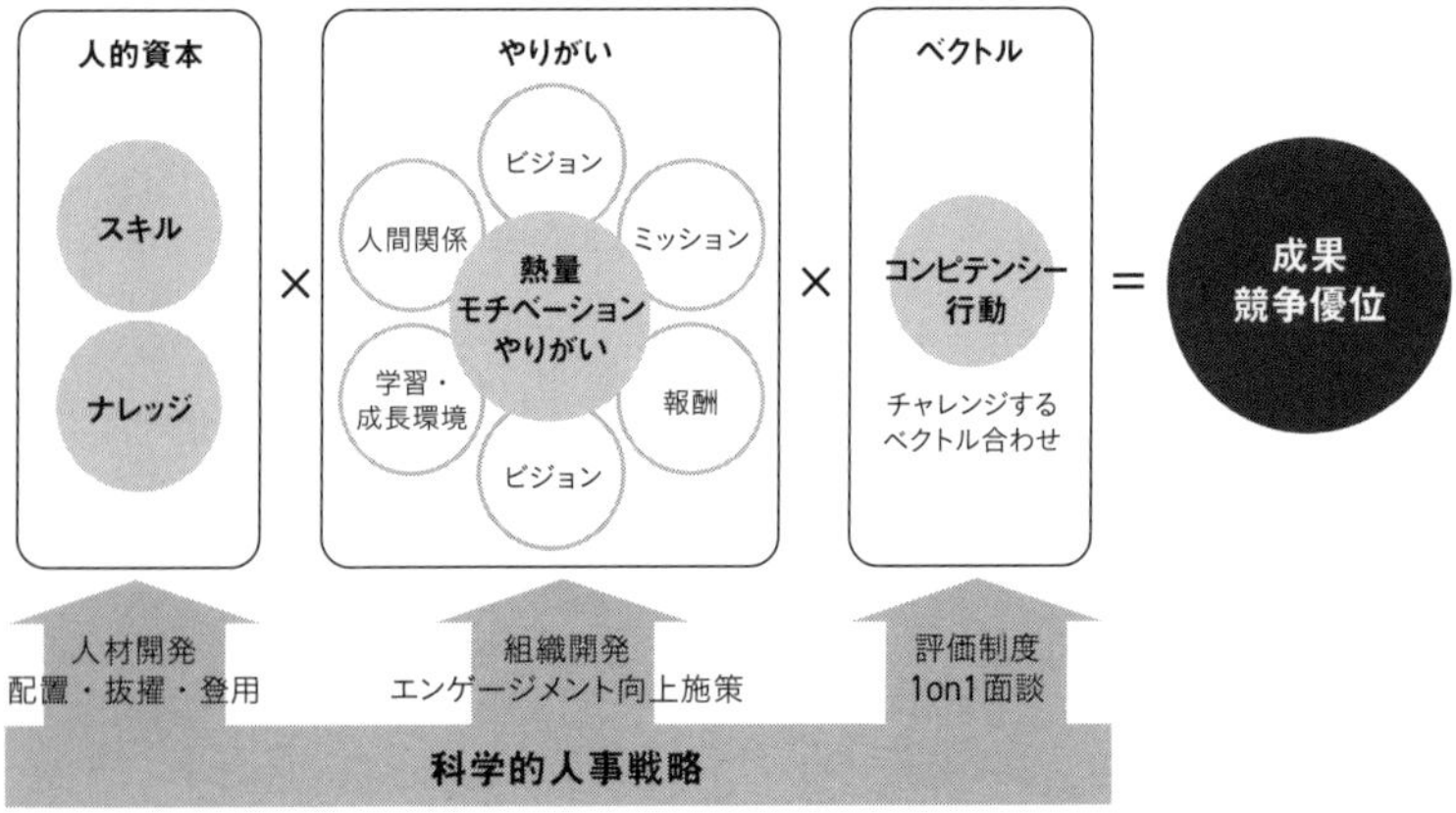

きたい。

もう一つ付け加えるとすれば、継続してモニタリングしていくことだ。一度集計しただけでは十分とはいえない。経営層が数字を見ながら、随時、人事戦略や施策を軌道修正していこう。それができなければ情報開示は「絵に描いた餅」だ。

以上、人的資本について解説してきたが、総括していえば人事戦略とは人的資本を企業が望む方向で発揮させることである。OECDでは人的資本を「個人の持って生まれた才能や能力と、教育や訓練を通じて身につける技能や知識を合わせたもの」と定義している。ただし、社員個人が人的資本を有しているだけでは企業としての成果や競争優位は実現しない。

スキルやナレッジを備えた人材（人的資本）が

仕事を通して熱量やモチベーション、やりがいを感じ、それがコンピテンシーと掛け合わされることで、企業としての成果や競争優位を押し上げていく。人事の役割は、人的資本を最大化するために人材開発や最適配置、抜擢・登用を行い、エンゲージメント向上のための施策を立案・実施し、適切な評価制度や1on1面談を通してチャレンジの機運を社内に満たしていくことだ。

個々の社員に期待されている役割を明らかにし、フェアな評価基準を定め、学びの環境を充実させて、企業が目指す方向に向かって社員が努力できる体制を築く。これらを一貫して行うことが、いま経営戦略を実現していくために求められている人事戦略である。

4 人的資本開示に向けた人事部門の実行力や推進力が課題に

もっとも、人的資本開示に向けて日本企業が直面している課題は多い。2020年9月に経済産業省の「持続的な企業価値の向上と人的資本に関する研究会」の成果として公表された「人材版伊藤レポート」では、日本企業が抱える問題点がクローズアップされている。

その一つが、人事部門の実行力や推進力の欠如だ。人的資本に対するCHO（Chief Human Officer）やCHRO（最高人事責任者＝Chief Human Resource Officer）の理解力は高い。人的資本への投資の重要性については深く理解されている。しかしながら人事部門の実行力や推進力が伴っていないという指摘だ。

さらに人事部門に限った話ではないが、日本企業は部署ごとに閉じていて他部署との連係に欠けるという問題がある。採用、研修、労務、健康などが縦割りで管理され、リンクしていない。横串で人材マネジメントを行った経験に乏しい。

さらに人材を管理するという管理思考が根付いているため、人材に関する情報を横断的にマネジメントした経験やノウハウが不足している。そもそも、紙で情報管理するレガシーシステムが残っているためデータの集約~一元化自体が難しいという問題もある。結果として、データをなんとか集めたとしても横断的にデータを活用し、人材マネジメントに活かすことはほぼ不可能だ。人的資本開示の前にはいくつもの問題が山積している。

5 経営の意思表示とIT活用が不可欠

長年にわたって人事を蝕んできた問題を解決するためには何が必要なのだろう。まずは、経営の確固とした意思表示だ。自社が人材をどのように位置づけているのか。経営戦略とどう紐付けているのか。優先度はいかほどなのか。自分たちが人材を重視し、人材投資に注力していくことをしっかりと戦略として見せることで人事部門の意識改革を図り、人的資本開示を推し進めていくことが第一歩だ。

これまで企業は人的資本について社内外に開示する必要はなかったが、企業を取り巻く環境は大きく様変わりしている。人的資本について適切に開示しなければ、投資家からも社員や学生からも評価されない。

もう一つの課題がＩＴの活用だ。アナログな管理のままでは一歩も前に進めない。人材に関するさまざまなデータを統合し、さらに新たなデータを収集できる仕組みを導入して、見える化しよう。情報基盤の整備なくして人的資本の開示は不可能だ。

ＩＴを活用して、経営が人材に関する情報をリアルタイムにモニタリングできるダッシュボードも必須である。人材に関する情報を経営がその場で見て、すぐに判断する。ＫＰＩを時系列でモニタリングし、人事異動や抜擢、採用や離職防止などの施策に反映し、臨機応変に見直しできる。そうしたスピーディーな対応が可能な仕組みを構築したい。

社員の成長につながる教育を提供し、モチベーション向上を実現する仕組みも必要だ。これらはすべて一時的なものであってはいけない。求められているのは継続的な取り組みとそれを支える仕組みだ。

以上を一言でまとめるなら、これが「科学的な人事」である。ＩＴを使って人材を見える化し人的資本を開示していくことが、企業価値の最大化を実現する最良にして唯一の選択肢である。

第3章

科学的人事戦略とは何か？
HR業界のバズワードに
惑わされない人材活用

1　科学的人事はここまで進んでいる

本章では科学的人事の本質を取り上げる。ＨＲテックや人事ＤＸといったＨＲ業界のバズワードに惑わされることなく、人材活用を進めていくために不可欠な視点や思考を解説していきたい。

詳しくは第4章、第5章でも述べるが、まず科学的人事の5つの事例をご覧いただこう。属人的な人事管理から脱することができない企業が多い一方で、ＩＴを駆使して人材データを効果的に活用し、経営の意思決定に結びつける事例が多数生まれている。先行する事例から科学的人事の可能性やポテンシャルを感じ取ってほしい。

① キーポジションと人材をマッチングし、戦略的な次世代人材につなげるジョブ型マネジメント

先進企業では、中期経営計画の実現に向け、次世代経営者やグローバル人材、ＤＸ人材などのキーポジションについて、特定のスキルや経験を持つ人材を数年後のあるべき姿から逆算して戦略的に育成・配置し、場合によっては採用している。いわゆる人材の「適時適量」

の戦略だ。

例えば、3年後までに次世代経営層として15人、グローバル人材が30人、DX人材が200人必要だとする。タレントマネジメントシステムに各社員の業務経験や経歴、スキル、適性、得意分野、過去の業績、将来の希望業務などのデータが一元化されていれば、各キーポジションに対する人材の充足度を把握できる。例えば、あるポジションに求められる人材要件が「海外勤務経験が3年以上」かつ「マネジメント経験が5年以上」かつ「適性検査のタイプがイノベータータイプ」だとすれば、その条件にマッチする人材が現在社内に何人いて、それが誰なのか容易に確認できる。

また、グローバル人材が30人必要なのに対して、求められる要件を満たす人材が現状で6人しかいないのなら、すべての条件を満たさないまでもできる限りその条件に近い人材を「ポテンシャル人材」として要件の充足度順に抽出することも可能だ。これらの候補者を人材プールとして、候補者ごとに足りていない要件を埋めるために具体的な育成計画を作成して、2、3年後の想定人材ポートフォリオを作成する。中期経営計画と人材ポートフォリオを照らし合わせれば、いま候補者がどこにどれだけいて、逆にどのポジションが足りていないのかといった有意義な議論が行える。

大手電力会社A社ではいままさに、このようなキーポジションを設定してジョブ型人材マ

図表3-1 キーポジションに対する充足度の把握とポテンシャル人材の戦略的な育成

経営戦略を実現するために必要な
人材要件（ポジション）に対する充足度を把握

人材発掘分析

人材要件 ∨ 【ポジション】グローバルマネジメント ∨ C表示

No.	人材要件	目標値	現在	差分	不足率
1	【ポジション】グローバルマネジメント	30	24	6	20%
2	【ポジション】次世代経営層	15	7	8	53%
3	【ポジション】DX人材	200	86	114	57%
4	【ポジション】データ分析スペシャリスト	20	12	8	40%
5	【ポジション】セールスハイパフォーマー	20	2	18	90%
6	AI人材要件	7	4	3	42%
7	次世代幹部候補（グローバル）	5	0	5	100%

数年後の想定人材ポートフォリオ

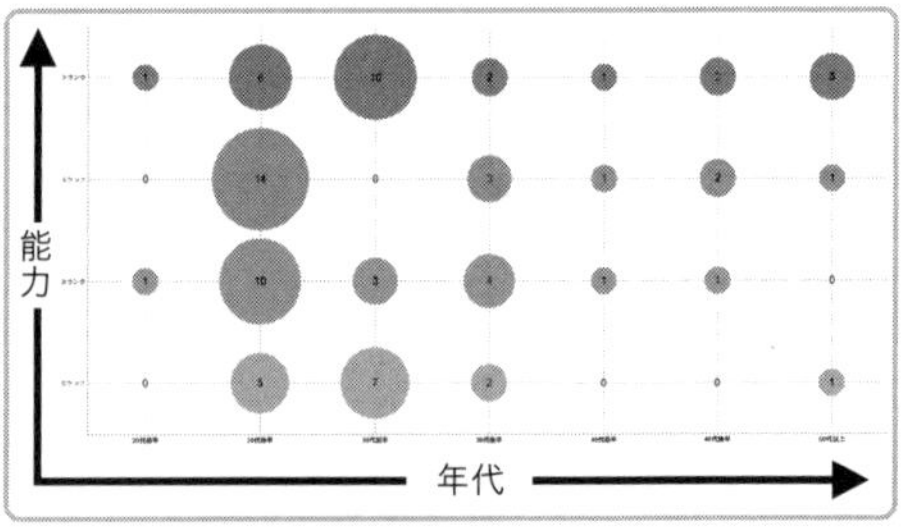

足りないポジションを補う
ポテンシャル人材を抽出

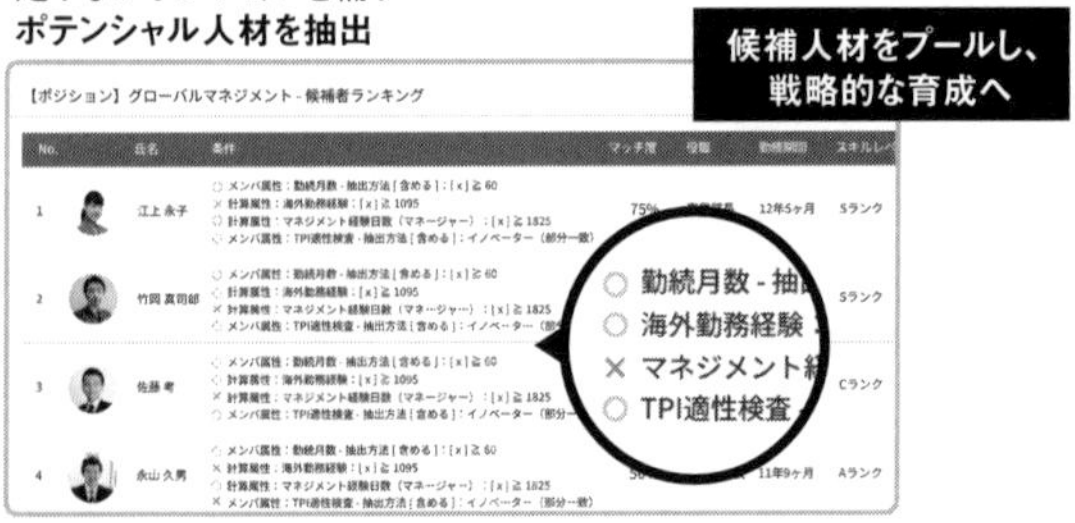

ネジメントを行っている。自然エネルギーへのシフトに対応するために、必要な技術者を育成し充実させていくことが企業の存続に関わる優先度の高い課題だからだ。

企業を取り巻く状況は一定ではない。環境は常に変化し、そのスピードは増す一方であり、すべての産業を取り巻く世界が様変わりしている。企業の経営戦略がシフトチェンジを余儀なくされている中でやるべきことは、人事戦略・施策について、経営が迅速かつ精度高く意思決定するために人材データを揃え活用することだ。マーケティング視点を持ち、誰がどんな能力を持っていて、いま必要な人材がどれぐらい足りていないのかを可視化し、定量的に把握していきたい。

2 スキルや経験など人材情報を使った人材配置

大手のゼネコンB社では、数千名の社員の保有資格、スキル、経験年数に加えて、過去にどんなプロジェクトにどの立場で参画したかをデータ管理し、別途管理している物件情報（大型商業施設やオフィスビルといったプロジェクト種別、面積、工期など）と組み合わせてプロジェクトへのアサインを行っている。

なぜB社は科学的人事に踏み切ったのか。B社ではプロジェクトによって必要となるスキルや経験、その人数が異なる上に、常にかなりの数のプロジェクトが同時に進行していて、社員の稼働や労務負荷も考慮した人員のアサインが求められる中で、人力での調整作業はもはや限界に達していた。プロジェクトのアサインには、数年先まで見越した人員配置計画を踏まえた調整が求められ、仮に人員に余裕がなくなれば新規プロジェクトの受注ができなくなる。どうすれば適正な人材配置が可能になるのか。その答えが科学的な人材配置（プロジェクトアサイン）だ。B社は、豊富な社員情報と、プロジェクトごとに求められる人材要件・人員数のマッチングを科学的に行うことで短期間での配置案の策定を可能にしている。今後はアサイン後のプロジェクトの実態や、各社員の稼働状況などを詳細に分析して、継続的な精度向上を進めようとしている。

3 スキルデータの活用による人材育成分析と科学的な自律的キャリア形成支援

自動車業界では「ＣＡＳＥ（「Connected：コネクテッド」、「Autonomous：自動運転」、「Shared & Service：シェアリング・サービス」、「Electric：電動化」）」に代表されるように１００年に一度の大変革の時代に突入した。製造業におけるモノづくりの価値軸はいま大きく変化している。激

図表3-2 スキルと研修を連動させることで
自律的なキャリア形成を促進

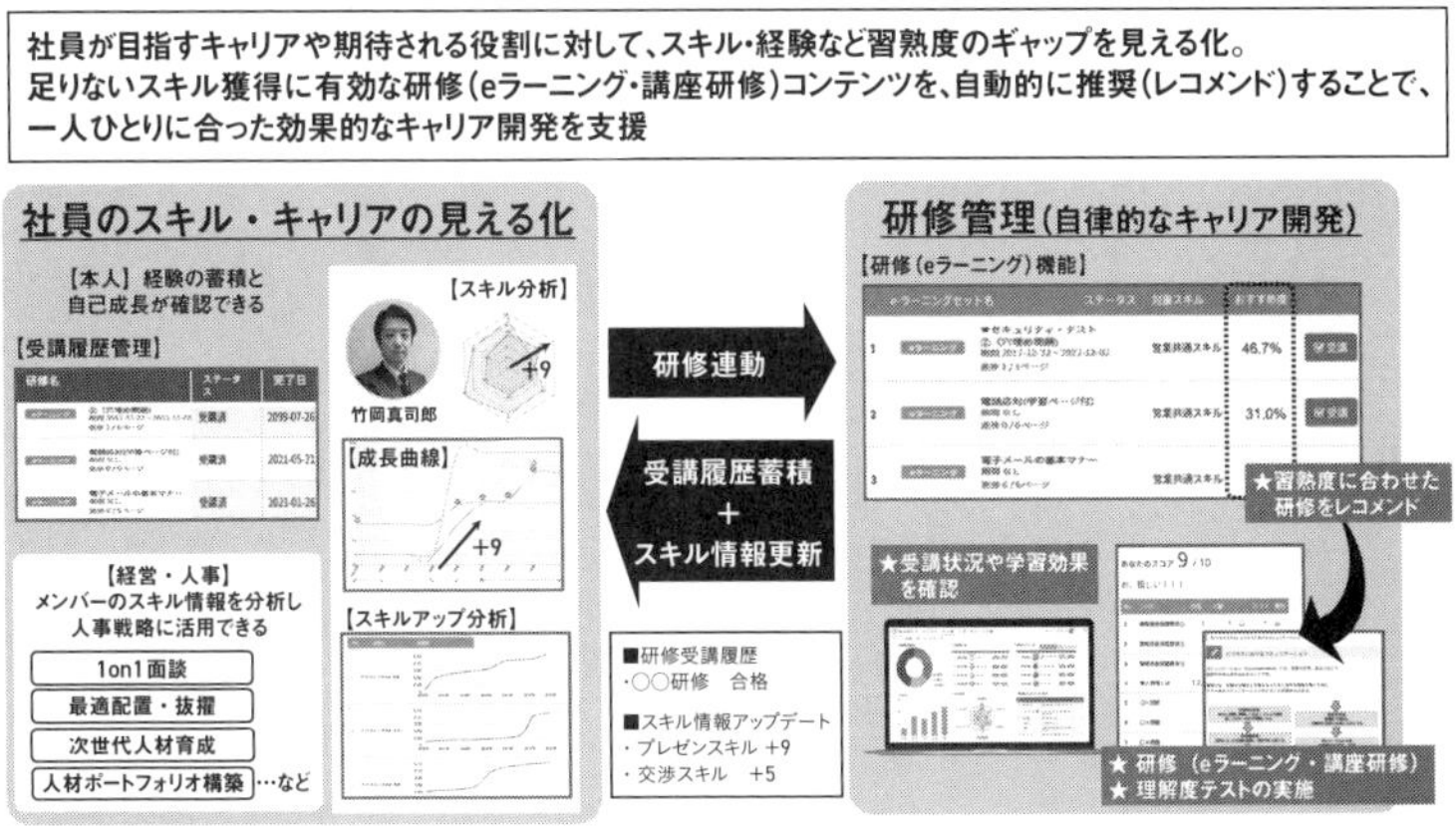

変する環境の中で、自動車部品などを製造するC社は、従来のハードウエア中心の技術者育成からモビリティ関連サービス開発のためのソフトウエア技術者の育成に舵を切り、科学的人事を採用した。具体的にはグループ各社まで含めた全社員が持つ技術スキルを定期的に収集し、数百の技術分野に分類した上で技術スキルの人材ポートフォリオを作成し、数年先のあるべき姿を定めた上で、そのギャップを定量的にモニタリングしている。

さらに、社員一人ひとりが目指すキャリアに沿って受講すべき研修コンテンツを推奨したり、将来ビジョンや研修受講の履歴を上司と共有しながら今後のキャリア形成について対話する1on1面談を実施するなど、社員自ら能動的に学び続けるための自律的キャリア形成の仕組みを強化している。経営層や人事はもちろん、現場の社員やその上司に至るまで、同じデータをそれぞれの目的・シーンで効果的に活用しているC社の取り組みはタレントマネジメントの目指すべき事例といえる。

④ 離職ワードを分析し、離職検知につなげる科学的なアプローチ

ここではコールセンター運営事業D社の例を紹介する。多種多様な問合せに対応するコールセンター業務ではオペレータ職として多くの社員を採用し、数カ月に及ぶ新人研修を行っているが、研修期間中の離職が多く、さらに、現場業務デビュー後、数カ月〜1年以内に半数の社員が離職していた。人材育成費の拡大に歯止めがきかず、さらに採用難により補填も厳しい。業界的にも離職率を低く抑えることは経営課題となっている。

しかも、大手ともなれば複数の拠点があり、各拠点の実態を把握しづらい。各センターや事業所単位で改善策を講じても、現場のスーパーバイザー（SV）やトレーナー任せの対応では効果が見えにくい。そこで導入したのがタレントマネジメントシステムだ。D社はこのシステムを活用し、日々のモチベーションを把握するなど、科学的に離職要因を分析し、離職率の抑制＝新人の定着率向上に向けた改善活動を行っている。

図表3-3 アンケートや業務日報をテキストマイニング分析し、離職予兆に活用

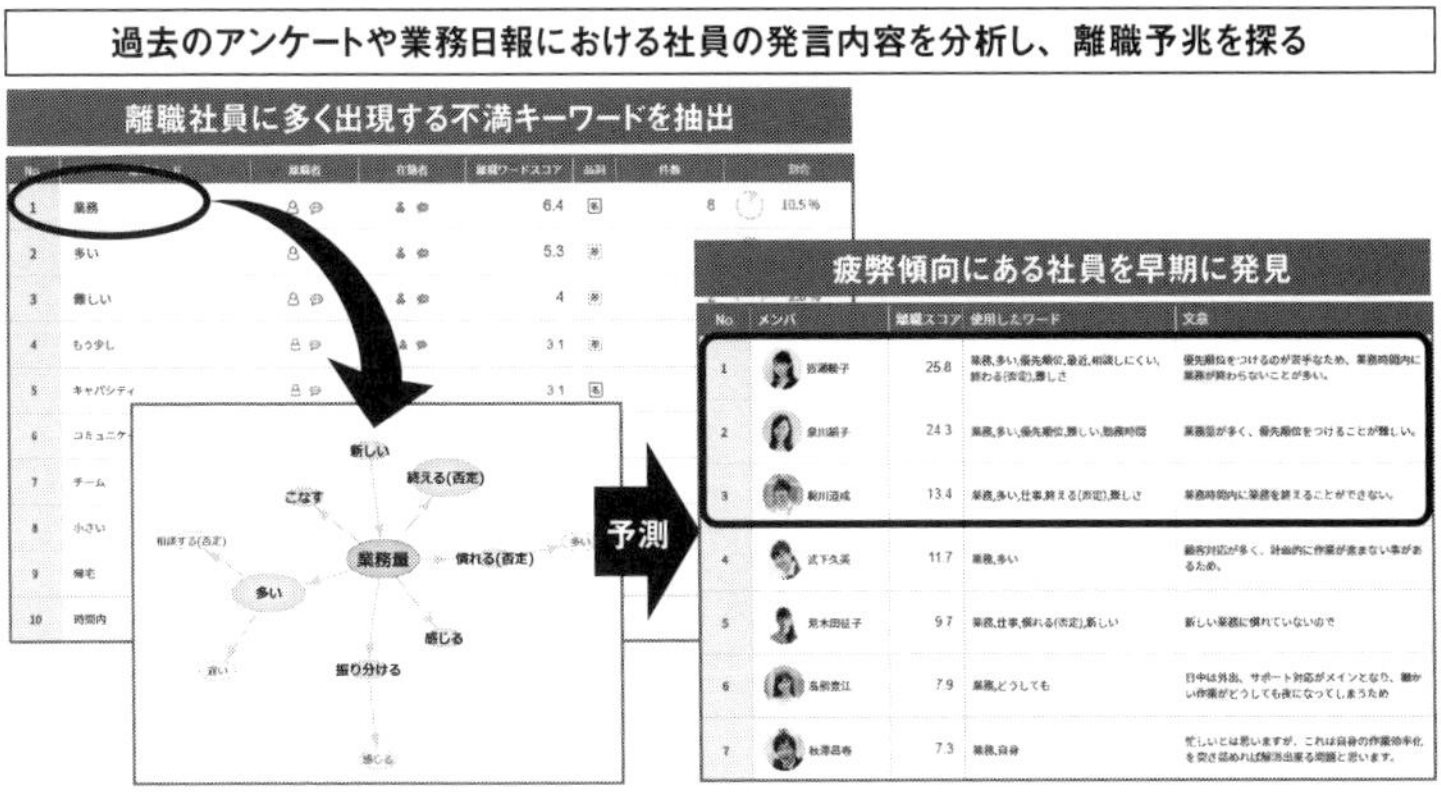

具体的には、業務日報をテキストマイニングという手法で分析することで、離職者が離職前に特に出現しやすいキーワードの特徴を把握。離職社員には、「業務量」や「終わらない」「慣れない」などのキーワードが多く出現していたことが判明した。これらの「離職ワード」を在籍の社員の発言と照らし合わせることで自動的に離職リスクをスコアとして算出し、スコアの高い社員に対して優先的に1on1でコミュニケーションをとるなど早期のフォローに努めている。

5 活躍人材＝ハイパフォーマーの傾向を分析し、採用活動に活かす

有名クラウドサービスを開発・展開するIT

図表3-4 活躍社員の傾向を分析し、採用のミスマッチ防止に活かす

適性検査も、一部社員だけのデータではなく、全量データ（全社員が受検）というマーケティング発想にすると、採用ミスマッチ防止や相性分析など、幅広い活用が可能に

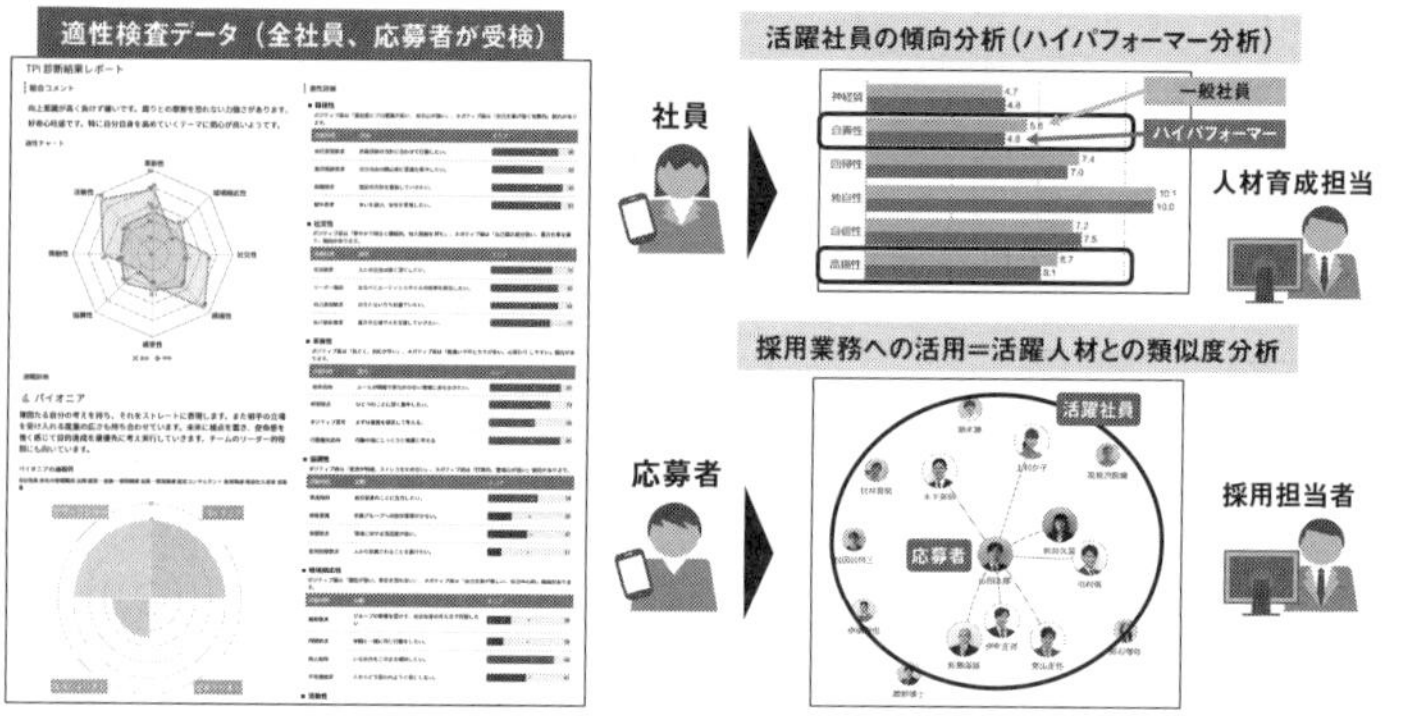

企業E社では、職種ごとの活躍社員（ハイパフォーマー）の特徴を抽出し、採用活動に活かしている。

例えば、ハイパフォーマーとその他の社員について、業績評価と適性検査の特徴を比較分析した結果、営業職で高い業績をあげている社員は適性検査において、高揚性（興奮しやすい、調子に乗りやすい）と自責性（自分を責めやすい）が低いという特徴が浮き彫りになったとする。冷静で興奮することがあまりなく、自分を責めることが少ない、比較的楽観的なタイプが営業職で高い成果をあげていることがわかった。ハイパフォーマー分析により自社で活躍するタイプが見えてくると、その結果は翌年の人材採用に活かすことができる。

採用面談においては、一般的に緊張や自己

PRというバイアスがかかる中で、こうした客観的なデータ分析の結果は一つの貴重な参考情報となり、採用のミスマッチを防ぎ、自社にマッチした人材の採用につなげることができるのである。

2 人材活用のための真の「タレントマネジメント」とは？

① 人事DXとの混同が人材活用を阻む

科学的人事の先進事例を見ていただいたところで改めてお尋ねしたい。「タレントマネジメント」という言葉を聞いてあなたは何をイメージされるだろうか。HR業界に浸透し、人事担当者が当たり前のように口にしている「タレントマネジメント」とは、そもそも社員のタレント（能力・資質・才能・スキル・経験値など）を引き出し、社員のパフォーマンスを最大化する人材マネジメント手法を指す。社員が持つ能力や適性、将来の希望などのデータを活用する科学的なアプローチにより、人材育成や配置、採用などの意思決定を高度化するものである。

ここで重要なのは「科学的なアプローチ」であり、「意思決定の高度化」に寄与することだ。いくらＩＴを活用して業務を効率化しても、属人的なアプローチにとどまり、意思決定の高度化に至っていなければ、それはタレントマネジメントではない。

タレントマネジメントと混同されやすい言葉に人事ＤＸがある。ＤＸ流行《はや》りの昨今、経理ＤＸ、営業ＤＸ、製造部門ＤＸなど各部門でＤＸ化が進み、ＨＲ業界では人事ＤＸが一種のバズワードと化しているが、タレントマネジメントと人事ＤＸは同じではない。人事ＤＸとは、ＩＴを活用した人事業務の効率化による生産性向上を主目的とした施策ととらえられることが多い。

対して、タレントマネジメントは生産性の向上ではなく、人材活用のための意思決定の高度化を目的としている。ＩＴを使って人事業務を効率化するのは重要なステップではあるが、それが目的となってしまっては社員のパフォーマンスを最大化することはできない。

評価制度を適正に運用し、人材ポートフォリオを作成し、人材の最適配置や戦略的な人材育成を行ってこそタレントマネジメントだ。社員のエンゲージメントを高めるためにコミュニケーションを活性化し、優秀な社員の離職防止を図ると同時に採用のミスマッチを防ぐ。

いま目の前に横たわっている課題を解決するだけではなく、中期的な経営課題としての人材活用まで見据えた人事戦略をも可能にするのがタレントマネジメントである。

にもかかわらず、私たちの感覚では、人材活用を強化したいと考えている会社のおよそ6割が人事DXをタレントマネジメントだと勘違いしている。

タレントマネジメントと人事DXとの混同は人材活用の強化を遅らせる。まずは両者の違いをはっきりと認識し、真の意味でのタレントマネジメントを理解してほしい。HR業界のバズワードに惑わされてはいけない。タレントマネジメントの本質をつかみ実践していきたい。

2 通過点としての人事DX

人事DXとタレントマネジメントとの違いを示した図表3-5を見ていただきたい。

この図は横軸の左側に「人事業務効率化」、右側に「人材活用」、縦軸は上に「IT・データ活用」、下に「属人化　経験・勘」としている。左下が従来型の属人的な人事業務だ。紙もしくはExcelを用いて人事担当者の勘と経験頼みで人事業務を行っている。

図表3-5 科学的人事／タレントマネジメント／人事DXの位置づけ

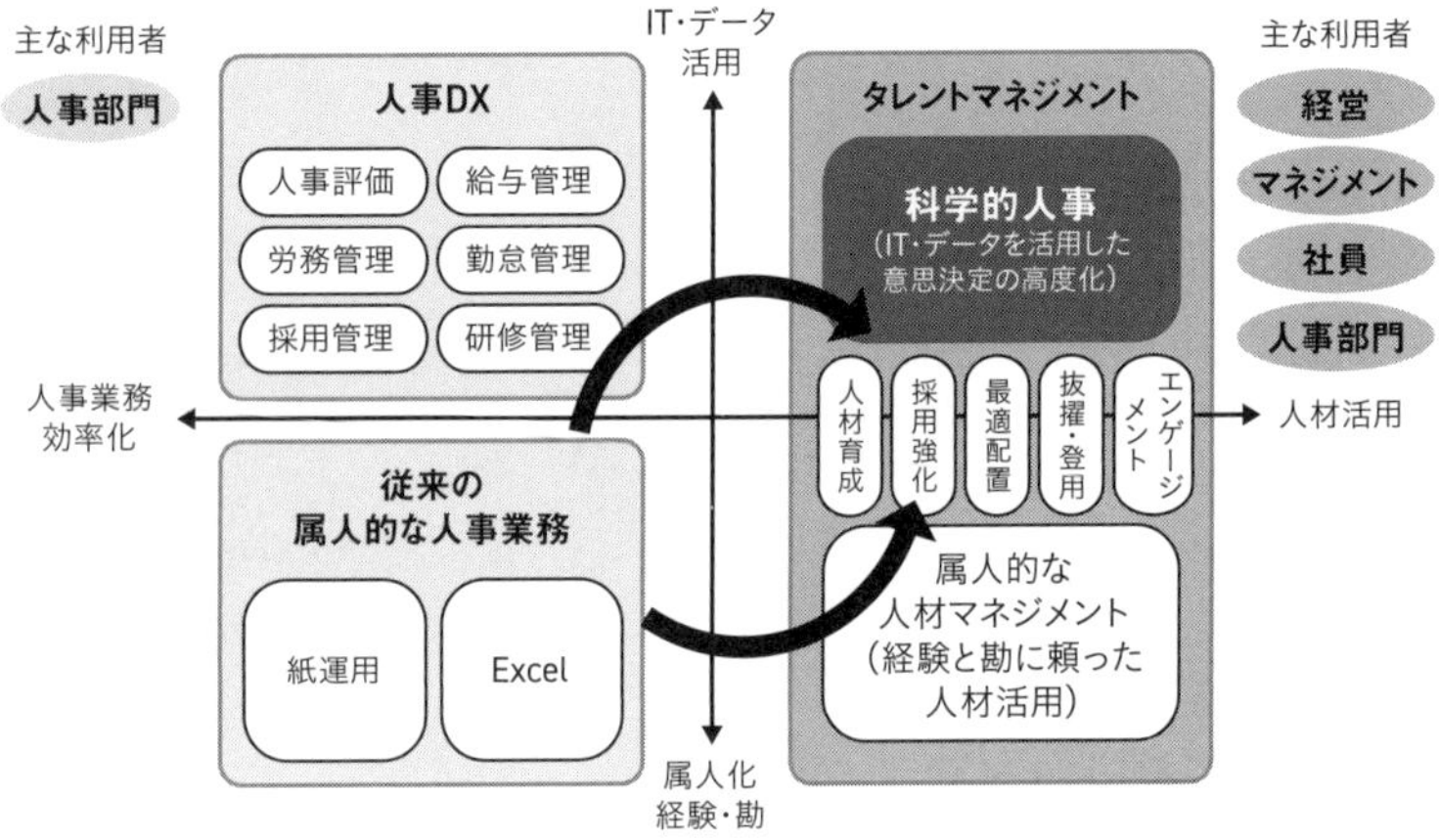

いま世の中で言われている人事DXは図の左上の位置にある。人事管理システムを導入し、デジタル化を行ってはいるものの、人事評価、労務管理、採用管理、給与管理、勤怠管理、研修管理などこれまで紙やExcelでやっていたことをシステム化しているだけだ。

図の左側から右側に進む過程として人事DXを行うのであれば問題はない。右側に移るにしても既存の管理業務がスムーズに進まなければタレントマネジメントを進めようがないからだ。しかし、それはあくまでも通過点に過ぎない。従来型の属人的な人事から脱しタレントマネジメントにシフトするための入り口としてならともかく、それが目的になってはアウトだ。

なお、図の右側では属人的な人材マネジメントもタレントマネジメントに包括しているが、これは経験や勘を否定しているわけではないためだ。人事の長年の経験から生み出される勘にも価値がある。しかしながら、勘の精度を高めるためにもデータの活用が必要だ。経験や勘とデータ活用はトレードオフではない。両者ともに不可欠である。

3 従来の人事管理の延長に人材活用はない

1 分断された人事データは価値を生まない

ここまで、いま多くの企業で進行している人事DXとは「人事管理の効率化」でしかなく、「人材活用を高度化」するタレントマネジメントとはまったく別物であることがおわかりいただけただろうか。

人事「管理」と人材「活用」とでは、そもそもシステムや利用するデータが異なる。人事管理を目的にしたシステムで管理されているデータは単一のバラバラのデータだ。勤怠管理

図表3-6 科学的人事実践のためにあるべきタレントマネジメントの姿

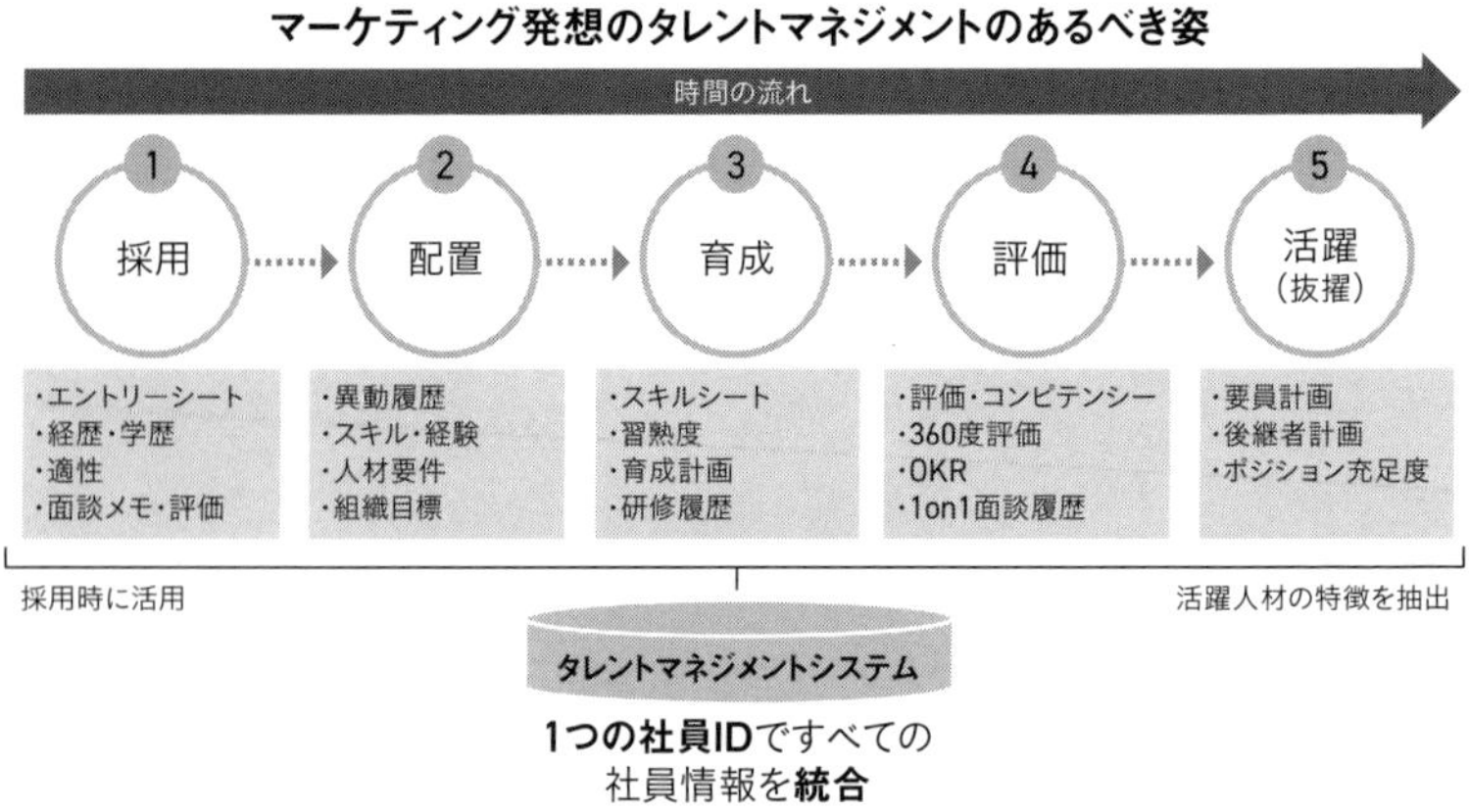

では勤怠の情報、給与管理では給与のデータだけを扱っている。採用管理が対象としているのは採用者のデータだけだ。データがバラバラに管理されているだけの、それぞれに「閉じた世界」であり、他のデータとは連係していない。しかもデータが紐付けられていないため、複数のデータを比較分析したり、関連性を深掘りすることは不可能だ。

一方で、あるべきタレントマネジメントは図表3-6のように進んでいく。エントリーシートや経歴・学歴、適性検査や面談記録に基づき、人材を採用し最初の配置が行われた後、随時、スキル分析の結果を踏まえて研修、eラーニングを提供して人材育成を図る。異動シミュレーションも行いながら適所に人材を配置し、タイムリーかつ適切に人材を評価し、さらなる活躍につなげていく。そうした中から例えば、活躍している人材の特徴を分析し、人材採用や人材育成、最適配置のためのデータを活用する。これらをシームレスに進めていくために必要なのは、一つの社員ＩＤですべての社員情報が統合され、自在に活用できる状態にあることだ。

そうなっていない現状に対し、人事部門も手をこまねいているわけではない。人材活用を促進するべく、多角的にデータを分析したいと考えている。特定のスキルが低い社員にそれを補う研修を受けさせたり、採用時のデータと入社後のデータを対比して、次の採用計画に役立てようとして、その都度時間をかけて手作業でデータを結合して、分析を試みている。

しかし、そうしたデータ加工作業は煩雑だ。そこに時間を取られてしまうと、もっとも重要な分析結果の読み解きや仮説検証の思考に割く時間が取れなくなる。一度はデータを掛け合わせることができたとしてもそれを継続できるだろうか。煩雑な作業の繰り返しはやる気を削ぎ、結局、継続的なデータ活用には至らないということになる。

属人的な作業で社員を理解することも不可能ではない。ただし、そこには越えられない壁がある。社員の数が10人、20人という規模の会社なら全社員の経験やスキル、特性などを把握することはできるかもしれないが、１００人以上になると途端に厳しくなってくる。

社員の価値観も多様化している。社員数が多く、それぞれに価値観が異なり、一人ひとり

図表3-7 人事管理（レガシーシステム）とタレントマネジメントの連係と使い分け

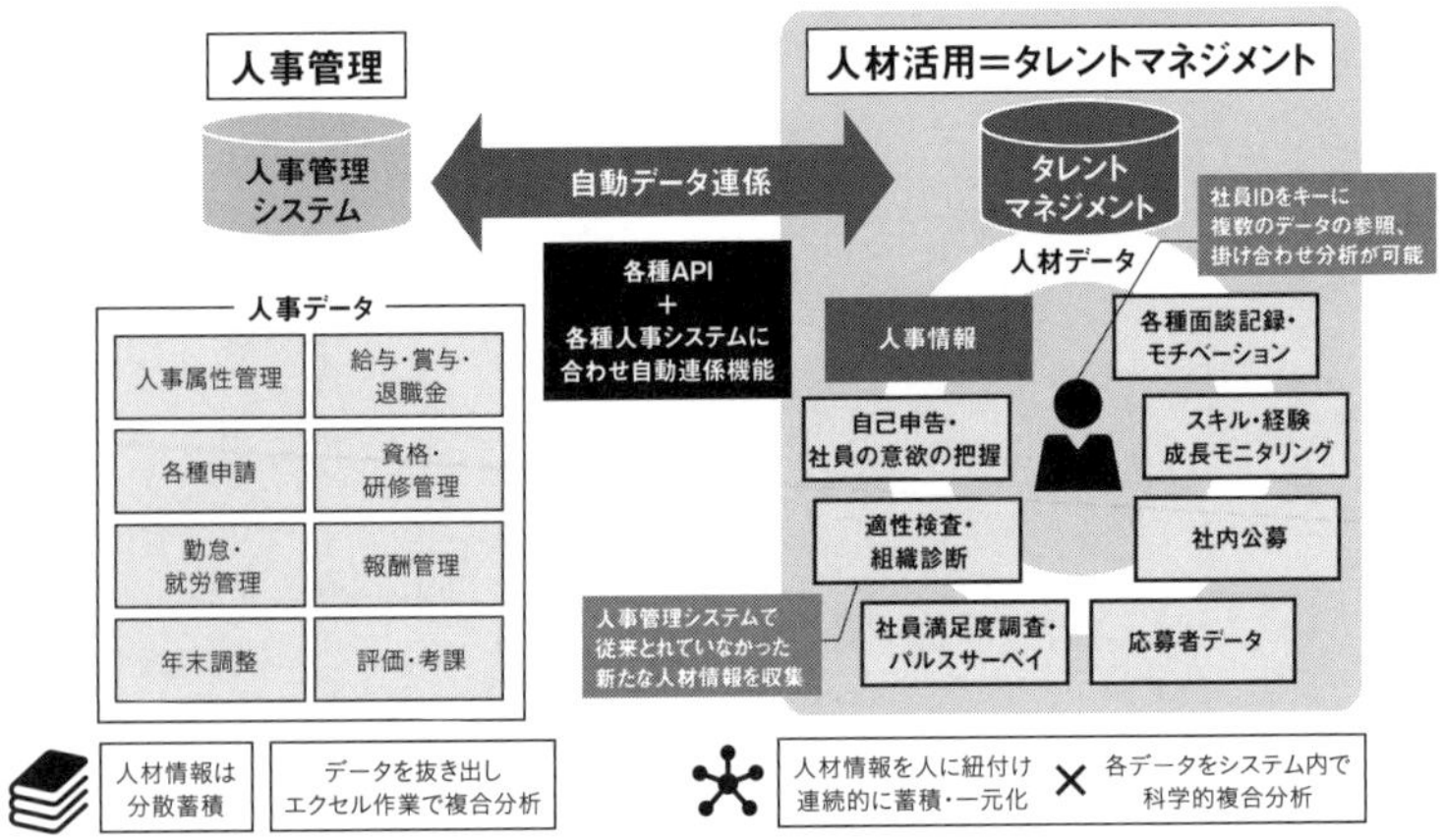

志向するキャリアの中身や働き方も違う。そのような状況ではたして属人的な管理が通用するだろうか。仮に最低限の管理はできたとしても、その粒度は恐ろしく粗くなるはずだ。

真のタレントマネジメントを実践するためには、基本的な人事データに加えて、自己申告や各種面談記録、スキルや経験、適性検査、社員満足度調査、パルスサーベイ、採用や社内公募に関する情報も活用する必要がある。数字に置き換えにくい定性情報も多い。レガシーな基幹システムでは格納すらできなかったデータを自在に掛け合わせて分析することが求められる。

人材に関するデータはさまざまなデータ同士がつながって初めて価値を生み出す。科学的人事の実践に向けて、このポイントを意識した仕組みづくりを進めたい。

② 人事部門のためのシステムか、全社のためのシステムか

データを「使う人」が誰なのか。これも人事管理と人材活用との大きな相違点だ。人事管理で業務を効率化したとしても、それを使うのは人事部門のみ。楽になるのは人事だけだ。

一方、本来のタレントマネジメントは経営にとって大きなメリットがある。人材情報を活用すれば経営の意思決定が高度化され、コロナや働き方改革、価値観の多様化、社会のDX化など外的環境の変化に対応した経営戦略に合わせて、人事戦略を柔軟に連動させることが可能となる。人的資本の時代には、経営レベルで人材をポートフォリオとしてとらえ、マネジメントしていかなければならない。経営はリアルタイムに人材情報を見て経営判断したい。次世代人材を育て、ES（従業員満足度）を上げ、適材適所を実践し、健康経営を推進し、優秀人材を登用するには、経営レベルがマネジメントできるデータ活用が不可欠だ。

社員が享受するメリットも多い。データを活用すれば、社員は自らの能力を客観的にとらえ、自律的に伸ばすことが可能になる。もし自分の将来の目標に対して足りないスキルがあれば、そのギャップを計画的に埋められる。人材に関するデータの活用範囲を拡大することで、社員が新たな目標やポジション、スキルに挑戦するためのプラットフォームを築くこと

図表3-8 タレントマネジメントシステムの活用範囲と活用レベル

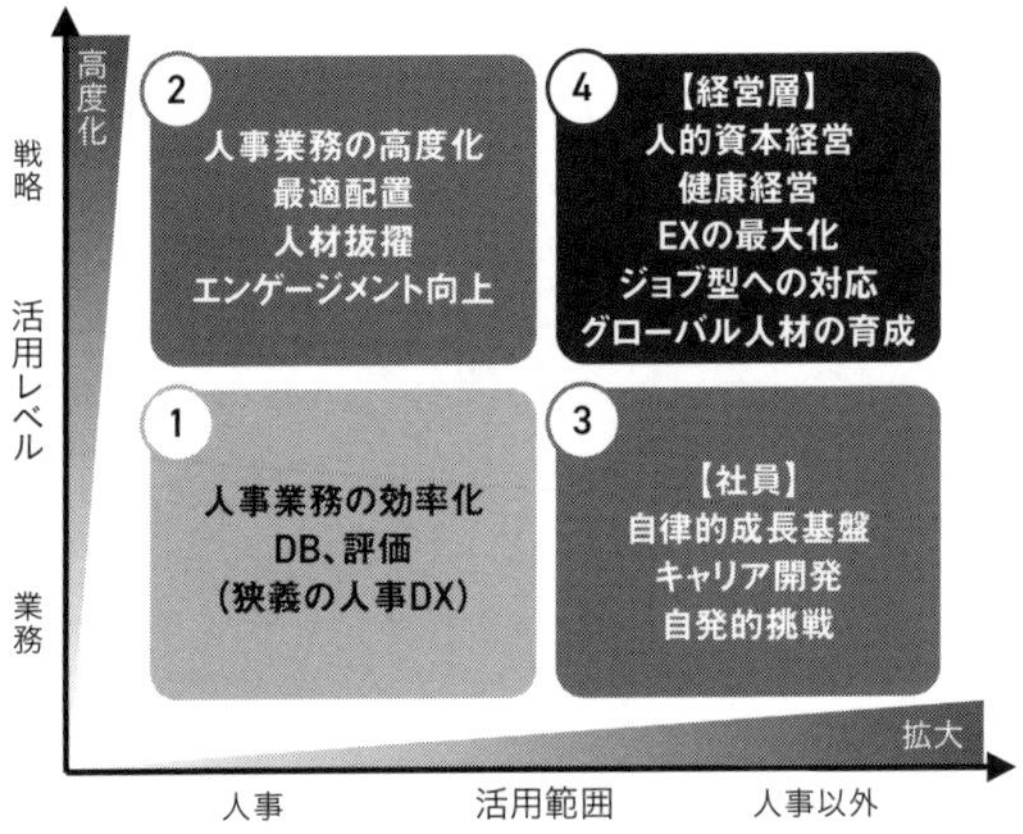

ができる。企業としてもキーポジションに最適な人材をアサインできれば一挙両得だ。

レガシーな人事管理システムは極言すれば人事部門のためのシステムだ。一方で、タレントマネジメントは業務の効率化でもなければ単なるデジタル化でもない。人事部門だけでなく、経営や社員、組織全体にとってメリットがある仕組みである。

人事は人事で、業務を効率化した上で、高度化して人材配置や抜擢、社員のエンゲージメントの向上を図ることができる。経営も人事部門も一般社員もデータのよりクリエイティブな活用が可能となる。

人材獲得競争が激しくなり、いまや企業は人材から選ばれる立場だ。働き方も働くことに対する価値観も以前と同じではない。第2章で述べたように、かつてないほど人的資本への投資が必要とされる時代にあって、タレントマネジメントは人事部門に閉じた課題ではない。役員、経営層が主導すべき経営の重要課題である。

その点でも、誰が使い、誰にメリットがあるのかという視点を持ってタレントマネジメントを実践していこう。

③ 定量データと定性データ、静的データと動的データ

科学的人事で扱うデータの種類についても触れておきたい。

まず、人材に関するデータには数値化して集計しやすいデータと、抽象度の高いデータがある。例えば、社員の年齢や勤続期間、業績、経歴、評価、勤怠などは前者に該当するいわゆる定量データである。従来型の人事管理システムで管理されているのはほぼこれらのデータだ。

対して、適性や行動特性、モチベーションやエンゲージメント、将来の希望など、社員の内面を表すデータ（エモーショナルデータと呼ぶ）は抽象度が高く数値化しづらいものが多く、データ形式も非定型のいわゆる定性データであり、管理や扱いが難しいのが特徴だ。

図表3-9 科学的人事で活用すべきデータとは

もう一つデータの整理の切り口がある。経歴や年齢などの社員情報は、変化があったとしても年単位の、ほぼ固定された人事データだ。これを静的データと呼ぶ。一方、モチベーションやエンゲージメントなどのデータは、そのときどきで刻々と変わっていく動的データだ。

科学的人事の精度を高めるためには、静的な人事データにプラスして、動的なデータを収集して活用したい。

例えば、離職防止を図るには、社員のモチベーションやエンゲージメントなどの動的なエモーショナルデータの推移を追う必要がある。そこに勤怠などのワークログを掛け合わせることができれば、離職の予兆を早期に見つけることが可能になり、より具体的な対策も打ちやすくなるだろう。

4 科学的人事の秘訣はマーケティング思考にあり

① 顧客を理解するように社員をとことん理解しよう

属人的な人事管理から脱し、科学的人事を実践していくために、もっとも重要なことは何か。ずばり、人事に対する考え方にマーケティングの発想を組み込むことだ。人材活用にはマーケティング思考が欠かせない。

マーケティングとは突き詰めて言えば顧客をとことん知ることだ。そのために、マーケティングの世界では当たり前のようにＩＴを駆使して顧客の理解に努め、成果をあげている。

一方、人事部門や現場のマネジメントではいまでも勘と経験に頼った属人的な人事管理が幅を利かせている。顧客の見える化に成功しているマーケティング部門と、社員の見える化が進んでいない人事部門。そのギャップはあまりにも大きく、人事部門はデータ活用において、マーケティング部門に対して10～15年の遅れを取っている。

図表3-10 タレントマネジメントは人事管理の延長にはない

従来の人事管理（業務の効率化）の延長では生まれない
データ活用という**マーケティング思考への転換**が必要

マーケティング		人材活用
優良顧客育成	➡	ハイパフォーマー／次世代人材育成
新規顧客獲得	➡	採用強化・ミスマッチ防止
解約防止施策	➡	離職防止施策
LTV（Life Time Value）	➡	エンゲージメントの強化
顧客ロイヤリティ（NPSなど）	➡	（エンゲージメントの強化）
CRM（顧客プロフィール、購買履歴、アクセスログ、購入理由など）	➡	タレントマネジメント（社員プロフィール、経歴、スキル、適性、評価、エンゲージメント、モチベーションなど）

ギャップを埋めるためには、いますぐマーケティング思考に転換するしかない。人事にマーケティング？　と思われるかもしれないが、マーケティングの施策を人事に置き換えてみるとわかりやすい。

例えば、マーケティングでいうところの優良顧客育成は、人事に置き換えるとハイパフォーマーや次世代人材の育成だ。顧客と最適なコミュニケーションを図りながら優良顧客に育てていくプロセスは、まさに社員を育成していく過程そのものである。新規顧客獲得は採用強化やミスマッチ防止に該当する。新しい顧客を獲得しても、商品・サービスやブランドにマッチしていなければ一過性の売上で終わってしまう。長くファンになってもらうには、最初の段階からできるだけミスマッチを避ける必要がある。

さらに、マーケティングでは、自社のサービスやブランドのファンを長くつなぎとめ、定期購買契約や利用契約が解約されることがないように解約防止施策に力を入れている。これは社員の退職を未然に防ぐ離職防止にあたる。

「LTV」というマーケティング用語を聞いたことはないだろうか。Life Time Value（顧客生涯価値）の略で、顧客が生涯を通じて企業にもたらす価値・収益を示す指標である。顧客ロイヤリティもマーケティングで重視される要素だ。例えば、顧客に「当社の商品・サービスを友人や家族に勧めたいですか」と質問して得られるNPS（Net Promoter Score）を使って、顧客ロイヤリティを測定している。これらの取り組みを人事に当てはめれば、エンゲージメントの強化にあたる。この組織で働き続けたいという意欲、やりがい、成長実感が得られれば、仕事に対してポジティブに取り組めるようになり、組織への愛着が増していく。

このようにマーケティングでは、顧客と良好な関係を構築し、維持し、促進していくために顧客情報を一元管理し、基本的なプロフィールから購買履歴、Webサイトへのアクセスログ、購入理由などのデータを分析・活用して、収益拡大につなげている。これらは、いわゆるCRM（Customer Relationship Management）と呼ばれるマネジメント手法であり、顧客を社員に置き換えればタレントマネジメントそのものだ。

タレントマネジメントにおいて、CRMのようにPDCAを回し、仮説を検証し続けていくためには、人材に関するデータの蓄積が欠かせない。しかし、人事はこのデータの蓄積に非常に弱い。人材に関する情報は管理されているものの、活用を目的とした適切な形でデータが蓄積されていないのだ。例えば、採用戦略の検証を行おうとすれば、本来は、過去数年分の応募者のデータ、さらに、入社後3年、5年の活躍状況のデータがなければ、本当に自社に合った人材を採用できているかの振り返りはできない。しかしながら、大半の企業において採用は年度ごとのデータに分かれ、社員の活躍状況の情報は別に管理されている。本来は戦略の精度を高めるためにデータを活用したいが、管理思考が先行しその状態になっていない。

マーケターが顧客のことをもっと知りたいと思うのと同じように、人事も経営も社員を理解し、働き方に対する社員の価値観を知りたいはずだが、現実にはマーケティングから見れば当たり前のことができていない状態にある。マーケティングが科学的なデータ活用で確かな成果をあげていることを考えれば、人事でも成果を出すためにデータを徹底的に活用すべきである。

② ES向上はCS向上に密接につながっている

多くの企業は、顧客ロイヤリティを高め、CS（顧客満足度）やCX（顧客体験価値）を上げることで最終的な業績アップにつなげようとしている。とりわけ、商品やサービスを購入し利用する過程で得られる「感情的な価値」を意味するCXが重視されている。

このCSやCXの向上には、ESやEX（従業員体験価値）の向上が欠かせない。図表3－11を見ていただきたい。

科学的人事を実践し、人材マネジメントが改善・向上すれば、ESやEXはおのずと上がる。社員のモチベーションが上がり、挑戦意欲が高まり、生産性が上がり、離職率が下がり、結果として企業の商品力やサービス力が上がっていく。

これがどんな結果を生むのかといえば、CSやCXの向上だ。顧客のロイヤリティが高まり、企業の最終目標である業績が向上する。業績が継続的に向上していけば、株価も上がっていくことになる。業績向上は、さらに人材投資に必要な原資を生むことになる。人的資本への投資が強化されれば、より働きやすい職場づくりやキャリアアップ支援が可能になり、そこで働く社員のESやEXはさらに上がっていく。

図表3-11 ES・EXはCS・CXに密接につながっている

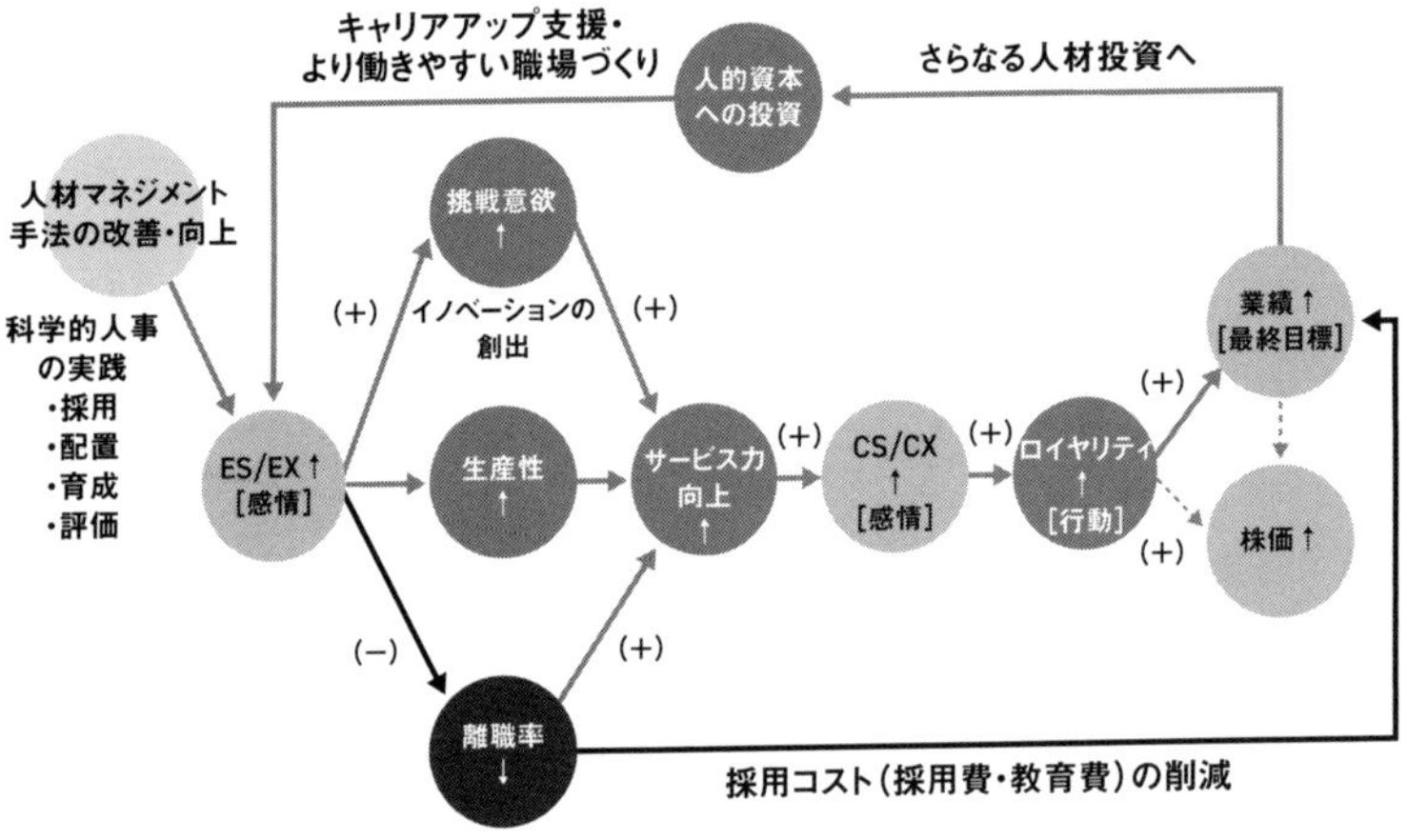

こう見るとESやEXの向上が企業の業績に大きく寄与することがおわかりだろう。この理想的な好循環を回していくことこそが人事戦略であり、経営戦略だ。

そのためには、人事とマーケティングの構造に類似性が高いこと、ES・EXがCS・CXと密接につながっていることへの理解が求められる。

腰を据えて人材活用に取り組んでいる先端的な企業の中には、マーケティングに知見がある人材をCHOや人事のトップに抜擢する例がでてきている。例えば、大手のファッションEC企業では、元マーケティング統括役員が人事役員に着任している。また、別の大手サービス業では、長年マーケティングのDXを推進してきたキーパーソンが人事部門のDXプロジェクトも統括し、マーケティングと人事のDX化を同時進行している。

第2章で人的資本の重要性について触れたが、タレントマネジメントに本気で取り組むなら役員の関与は必須といえる。逆に、役員が絡んでいない場合には、タレントマネジメントが業務効率化の手段と考えられていたり、属人的人事と科学的人事の違いやデータに基づく人材活用の重要性について理解されていない可能性が高い。場合によっては、プロジェクトの目的から見直すことも必要だろう。

5 マーケティング思考で見る人事データ活用の3つのポイント

さて、ここでもう一度マーケティング思考についておさらいしたい。前段ではマーケティングとは顧客をとことん理解することと説明した。人事においては顧客＝社員だ。したがって、人事においてマーケティング思考を持つことは社員をとことん理解することと言い換えることができる。

属人的に社員を理解することも不可能ではないが、それでは解像度が低く、再現性も望め

図表3-12　科学的人事に必要なマーケティング思考とは

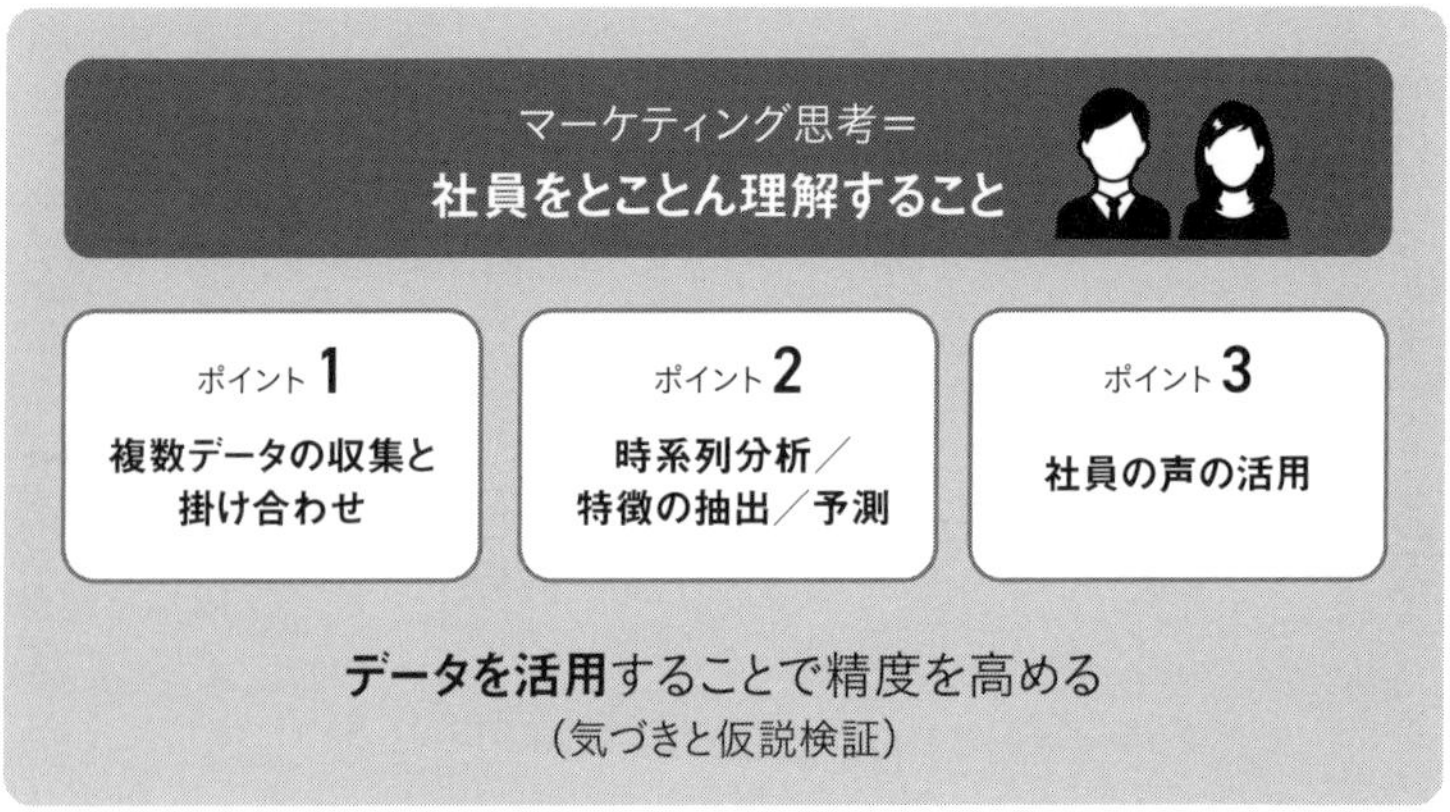
マーケティング思考＝
社員をとことん理解すること
ポイント1
複数データの収集と掛け合わせ
ポイント2
時系列分析／特徴の抽出／予測
ポイント3
社員の声の活用
データを活用することで精度を高める
（気づきと仮説検証）

ない。データを活用することで、解像度高く社員を理解しよう。

タレントマネジメントにおける人事データの活用には3つのポイントがある。これらはすべてマーケティングでは基本となるポイントだ。

1　複数データの収集と掛け合わせ
2　時系列分析／特徴の抽出／予測
3　社員の声の活用

以下、一つひとつ解説していこう。

①　人材を把握するには多角的な視点が欠かせない

1つ目のポイント「複数データの収集と掛け

合わせ」とは、知りたいことを知るために戦略的にデータを掛け合わせて活用することを指す。

例えば、研究職や技術職、営業職といった専門性の高い社員に対して適正な評価ができているかどうかを知るためには、職種別に業績と評価とスキルを掛け合わせた分析が効果的だ。

あるいは、マネージャーのタイプと率いている職場のモチベーションがどう関連しているのか。これを知りたいときには、マネージャーの行動特性を把握するための適性検査とメンバーのモチベーション調査の結果を掛け合わせる。モチベーション調査には組織診断サーベイを利用するケースもある。組織診断サーベイでは、例えばビジョンの浸透度や目標の納得度、やりがい、成長機会、人間関係などをアンケート形式で調査すると、組織のタイプを「コントロール重視型組織」や「協調重視型組織」、「低活性型組織」などに分類することができる。その場合、この組織のタイプによってメンバーに対するマネジメントのあり方は変わってくる。タレントマネジメントシステムであれば、異動のシミュレーションを行いマネージャーの配置を検討した上で、実際の異動を行ったあとに、その効果を検証することが可能だ。例えば、ある組織が活力にやや欠ける「低活性型組織」に分類されたときに、メンバーのモチベーションを高めることが得意なマネージャーのAさんを異動させることが考えられ

図表3-13　人材を把握するには多角的な視点が欠かせない

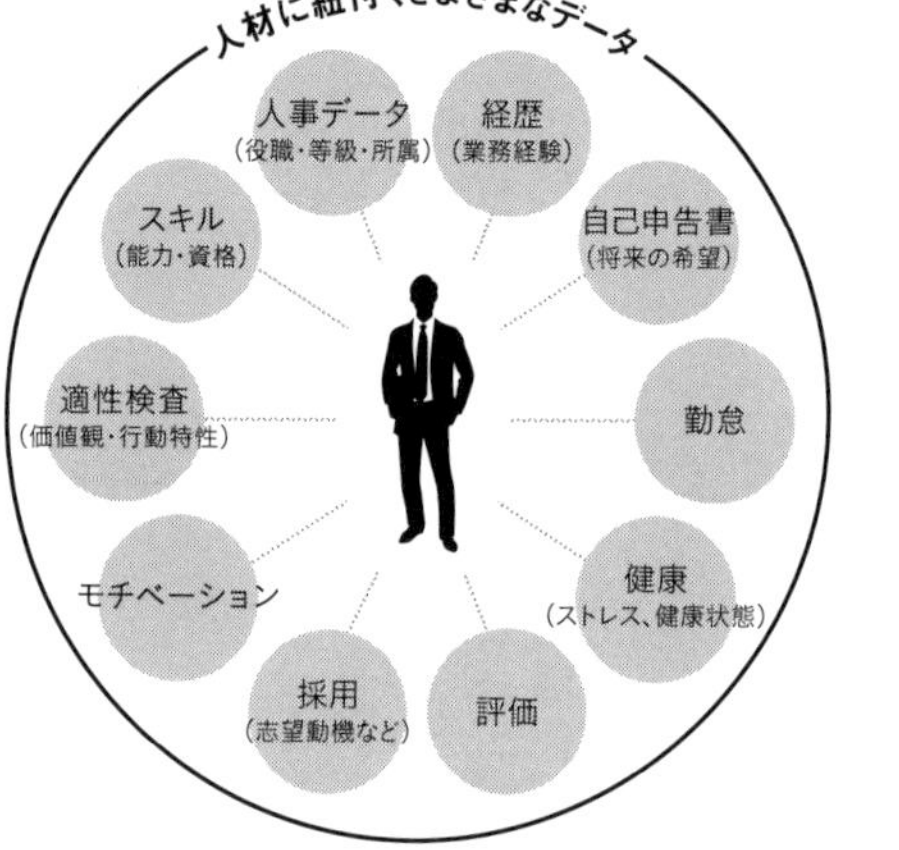

る。さらにAさんの配置後、再度、メンバーのモチベーション調査を実施することで、仮説が正しかったのか検証することができる。

その他、採用時の評価と組織への適応性、さらに入社後の活躍度との関係について知りたい場合には、採用段階での評価と入社後の業務スキル、業績評価の3つを掛け合わせたい。

このように、仮説の検証や「知りたいこと」を知るためには戦略的にデータを掛け合わせることだ。

②　人材は時系列で分析して初めて成長やキャリアが見えてくる

次いで、人事データ活用の2番目のポイントである「時系列分析／特徴の抽出／予測」について解説しよう。ここで特に重要なのはデータを時系列で見ることだ。実は人事のデータをマーケティングのデータと比較するとこの部分がもっとも弱い。人事データは、時間の推移とともにデータを追いかけることを非常に苦手としている。

従来の人事データは発生・変化ベースでしか得られていない。2014年4月からアルバイトとして働き始め、2015年6月に契約社員になり、2018年9月に正社員になったAさんを例に挙げよう。人事が持っている経歴のデータは時系列で見ると単なる「点」だ。変化があった年をつなぐデータは存在せず、変化がなかった年は歯抜け状態になっている。

Aさんは2016年には契約社員だが、2020年に正社員として働いている。しかし、例えば2017年に契約社員だったというデータは経歴データの中には存在しないのである。これでは2017年にはAさんはいなかったことになってしまう。

時系列で正しく追いかけるにはこの間のデータを何かしらの方法で埋めていくしかない。だが、社員はAさん1人ではなく、全員分を追いかける必要がある。その作業量たるや膨大だ。人事が時系列のデータ活用を苦手として嫌がるのはそのためだ。

マーケティング部門では、顧客の状態に関するデータを毎日、システムが裏側で自動的に記録し続けている。CRMとは元来そういう考え方がベースになっているからだ。顧客を時

図表3-14 管理目的ではない、時系列での人材情報の蓄積（例：成長マップ）

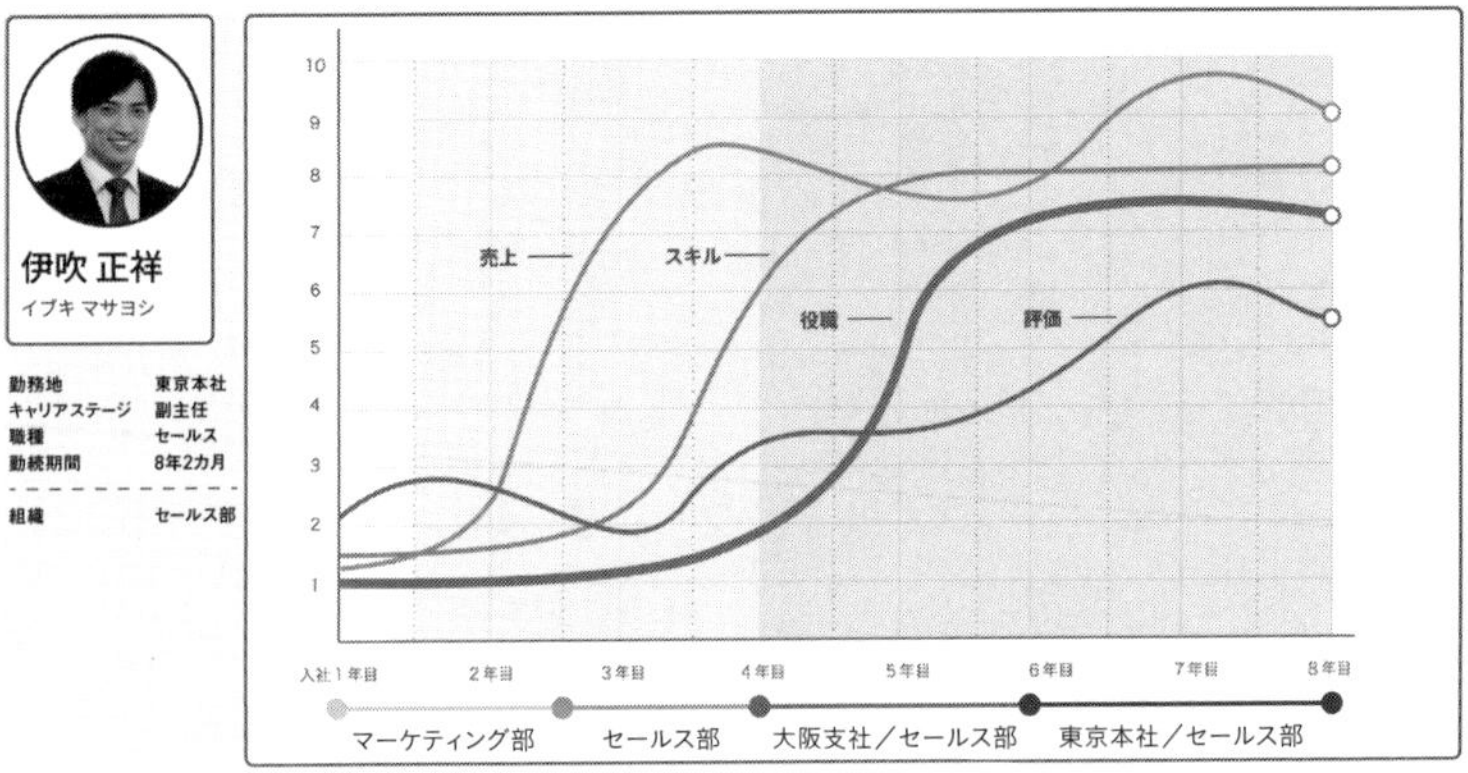

系列で追いかけながら自社のファンに育成すべく日々マネジメントを行っている。「点」のデータしかない人事と連続したデータを持つマーケティングの決定的な違いである。

人事を「管理」する目的なら「点」でいいかもしれない。しかし、人材の「活用」を目的に掲げるなら、時系列でのデータ蓄積は不可欠だ。役職についても単に「〇年に課長に昇格」「×年に部長に昇格」といった発生ベースのデータだけでは十分とはいえない。役職に合わせて売上（業績）やスキル、評価のデータを同じ時間軸で重ね合わせて時系列で見ていくことができれば、例えば、どんな部署での経験が昇進のスピードにどのようにリンクしているかといったことが見えてくる。これは実は人事部門がもっともやりたい時系列でのキャリア分析の一つでもある。

3 社内に眠る定性データを見逃すな

さて、人事データ活用の3つのポイントのうち、2つまでを紹介した。最後に取り上げるのが「社員の声の活用」だ。

これもマーケティング発想で考えてみると理解しやすい。例えば、化粧品メーカーがリニューアルした製品に対する顧客満足度を調べ、スコア化したとする。調べてみるとリニューアル後に5ポイント下がっていたことがわかったが、これだけでは顧客満足度が下がった理由をつかむことはできない。憶測はできても本質には迫れない。

そこで、同社のマーケティング担当者は製品を購入した顧客からの顧客満足度調査における自由記述によるコメント、つまり定性データと顧客満足度のスコアという定量データを掛け合わせて分析した。具体的には、「満足」している人のコメントにはどのようなキーワードが登場するのか、逆に「不満」と答えた人のキーワードは何かをテキストマイニングの技術を使って割り出した。

すると、「大変不満」という顧客のコメントには「ぴりぴり」「痛い」というキーワードが、「大変満足」という顧客のコメントには「一年中」「下地」というキーワードが頻出していることが判明した。具体的に把握できたキーワードを使って、この化粧品会社は商品そのものの改善検討やプロモーション施策の見直しに取り組んでいる。

いかがだろうか。単なる顧客満足度のスコアだけではぼんやりとした輪郭の施策しか打てない。何をどう改善すべきかが曖昧だからだ。だが、定量データに定性データを掛け合わせて分析すれば、改善のヒントが具体性を増し、打つべき施策の輪郭がクリアになる。

これを人事にあてはめて考えてみよう。人事はたくさんの定性データを持っている。社員の満足度調査はもとより、自己申告書、キャリアデザインシート、研修後のアンケート、評価面談や1on1の記録も定性データだ。採用時に得た定性データも豊富にある。エントリーシートに記載された志望動機や自己PR、選考時の面接官のメモ。実は、人事データの大半は数値ではなく、テキストデータが占めている。

こうした定性データのポテンシャルは高い。社員満足度調査や評価フィードバックアンケートから日ごろの不安や不満を把握できれば、社員とのコミュニケーションや離職防止に活かせる。自己申告書やキャリアデザインシートから将来の希望やキャリアプランを読み取れれば、異動を検討する際の判断材料や、研修のレコメンドにつなげることができる。

入社後には顧みられることがほとんどない採用時のデータも有効活用したい。エントリーシートや面接官のメモには、志望動機や入社の決め手が詰まっている。これらは今後の採用

図表3-15 社員の声（定性情報）の活用が社員や組織の理解を深める

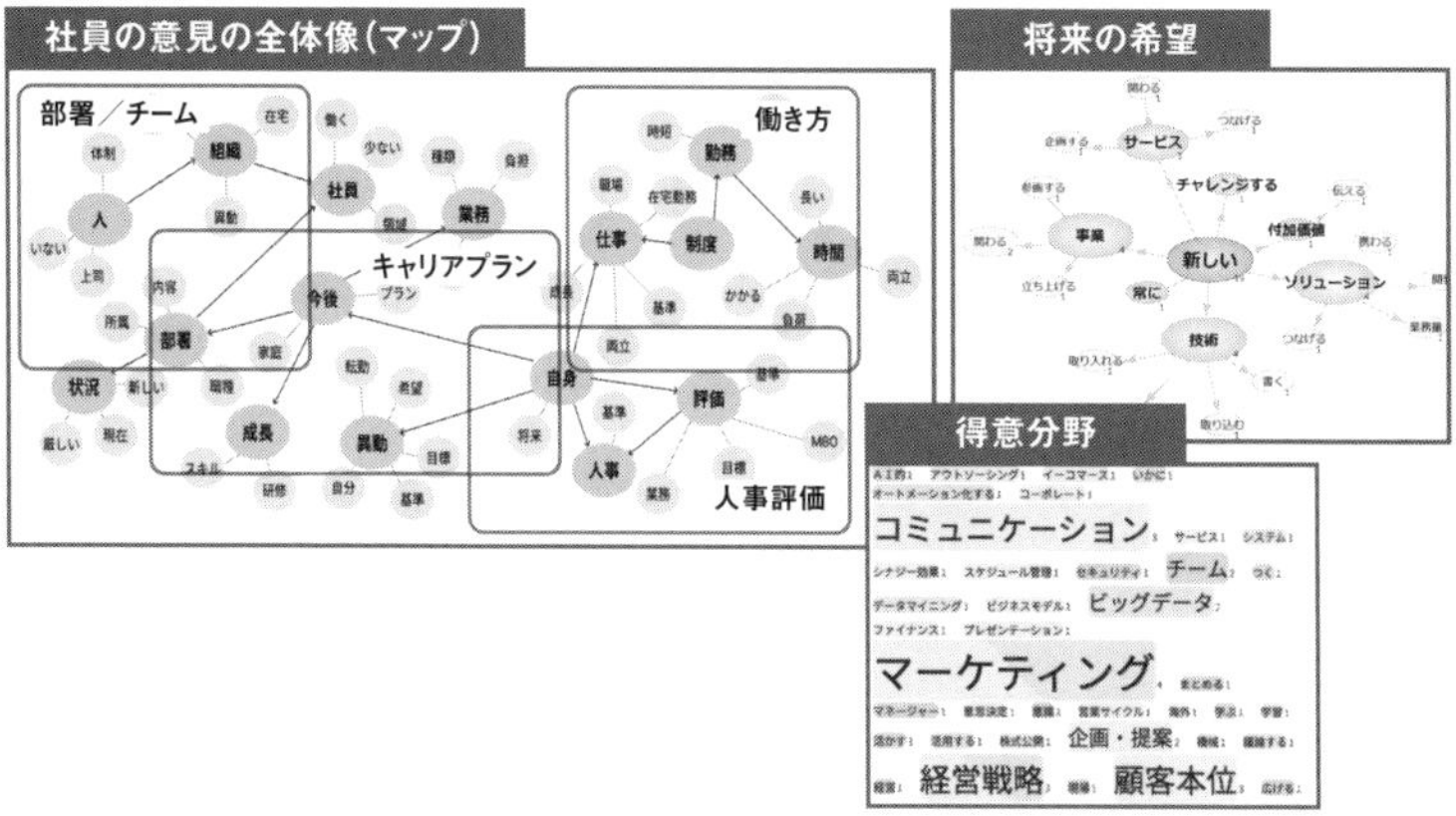

サイトの活用方法や募集メッセージの見直し、さらには次なる採用基準にも活かすことができる。このように、定性データに含まれているリアルな社員の声や意見は、社員や組織に対する深い理解につながる価値ある情報だ。

しかしながら、定性データを活かしきれている人事部門は少ない。すなわち、人材に関する貴重なデータのうち半分以上を活用できていないということだ。

では、これらが活用されていないままだとどうなるか。アンケートに回答しても、満足度調査に協力しても、その結果が活用されているのかわからなければ、社員はこう思う。「しょせん何を書いても会社には伝わらない」「協力しても意味がない」。心当たりはないだろうか。人事が何かデータを収集しようとしても社員に白けられてしまうことが多いのは、一つにはアンケートを取るだけ取って活用に至らない人事の姿勢に原因がある。

6 科学的人事のデータ活用レベル

ここからは科学的人事のデータ活用レベルについて解説する。いま自分たちはどのレベルにあるのか、次のレベルに進むためには何をすればいいのか。自らの現状を客観的に見つめ、科学的人事に挑戦してもらいたい。

① まずはレベル1で「見える化」する

レベル1は科学的人事のファーストステップだ。テーマは「見える化」。人材と組織の両方の「見える化」を行っていく。

ここで集めたいデータは人材の基本情報、スキル、履歴、適性検査、将来の希望、自己申告書、満足度調査、モチベーション、勤怠情報、健康情報など。データを集約し「見える

図表3-16 科学的人事のデータ活用レベル

	レベル1 見える化	レベル2 分析・傾向把握	レベル3 シミュレーション・予測・最適化
人材の見える化	・人事基本情報 ・スキル ・履歴（評価、異動、研修…） ・適性 ・将来の希望 ・自己申告書 ・満足度調査 ・モチベーション ・勤怠 ・健康情報（健診データ、ヘルスチェック）	・人員構成・推移の把握 ・労務・生産性分析 ・スキルアップ分析 ・ハイパフォーマー分析 ・評価者タイプ判定 ・離職傾向分析（離職率、離職者傾向） ・健康指標分析（休職率、健診受診率） ・研修受講の傾向（受講履歴、時間、習熟度） ・コミュニケーションの活性度分析	・能力を活かした最適配置（異動シミュレーション） ・離職予兆の把握（離職アラート） ・健康リスクの判定 ・相性分析 ・採用ミスマッチの防止（活躍人材との類似応募者抽出） ・研修コンテンツの推奨（アダプティブラーニング）
組織の見える化	・人件費 ・社員満足度 ・財務情報（売上・利益） ・戦略を実現するために必要な人材要件の定義	・社員満足度・エンゲージメント・ヘルススコア分析 ・組織の活性度診断 ・ポジション充足度、次世代人材数 ・財務分析（売上推移、1人当たり付加価値、生産性など）	・異動に伴う人件費シミュレーション ・要員計画（数年先の人員構成予想と目標とのギャップの把握） ・次世代人材抽出（人材プール作成）

化」を進めていこう。

一方、組織については、部署・役職・階級別の人件費や満足度に加え、戦略を実現するために必要な人材要件を情報として持ちたい。人材要件については、例えば、来期これぐらいの売上を目指したいという場合には、それを実現するために必要な人材の要件を定義し、各要件に対して必要な人数を定める必要がある。科学的人事は人材と組織の最適なマッチングが大きな目的の一つだ。両者を見える化して、そのギャップを把握したい。

② レベル2では分析し傾向を把握しよう

レベル2は「分析・傾向把握」の段階だ。レベル1で集めたデータをもとに分析を行い、人員構成やその推移を把握するところから、労務・生産性分析、スキルアップ分析、ハイパフォーマー分析、評価者タイプ判定、離職傾向分析、健康指標分析、研修受講の傾向分析、コミュニケーション活性度の分析などを進めていく。

さらに、人材に関する分析と併せて、組織の分析も実施する。社員満足度やエンゲージメント、ヘルススコア分析、組織の活性度診断、ポジション充足度や次世代人材の人数の把握などが該当する。このレベル2での目的は組織ごとの特徴や課題を抽出することにある。

③ シミュレーションや予測、最適化を行うレベル3

最後のレベル3は「シミュレーション・予測・最適化」のステップだ。レベル1でデータを集め、レベル2で分析したら、その結果をレベル3で活用する。

例えば社員の能力を活かした最適配置だ。レベル1や2で実施した適性検査や組織診断の結果から、「低活性型組織」に分類された部署には、イノベータータイプの部長を異動させたら活性化するのではないか。そんな仮説を立てて、シミュレーションを行うのがこのレベル3だ。さらに、実際に人事異動を行ったら、その半年後に同じように組織診断を行って仮説が正しかったのかを検証しよう。

社員の入社人数や離職者数、昇給昇格の比率などのデータが蓄積されていけば、人件費が今度どう変動していくかもシミュレーションできる。さらに要員計画を立て、次世代人材の候補者を抽出して人材プールを作成することも可能だ。過去のデータがしっかりと揃っていれば、仮説構築、未来の予測はスムーズに運ぶ。

離職予兆の把握もこのレベル3で行う。離職防止策については本章1節の先行事例でも紹介したが、過去の業務日報を分析し、離職者と現在活躍している社員の違いを分析すると興味深い結果が得られることが多い。例えば、離職前の業務日報に「業務」「多い」「難しい」「業務が多い」「業務に慣れない」「相談できない」といった単語が多く出現するケースが目立っていたとすれば、これらは離職を予兆する危険ワードといえる。このワードが出てきたら要注意だ。

また、エンゲージメントやモチベーションに関するデータを過去の離職者のデータと照らし合わせることで、似たような状態にある離職リスクの高い社員を割り出すこともできる。予測ができれば対策も打ちやすい。疲弊している社員を早めに発見し早々にフォローすることで離職を未然に防止したい。

あるいは異動した後にモチベーションが下がっていることがわかれば、異動がアンマッチだったのではないかという仮説を立て、場合によっては再配置という対策も考えられる。このほか、レベル3では健康リスクの判定、採用ミスマッチの防止、研修コンテンツの推奨なども行っていきたい。

以上は、レベル1で社員や離職者のデータをしっかり蓄積していればこそ可能な分析だが、人事の現場では離職者のデータは消去されてしまっていることが多い。人事が「管理」の発想しか持っていないため、離職者のデータは「不要」と判断されてしまうためだ。しかしながら、離職者のデータは貴重なマーケティングデータである。同じような離職者を出さないためにも離職者の傾向分析は欠かせない。人材を本気で「活用」したいのであれば、「管理」のために安易に消されてしまっているデータにも着目すべきだ。

現状、レベル3のシミュレーションや予測はいまだに勘と経験頼みという会社が多い。それはレベル2ができていないからだが、さらに遡れば、実はレベル1で有効なデータが活用できる形で揃っていない企業が大半を占める。レベル3を目指すのであれば、まずはレベル2を目標として必要なデータを収集・蓄積し、段階を踏んでノウハウを溜めていきたい。

なお、レベル2の分析、レベル3のシミュレーションや予測は手作業では不可能である。マーケティング同様、データを掛け合わせて分析するにはＩＴの活用、そして人事ＤＸに留《とど》まらないタレントマネジメントシステムの活用が不可欠だ。

Column

テキストマイニングとは何か

ここで改めてテキストマイニングについて解説しよう。テキストマイニングとは、アンケートの自由回答欄に記載された文章など大量のテキストの中から企業やヒトにとって有用な「声」や意見、人の感情、趣味嗜好などの傾向（多寡・増減・萌芽）を掘り出すための分析手法だ。

コンピュータで処理しづらい「文章」を構成する要素や構造、意味を解析する「自然言語処理」と、統計処理やＡＩなどの手法を用いてデータから一定の相関関係やパターンを見つけ出す「データマイニング」という2つの技術で構成されている。

さらに「自然言語処理」には①形態素解析、②構文解析、③辞書の3つの解析技術が使用されている。①の形態素解析とは文章を単語単位に切り分け、単語の品詞や、疑問形、肯定形、否定形といった動詞の活用の種類までとらえる処理を指す。②の構文解析は、①で分解した各単語の文章のなかでのつながり（主語と述語、修飾語と被修飾語、動詞と目的語など）の関係＝「係り受け」を判定して文章の要旨をとらえていく処理をいう。③の辞書は、言葉のゆら

図表3-17 自然言語処理技術とは

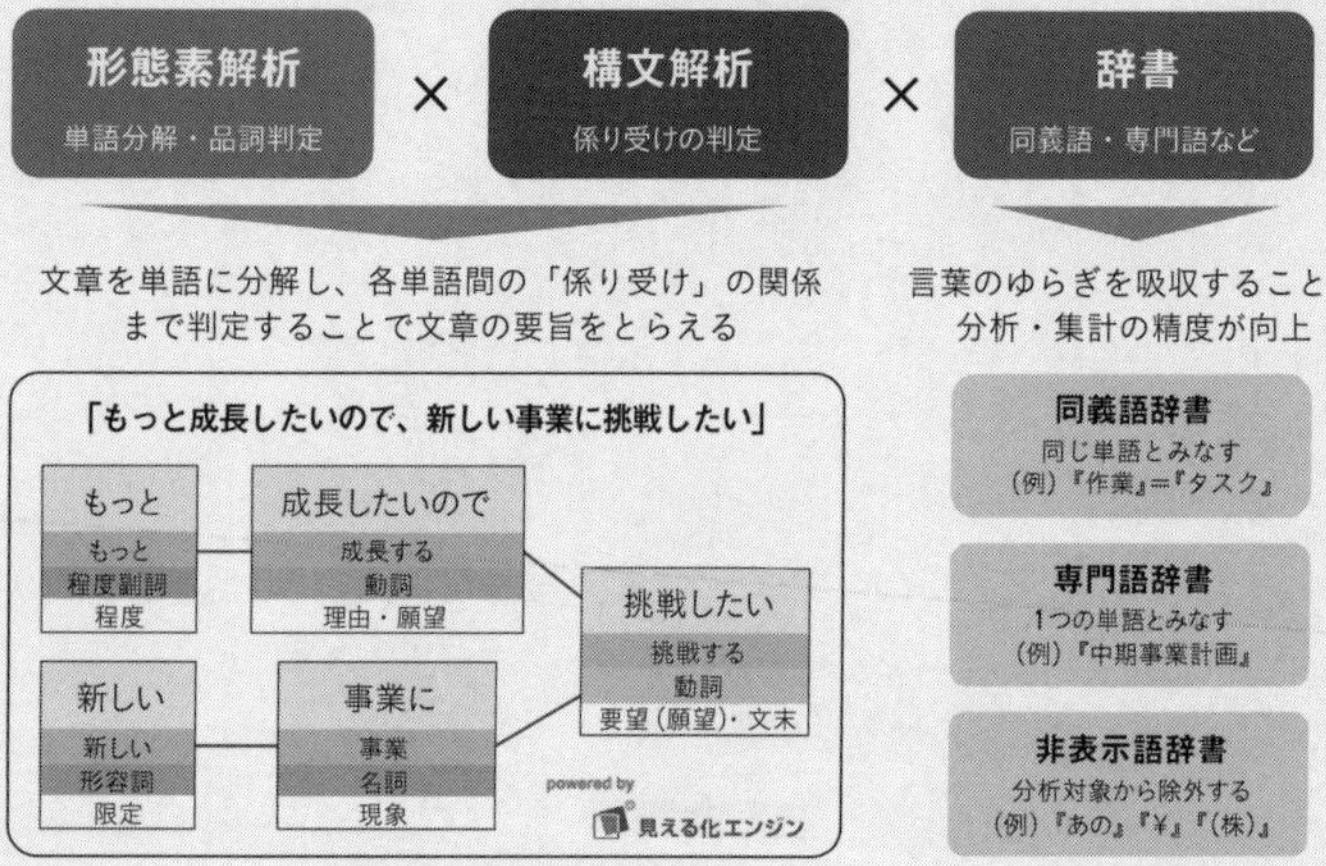

ぎを吸収することで分析や集計の精度を向上させる技術を意味している。

自己申告書に「もっと成長したいので、新しい事業に挑戦したい」という一文があったとしよう。①の形態素解析を使うと、「もっと（程度副詞：程度）／成長したいので（動詞：理由・願望）／新しい（形容詞：限定）／事業に（名詞：現象）／挑戦したい（動詞：要望〈願望〉・文末）」に分解できる。

次に②の構文解析を行うことで、「もっと」と「成長したい」、「新しい」と「事業」がそれぞれ係り受けの関係にあること、さらに「もっと成長したいので」と「挑戦したい」や「新しい事業に」と「挑戦したい」も係り受けの関係にあることが明らかになる。

この例文では特に用いられていないが、③の辞書とは、例えば「作業」と「タスク」を同じ意味を持つ単語と見なす同義語辞書、「中期事業計画」を「中期／事業／計画」に分解せずに1つの単語ととらえる連語・専門語辞書などがある。テキストマイニングの分析精度を高めていくために欠かせない技術だ。

こうした技術を駆使することで、テキストから人の感情や志向、さらに時系列で追いかけることでその変化や萌芽も炙り出すことができる。

例えば、外部から見た自社の客観的な強みは何か。他者からどう見られているかを知るには、採用時に寄せられた応募者の声をテキストマイニングすることが有効だ。ある会社では職種別に「入社の決め手」について記載されたテキストを分析してみた結果、営業職では「若手」「積極的だ」「チャレンジ」「挑戦」、マーケティング職では「風通し」や「コミュニケーション」、開発・技術職では「新技術」「オフィス」「福利厚生」「社食」といったキーワードが相対的に多く、職種によって重視される要素、つまりは自社の採用における強みがうかがわれた。次年度からの採用活動ではこうしたキーワードを強調すべしという判断にもつながる。これはまさに採用活動におけるマーケティングだ。

入社3～5年目の活躍社員が採用時の志望動機で何を語っていたのかを振り返るのも面白い。活躍社員は「挑戦する」「成長」というワードを、あまり活躍していない社員は「安定する」「待遇」「実績」というワードを多く発していたとしよう。これらのワードは、入社した

図表3-18 応募者の発言内容をテキストマイニング分析

人材採用はマーケティングそのもの。
過去の応募者・採用者の発言内容を分析して、自社の客観的な強みの把握／ポテンシャル人材の発掘に。

応募職種別にみる「入社の決め手」

No.	営業 (70)			マーケティング (68)			開発・技術 (63)		
1	若手	15	21.4 %	風通し	13	19.1 %	新技術	10	15.9 %
2	積極的だ	11	15.7 %	コミュニケーション	11	16.2 %	オフィス	9	14.3 %
3	チャレンジ	9	12.9 %	働きやすさ	10	14.7 %	福利厚生	8	12.7 %
4	挑戦	6	8.6 %	活発だ	7	10.3 %	社食	6	9.5 %
5	意見	5	7.1 %	先輩	5	7.4 %	椅子	5	7.9 %
6	成果	4	5.7 %	交流会	3	4.4 %	研修	5	7.9 %

入社3〜5年目の活躍社員は志望動機で何を語っていたか?

入社3〜5年目の活躍社員

No.	単語
1	挑戦する
2	成長
3	環境
4	社長
5	素晴らしい

その他の社員

No.	単語
1	安定する
2	待遇
3	実績
4	良い
5	働く
6	大企業

後、長く活躍してくれそうな人材を見極めるための採用基準になり得る。マーケティングにおいて、長くリピーターになってくれる顧客を育成するための指標である「ＬＴＶ」の人事版だ。

研修を受けた後に参加者から提出される研修受講報告書にも注目したい。テレワークが一般化したいま、多くの企業が研修の効果的な実施方法を模索し、研修の中身にも趣向を凝らしている。しかし、研修を「開く」ことには熱心でも、「終わった後」のフォローは十分に行われていない企業が多い。

しかし、それでは宝の持ち腐れだ。例として、ある企業が実施した新人向けのマナー研修において、研修受講報告書の内容をテキストマイニングで解析した例を紹介しよう。２０１９年に頻出したのは「難しい」「辛い」というネガティ

図表3-19 研修受講報告書を分析して、研修内容を改善

研修受講報告書に含まれるキーワードをマップ形式で表示
（ポジティブワード:赤字／ネガティブワード:青字）

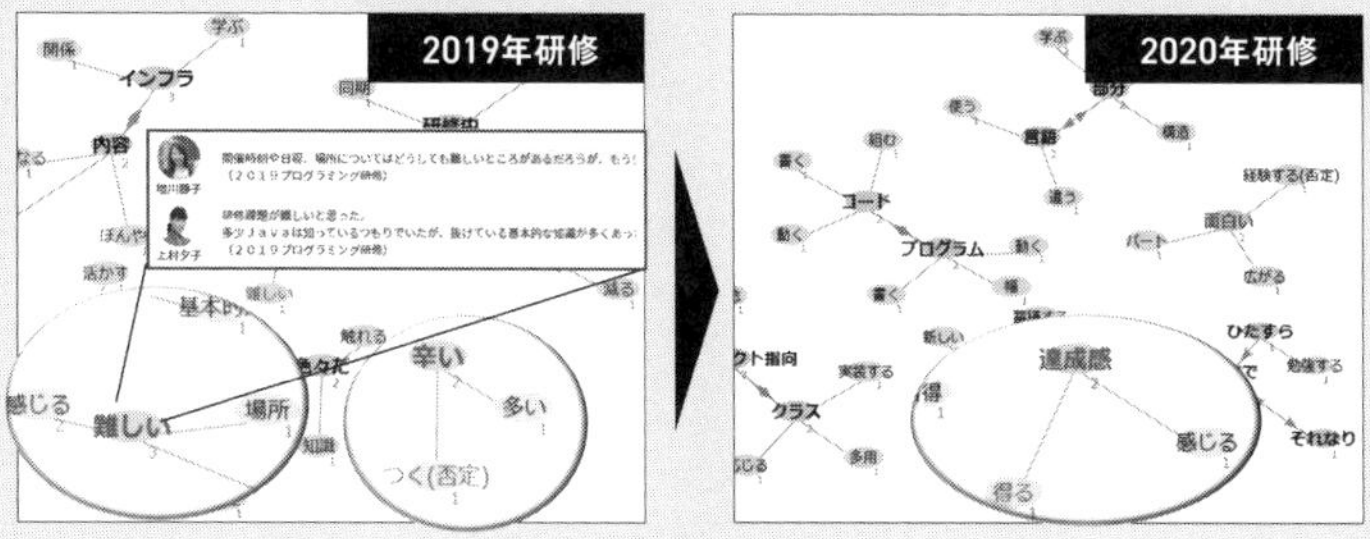

ブな印象がうかがえるワードだった。ところが、2020年の受講履歴では「達成感」「得る」という単語が頻出。一転してポジティブなニュアンスに満ちている。この劇的な変化は、2019年度の受講報告書からネガティブな回答を抽出し、次の研修で何を改善すべきかを洗い出し、内容を大幅に見直したことで実現した。研修は「やりっ放し」ではいけないということだ。

このほかにも、社内には社員のキャリア形成やモチベーションアップ、社内の環境改善に役立つ情報がたくさん眠っている。

テキストマイニングという優れた技術を効果的に活用し、眠れる定性データを掘り起こしていこう。

第4章

ここまで進んだ科学的人事の取り組み

科学的人事を実践する企業は業界や業種を超えて着実に増えている。製造業、金融、公共インフラ、流通、不動産、サービス業、医療・介護・福祉、IT、システム開発、広告・マスコミ、教育関連。あらゆる業界で導入が進んでいるが、その取り組みのレベルや重視する施策には濃淡がある。

本章では、その中からとりわけ先進的な取り組みが目立つ業界をピックアップした。科学的人事の導入が進んでいる背景や取り組みの特徴、いかなる成果をあげているのかを紹介していこう。

1 製造業界

① スキルを見える化して人材ポートフォリオを作成

IoTやAI、ビッグデータを活用した技術革新、いわゆる第4次産業革命は製造業の「あり方」を変えた。データを活用したサービスの付加価値が向上し、ハードからソフトへの拡張が進行。業界の垣根がなくなり、国内外を問わずさまざまな新規プレイヤーが台頭し、競争も著しく激化している。

こうしたシビアな状況では「モノづくり」の質や精度だけで競争力を保つことは難しい。企業として生き残るには技術者のスキルを高め、幅を広げるとともに、組織として最大限に発揮させることが求められる。

日本経済を支える基幹産業ともいえる自動車業界を例に挙げてみよう。内燃機関の自動車はエンジンだけでも約1万点、車全体では10万点もの部品で構成されている。ところが、電気自動車（ＥＶ：Electric Vehicle）となると部品数は約1万点。従来の10分の1で事足りる。ＥＶは電子部品やソフトウエアの重要性が非常に高く、車よりもスマートフォンに近いとすら言われることがある。企業の競争力の源泉が、ハードウエアからソフトウエアにシフトしつつある。だからといって外からソフトウエアの技術者を大量に新規採用するのは現実的ではない。現在の社員のなかから、適性の高い社員を見極め、ソフトウエアの技術者として再教育＝リスキリングしていく必要がある。

ＡＩやＩｏＴを活用した「製品のサービス化」が進行している電機業界も同様だ。例えば、社員数千名、グループ全体で数万名の社員を抱える大手電機メーカーのA社はグループを横断してタレントマネジメントシステムを導入し、科学的人事に着手している。狙いは以下の

4点だ。

①最適化された人材配置
②社員のパフォーマンスの最大化（多様な人材の採用・リテンション・育成）
③戦略的な次世代リーダーの育成（サクセッション、自律的成長）
④理念浸透とエンゲージメントの向上

A社の取り組みで特にクローズアップしたいのが「①最適化された人材配置」と「②社員のパフォーマンスの最大化」を実現するために、すべての技術者の能力を見える化し、ポートフォリオを作成したことだ。AIやIoTなどの技術分野を抽出し、現在の所属部署と掛け合わせたマトリクス上に社内の技術者をプロットして、グループ全体を通してどの技術を持つ人材がどこに何人いるかを明らかにした。

自動車メーカーや家電メーカーの競合相手は今やモノづくり企業ではない。Googleやアップルといった企業だ。彼らと戦っていくためにはこうした人材ポートフォリオが一つの武器となる。人材ポートフォリオに基づき、経営と人事が議論し、「この技術分野の人材が少ないから採用したい」「あの技術分野の人材育成が急務だ」といった中長期の視点に基づ

図表4-1 埋もれた人材の発掘

（例：役職×年齢分布による昇格スピードの見える化）

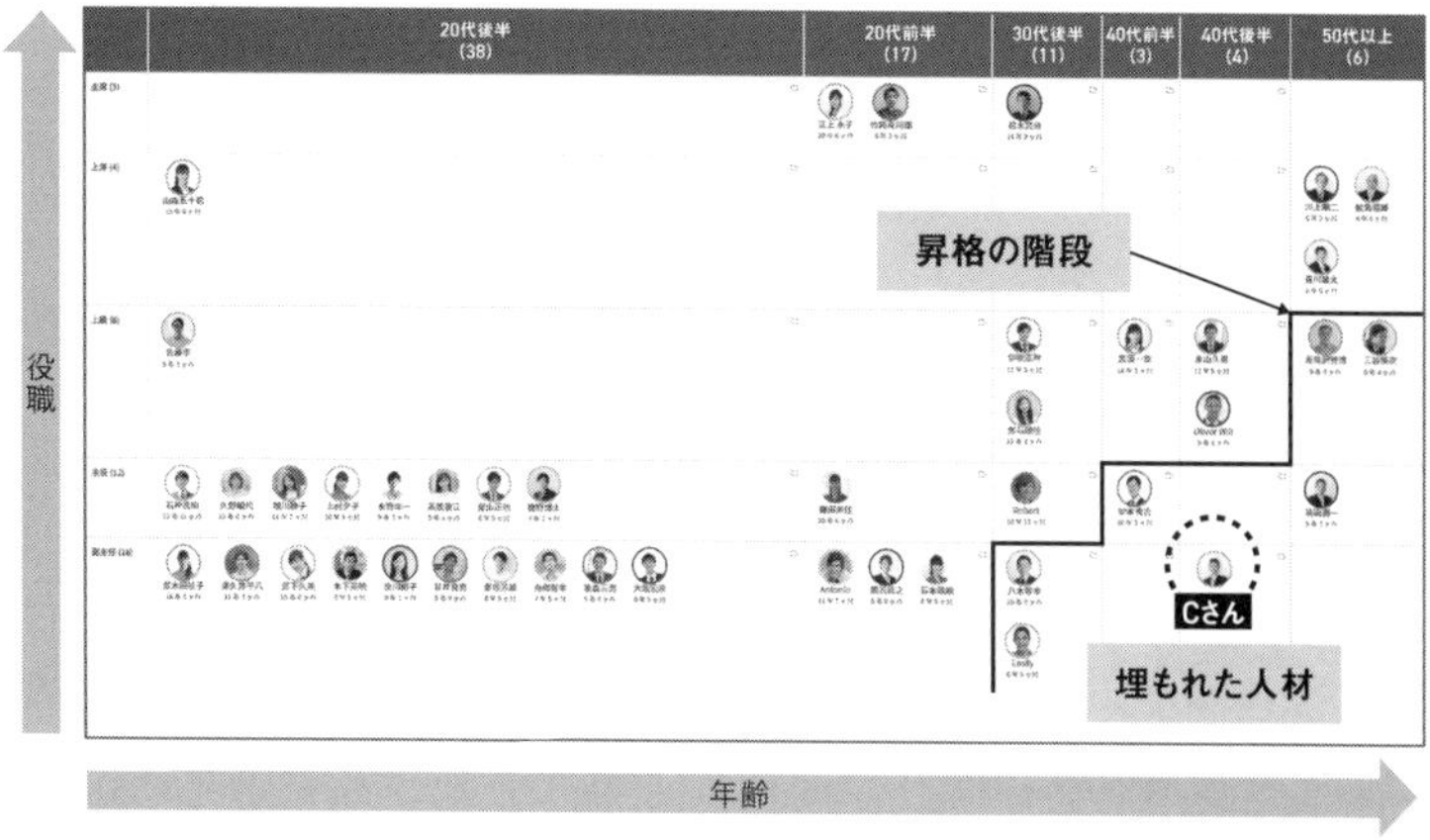

く意思決定のもと、次のアクションに移ることができる。求められる人材ポートフォリオとのギャップを埋めるべく、新たに人材を採用する、新たなスキルの再教育＝リスキリングを強化する、M&Aによって人材を獲得するといった経営判断を行っていく。社員のスキルを見える化した人材ポートフォリオがいま製造業で非常に注目されているゆえんである。

なお、人材ポートフォリオからは思わぬ発見が得られることも多い。大手食品メーカーB社では年齢を横軸に、役職を縦軸に取って人材をプロットし、役職×年代分布で人材ポートフォリオを作成した。図のように年齢が上がれば上がるほど役職が上がっていくのは年功序列型の日本企業の常だが、この人材ポートフォリオによって既定路線から外れたCさんの存在を把握できた。

Cさんはなぜ外れていたのだろう。経歴を追いかけてみると、語学が堪能というだけの理由から海外の部門に配属され、語学以外にも幅広いスキルを有するにもかかわらず、昇進のプロセスから外れていたことが判明した。Cさんの能力に注目したB社は彼を日本の本社に戻し、新規事業を一任した。

以上のように、スキルをはじめとして、さまざまな切り口から、社員の分布をポートフォリオとして見える化すれば、埋もれている人材を発掘し、より適切な部署への異動やリスキリングのための研修受講を促すといった具体的なアクションが可能になる。データが属人化されたままではこうした発見は得られにくい。

② スキルや性格特性に関するデータも活用

次に、イノベーションを創出するために人材を見える化し、重点的な育成施策の対象とする若手人材を抽出した製造業D社の例を紹介しよう。

若手人材は経験も知識もスキルも浅い。現時点の能力を見るだけではイノベーション創出のポテンシャルを備える若手人材の発掘は困難だ。そこで、D社では多角的な視点でデータ

図表4-2 複数のデータを使った新規事業に抜擢する若手人材の抽出

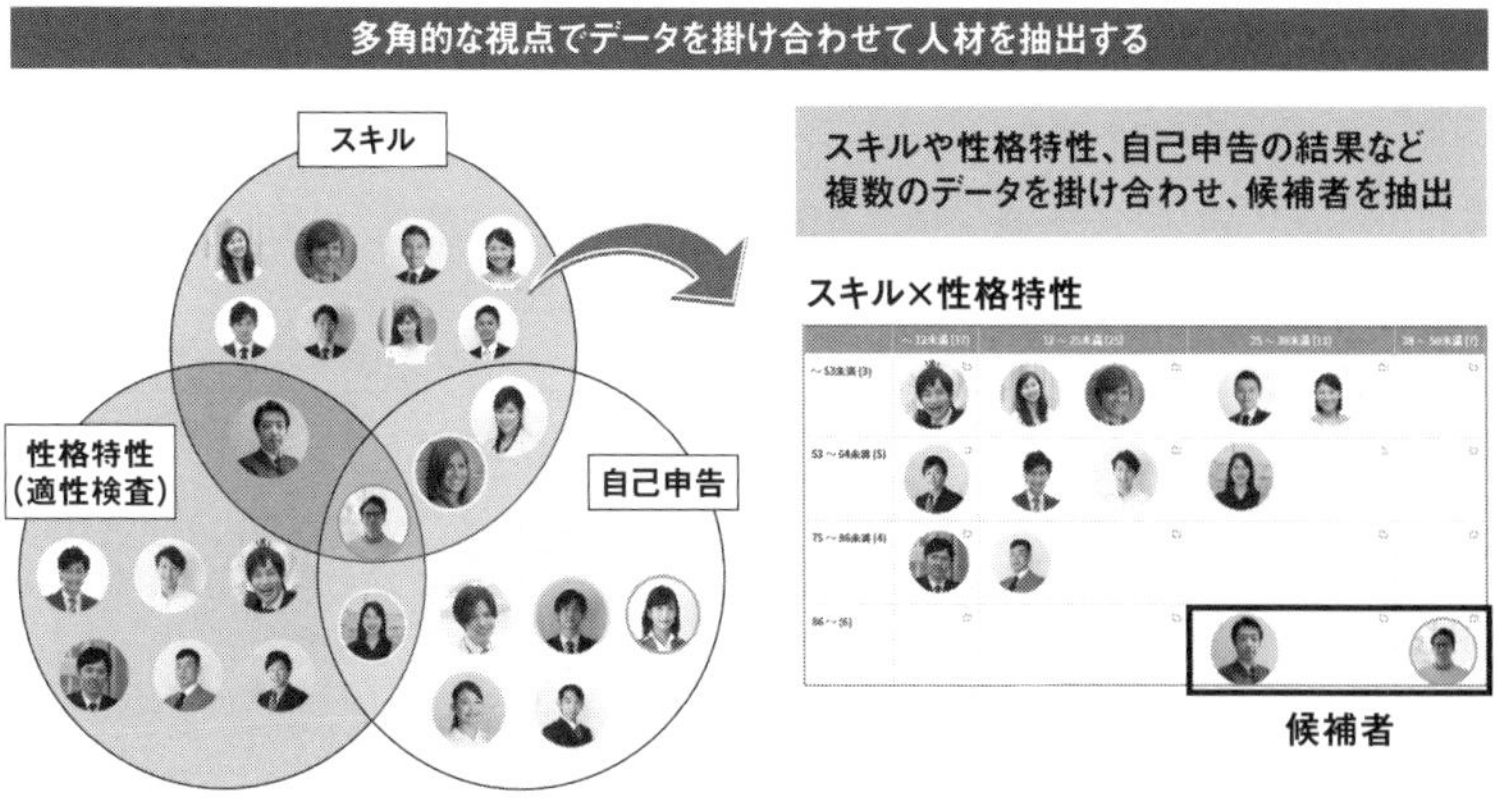
多角的な視点でデータを掛け合わせて人材を抽出する
スキル
性格特性
(適性検査)
自己申告
スキルや性格特性、自己申告の結果など
複数のデータを掛け合わせ、候補者を抽出
スキル×性格特性
候補者

を掛け合わせてポテンシャル人材を抽出した。

まず大前提として、イノベーション人材には「新しいもの好き」といった特性や本人のやる気が欠かせない。単にスキルがいま十分でないからという理由で切り捨ててしまうと、ポジティブで意欲のあるポテンシャル人材を見逃してしまう。一番望ましいのは、本人の適性とやりたいことが、会社の望む方向性と合致していることだ。そこで、適性検査に基づく性格特性、さらに本人の希望が書かれた自己申告書から当てはまる若手社員を候補者として抽出した。

D社はさらに候補者一人ひとりの現状のスキルとイノベーション人材として求められるスキルとのギャップを可視化した。そして、スキルギャップを埋めるためのeラーニングや研修コンテンツが自動的にレコメンドされる仕組みを

図表4-3 スキルデータを活用した自律的キャリア形成の支援

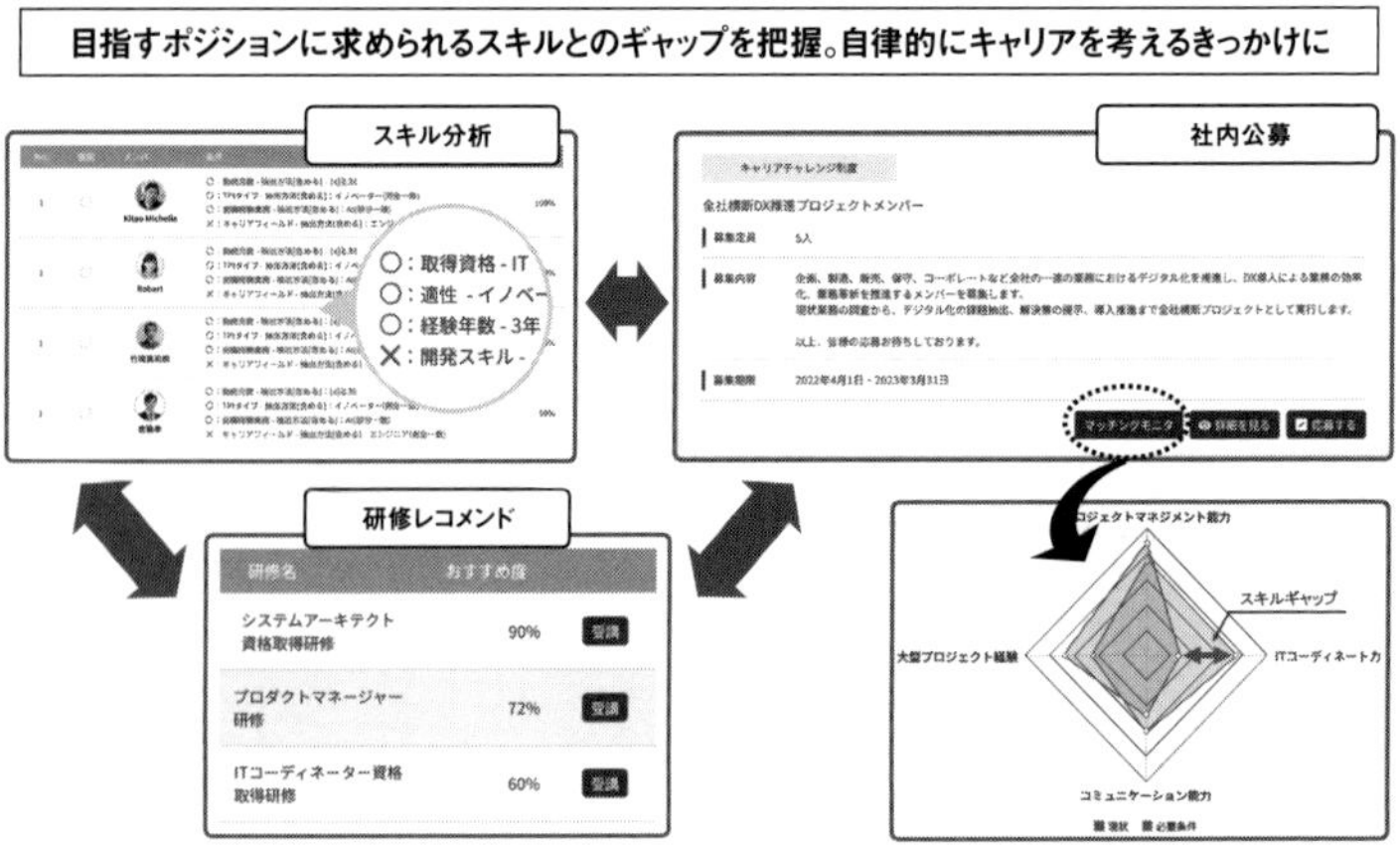

取り入れ、自律的なキャリア形成を支援している。

研修制度を取り入れている企業は多いが、「○○の役職についたら」「入社○年目になったら」という画一的な基準で実施しているところが大半ではないだろうか。これでは自分の業務内容とかけ離れた研修、やる気や興味を持てない研修、今後のキャリアアップにつながるとは思えない研修を義務的に受けなければならない。属人的な人材育成の限界だ。

対して、個人のスキルの現状に加えて、目標とするところが見える化されれば、目標に到達するためにギャップを埋めるべきスキルが明らかになる。さらにD社のように、その能力を高めるための学習コンテンツが自動的にレコメンドされれば学習効果は遥かに高まっていく。

さらに、時系列でスキルが本当に上がっているかどうかを定期的にチェックしていきたい。過去と比較して自分がどれだけ成長したか。その軌跡の見える化は効果的だ。足りないところばかりを見せられるとやる気が損なわれるが、自身の成長を実感できれば、モチベーションは上がっていく。社員の情報を管理しているに過ぎない属人的人事に対して、科学的人事ではデータが毎日蓄積されていくため、社員自身が過去の自分と現在の自分を比較できる。これだけ伸びたという成長実感は、新規事業や社内公募など自律的なチャレンジ意欲にも結びつく。

そのほか、研修による学習効果の検証は、研修内容の改善にもつなげることができる。スキルが上がっていなければ研修内容を見直し、上がっていればその方向を深掘りしていけばいい。

③ 国内・海外市場における キーポジションの次世代人材育成

科学的人事を実践することで、海外拠点長や事業部長、プロダクトマネージャーなどの事業成長のためのキーポジションを担うことができる次世代の人材育成を進めているのがE社だ。同社は数十のキーポジションを設定し、そのポジションごとに求められる役割や経験、

図表4-4　サクセッションプラン（次世代人材の見える化と戦略的な育成）

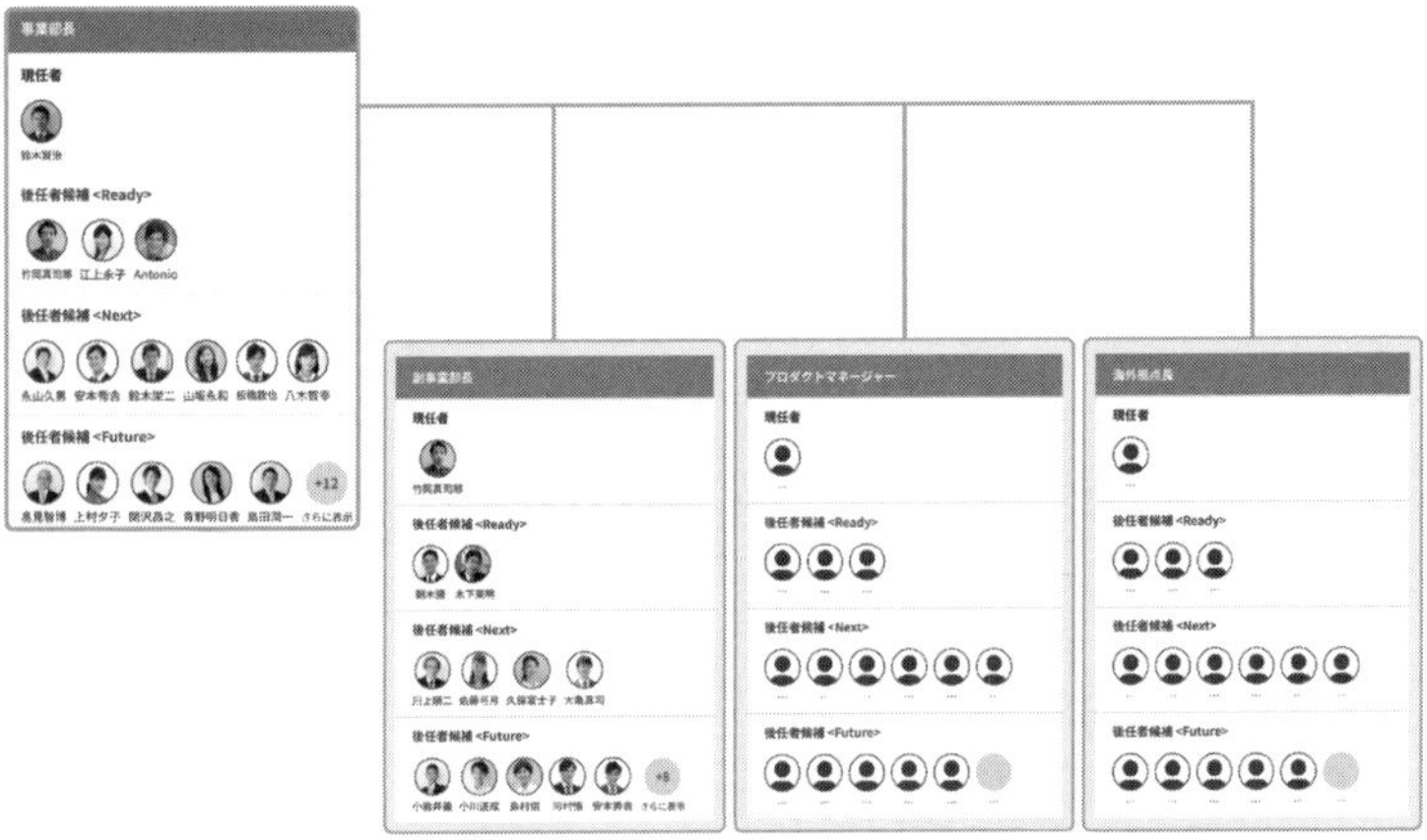

スキルなどの人材要件を定義した。各ポジションに対して現任者、および、過去にそのポジションにアサインされた社員の履歴が確認できるとともに、後継者候補（直近1年以内で後任になれる人材／2～3年後に後任となれるように育成する人材）、未来の後継者候補（将来的な後任候補として育成する人材）が、保有スキルや経験、評価、適性などに基づいて抽出され、プールされている。これにより、各ポジションに対する後継者候補の充足度合いが一目で把握できるとともに、各候補者の状態、育成計画についても組織横断で共有できるようになった。戦略的に若手社員・中堅社員にチャレンジングな経験をさせ、次世代人材に育てていくことができる体制を整備したのだ。

経営を左右する要素が「ヒト・モノ・カネ」

から「ヒト・ヒト・ヒト」にシフトしている今、このように時代の変化を先取り、それに合わせた人材を計画的に育成・輩出できる企業こそ、持続的に企業価値を向上していくことができるだろう。

2 金融業界

① 統廃合した店舗に適切な人材を配置

製造業と同じように、金融業もまた変革の大波にさらされている。過去に例を見ない低金利が長期間続き、少子高齢化やライフスタイルの多様化が進み、あらゆるサービスのデジタル化が進行する中、金融サービスに対する顧客ニーズは大幅に変化した。異業種からの参入も活発だ。決済業務を中心にフィンテック企業などの参入が相次いでいる。

それだけに危機感は強い。科学的人事に取り組み、企業の存亡をかけて人材育成に力を入れている。先進的な事例が多い業界の一つだ。

図表4-5 人材要件や制約条件を考慮した
最適配置のための異動シミュレーション

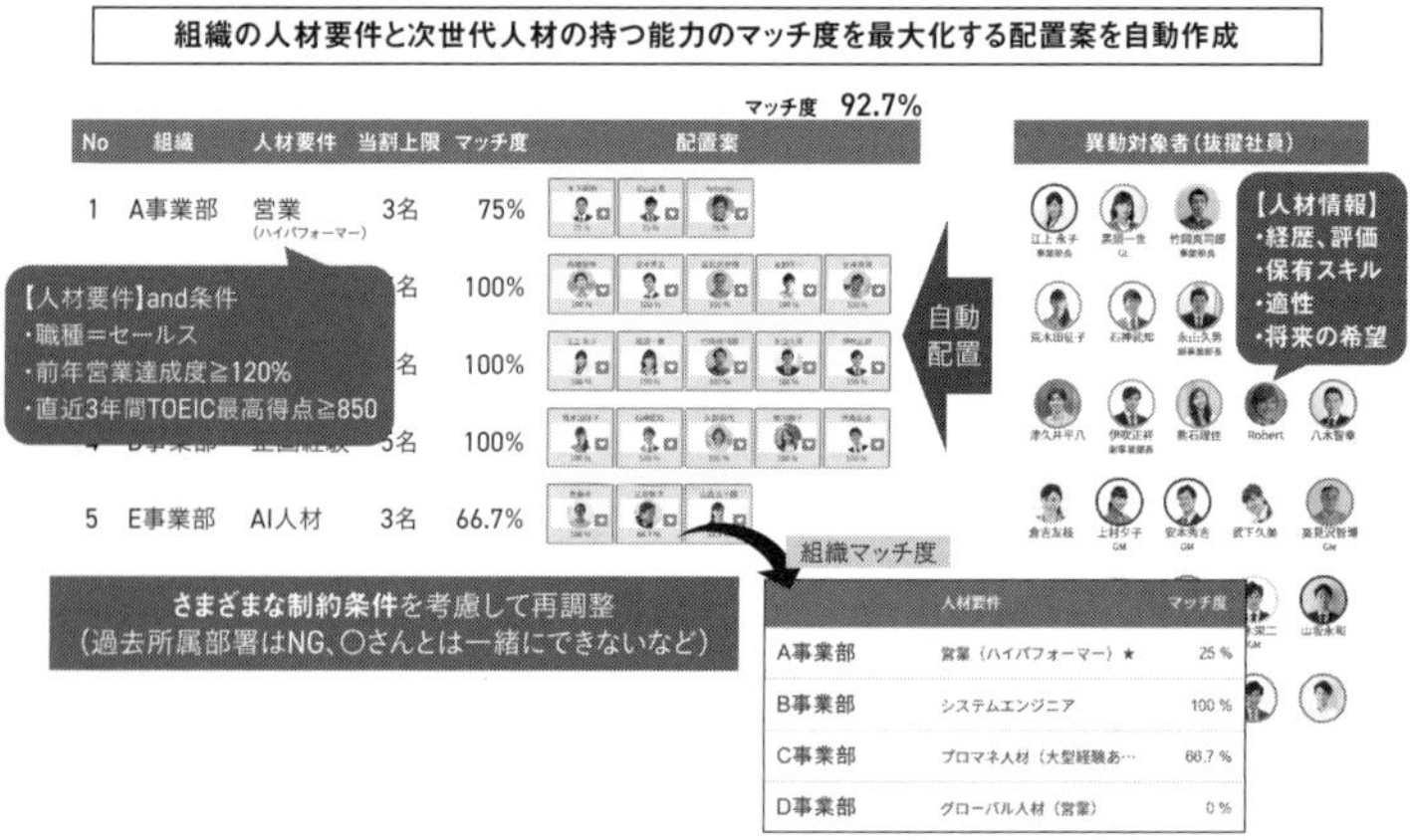

金融業における人材活用に関する喫緊の課題は2つある。一つは、店舗の統廃合にあたっての適切な人材配置だ。店舗の統廃合が進めば、おのずと店舗のフロントに立つ人数は減る。そうした人たちに新しいスキルを備えてもらい、別の仕事に配置転換していかなければならない。

店舗の統廃合を進めてはいるが、それでもまだ数百店の店舗を展開しているA銀行を例に挙げよう。次世代の支店長候補者も数百人規模におよぶため、人事部門ではこれまで、2～3カ月もの期間をかけて、多くの候補者を店舗に割り振る作業をExcelで行っていた。

しかし、支店には固有の職場風土がつきものだ。和を尊ぶ協調性重視型の店舗もあれば、目標必達のための戦略重視型の店舗、オペレーション重視型の店舗もある。適材適所の人材配置を行うためには職場のタイプも踏まえる必要があるため、A銀行ではアンケートなどによる組織診断のサーベイを行って、各店舗や職場の状態を見える化した。

それでも、職場のタイプにふさわしい人材を配置する組み合わせはあまりにも複雑だ。例えば、活力に欠ける低活性型の職場にカンフル剤的にエネルギッシュで活力に満ちた人材を投入して活性化を図ろうとしたときには、候補者の適性や性格にも目を向けていく必要がある。また、B支店にいるCさんはD支店とのマッチ度がもっとも高いが、そうするとB支店にふさわしい人がいなくなるので、別の選択肢を考えた方がいいといった判断も必要になる。

さらに、銀行では同じ支店に2回配属できないというルールがあり、過去にE支店に勤務していた人が同じE支店の支店長になることはできない。そのほか、FさんとGさんは相性が悪いから、同じ支店に配属することは難しいといった個人的な事情への配慮も必要になる。

このように、職場のタイプ、個人の適性や性格、スキル、過去の配属部署、他の社員との相性などを考慮していくとパラメータがどんどん膨れ上がり、複雑になっていく。適切な配属先を見定めていく作業はとうてい人の手に余る。そこで、同行では科学的な手法により、人材配置の一次案を自動的に作成する手法を取り入れている。金融業界では、個人のスキルや内面に関する情報と、職場の文化・風土といった情報をうまく組み合わせることで、良い経験を積み重ねてもらいながら次世代の幹部候補を育てていく科学的人事が進められている。

② 次世代を担うDX人材の育成

金融業界が直面しているもう一つの課題はDX人材の育成だ。コロナ禍で非接触型サービスのニーズが一気に高まり、店舗や対面接客のDX化は一刻の猶予も許されない。メガバンクはもちろん地方銀行、保険会社、証券会社もDX化の要請に直面している。

スマホやタブレット向けアプリによるサービス提供も当たり前になってきた。ユーザビリティに優れたアプリの開発は金融機関でも不可欠になっているが、こうした取り組みをハンドリングできる人材を組織内に抱えている企業はそう多くない。

かといってベンダーに丸投げすると、意図していたものとは異なるものになりがちで、顧客ニーズを満たせるとは限らない。最終的にはITベンダーに外注するとしてもアプリの機能構成や、対応するバックオフィス業務までを設計できる人材の確保・育成は不可避だ。

こうしたDX化の要請に対応しようと戦略的に人材育成するための組織を立ち上げ、グループ横断でDX人材を数千人規模で育成するといった計画を推進する企業も出てきた。また、グループ各社の情報システム部門に所属している人材の中から、ポテンシャルの高いDX人材候補をクローズアップするような動きも出てきている。

しかし、候補者の抽出範囲を広げれば広げるほど属人的人事では対応が難しくなる。広い範囲から人材抽出と最適配置を進めていくには、製造業と同様に社員のスキルを見える化し、科学的人事を実践するしかないのである。

③ 戦略人材を採用するために期待されるダイレクトリクルーティング

現在の売り手市場においては、どの業界であっても100％理想に合った人材の確保は難しい。金融業界であっても例外ではない。多くの業界において、コンサル人材、グローバル人材、理系人材など、専門性の高い人材の採用ニーズが高まっているため、こうした人材は従来のナビサイトでは採用しづらくなっている。即戦力採用の手段として一般化してきたダイレクトリクルーティングが新卒に対しても注目され、金融業界を含めた大企業での利用が増えてきているのはそのためだ。これまでは中小企業やベンチャー企業での利用が多かったが、大企業でも社会や業界の変化に対応するための専門人材の採用、さらには業界イメージや企業イメージが強すぎて応募者が少ない社内の職種に学生を獲得する手段として注目されている。

コロナショックにより学生側も内定獲得に向けた危機感は強い。自分のことを理解した上でスカウトしてくれる企業を好意的にとらえ、積極的にダイレクトリクルーティングにエントリーする傾向はますます顕著になっている。実際に新卒向けスカウトサービス大手の「キミスカ」では学生の登録数が年々増加しており、いまや民間企業への就職を希望する学生（約45万人）の3人に1人が登録する就活サービスとなっている。企業側と学生側の双方の事情を鑑みると、ダイレクトリクルーティングへの流れは金融業界はもちろん、他の業界にもさらに広がっていくだろう。

3 小売・流通・サービス業界

① 離職スコアを算出して離職を防止

小売・流通・サービス業は全般に離職率が高い。店舗を拠点とするサービスにおいては、各店舗の実態について勤怠状況というレベルでは把握できるものの、拠点が分散していることもあり、働く社員・スタッフの状態を本社側がリアルタイムに把握することが難しく、店舗によって離職率の差がある場合などもその原因がつかみづらかったりする。

全国に店舗を持つアパレルA社は離職防止を目的にタレントマネジメントシステムを導入。定期的なアンケートによって店舗スタッフのモチベーションの変化をモニタリングし、低下している人には、店長やエリアマネージャーが1on1面談を通して状況を確認し、早めに原因を解消する対策を講じている。

具体的には、パルスサーベイ（従業員に対して簡易的な質問を短期間に繰り返し実施する意識調査）を活用し、早期に離職予兆を発見し、先手先手で対応を図る取り組みだ。店舗スタッフは業務終了後、スマホを使って簡単な設問に回答する。設問は仕事に対する意欲（楽しさや難易度）やコミュニケーション頻度など数問である。結果はリアルタイムに自動集計され、店長やエリアマネージャーはあらかじめ構築されたダッシュボード上で、店舗別や役職別にモチベーションやメンタルヘルスの状態を確認できる。さらに、各社員・スタッフの離職リスクスコアを自動算出して、スコアが危険水域に達するとエリアマネージャーや店長に自動的にメールが届くようになっている。日ごろの多忙な業務のなかで気づきにくい変化に気づかせるための仕組みだ。

こうした施策の結果、従来の従業員満足度調査だけでは難しかった、モチベーションの状態をリアルタイムに把握できるようになり、店長とスタッフは具体的な課題についてコミュ

図表4-6 簡単な仕組みで日々のモチベーションの変化をとらえる

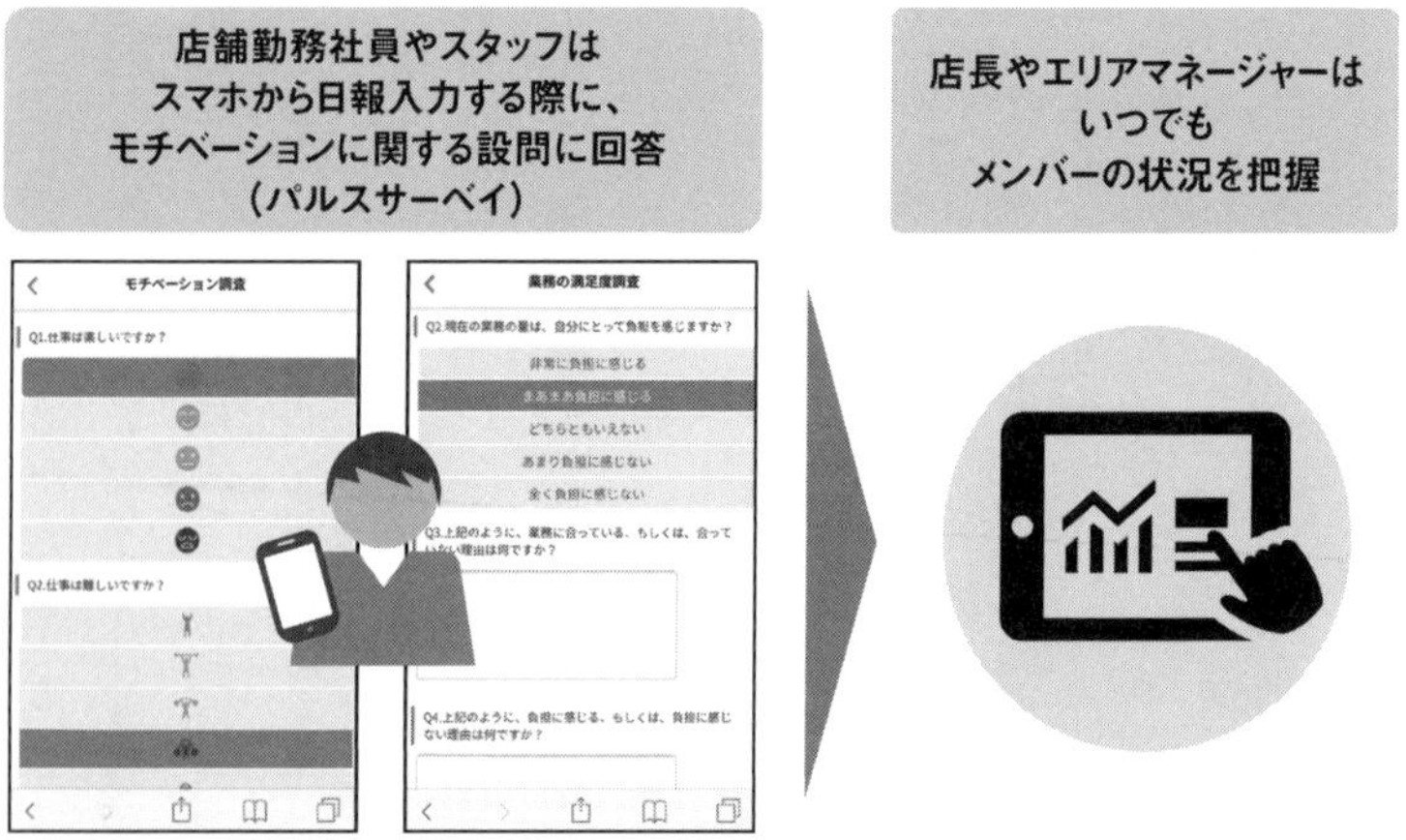

ニケーションを取り始め、離職率の改善という目に見える成果が出始めているという。データに基づいて意思決定をスピーディーに行える仕組みを整えた成果である。

店舗展開を前提とした小売・流通・サービス業では、勤務時間をただ定期的にＥｘｃｅｌでまとめるだけでは各店舗の状況をリアルタイムにつかむことはできず、離職を防ぐという目的では手遅れになる。多忙な店長やエリアマネージャーが、必要なときに必要な情報を瞬時に把握できるダッシュボードや自動メールによるアラートの仕組みが不可欠だ。

なお、店舗での勤怠管理や評価、アンケートなどの情報入力において、店舗に設置された共用端末で行う企業もまだまだ多い。店舗の社員やスタッフであればスマホ、店長やエリアマネージャーであればタブレットなど、利用シーンに合わせて、最適なデバイスを活用できる仕組みの構築も重要だ。

② サンクスポイントでコミュニケーションを活性化

離職防止やエンゲージメント向上に向けてコミュニケーションの活性化に注力し、その一環としてサンクスポイント制度を導入しているのが流通大手B社だ。従業員がお互いに感謝の気持ちをサンクスポイントとして贈り合うことで、数字に表れにくい仕事の成果や貢献を小まめに相互評価している。

評価といっても堅苦しいものではない。半年に一度の人事評価などとは違って、「昨日は仕事を手伝ってくれてどうもありがとう」とか「貴重なアドバイスをありがとうございました」といった一言コメントをつけて、同僚同士や上司から部下、あるいは部下から上司にフランクにポイントを贈る。そうした小さなやり取りが活発になれば、お互いへの関心が高まり、交流が増え、エンゲージメントの向上や助け合いの風土醸成が期待できる。

さらに、社員間のつながりの可視化にも効果的だ。社内におけるサンクスポイントのやり取りをネットワーク図として見える化したところ、C店舗はすべての社員のあいだで活発に

図表4-7 サンクスポイントでの相互理解と認め合いにより、社員間の絆を深める

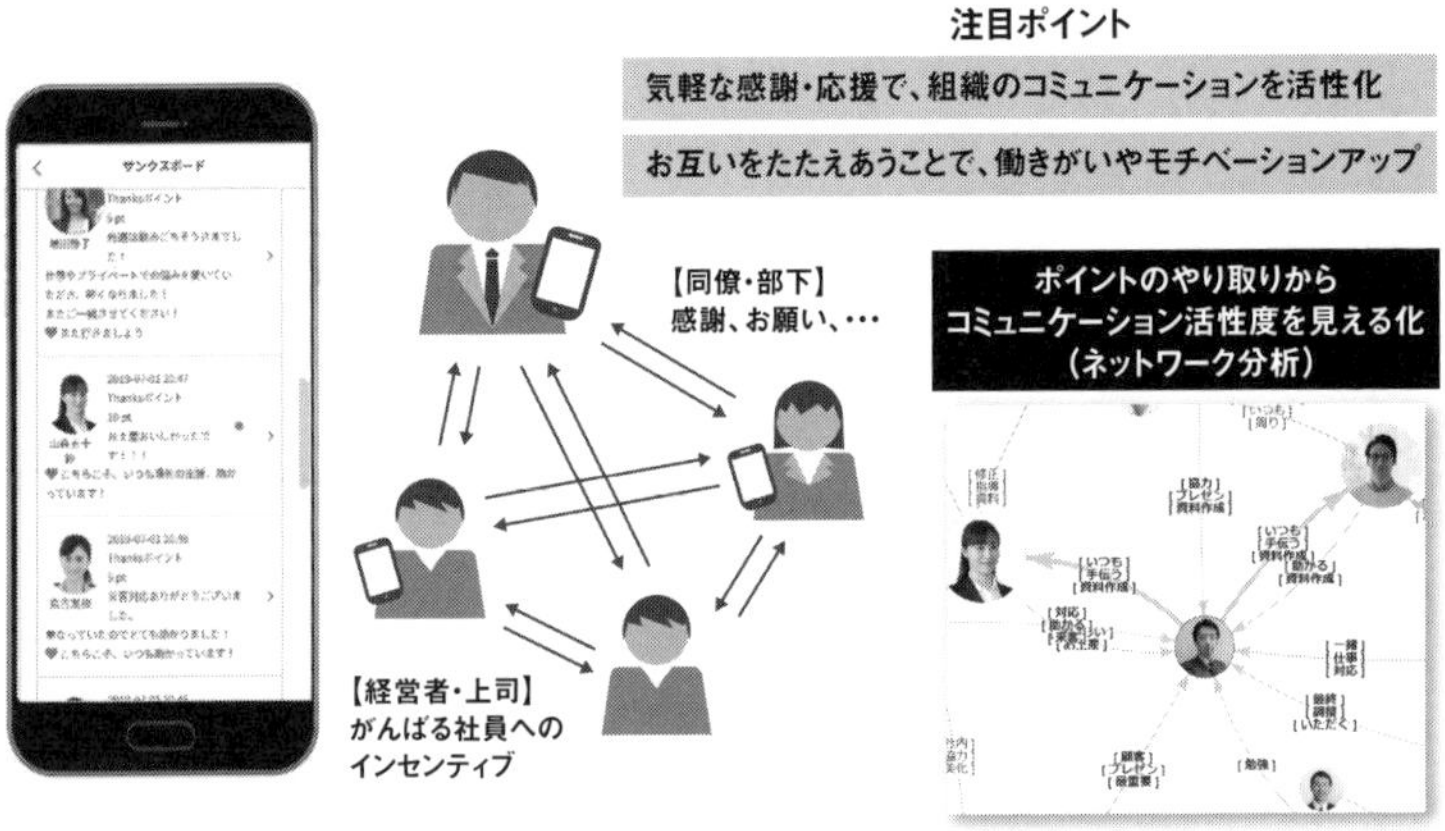
注目ポイント
気軽な感謝・応援で、組織のコミュニケーションを活性化
お互いをたたえあうことで、働きがいやモチベーションアップ
サンクスボード
【同僚・部下】
感謝、お願い、…
【経営者・上司】
がんばる社員への
インセンティブ
ポイントのやり取りから
コミュニケーション活性度を見える化
（ネットワーク分析）

行われているのに対して、D店舗では役職者同士のポイントのやり取りに偏り、現場のスタッフ同士のやり取りが見られないという実態が浮き彫りになった。日本企業における離職のもっとも多い理由が「人間関係」であるといわれているなかで、拠点や社内のコミュニケーション密度の分析は、組織の活性化や離職防止の観点から有効なアプローチの一つである。さらには、コミュニケーションのハブになっているような社員を、そうした人材を求めている部署に登用するなど、人材配置や組織づくりにも応用できる。

サンクスポイントのやり取りを促進するための仕掛けとして、貯まったポイントを報酬に転換する企業もあれば、福利厚生サービスと提携して、商品やサービスに交換する選択肢を用意

図表4−8 離職率の改善効果

年間離職率を **25%** 改善できたことで、**約4,000万円**のコスト削減。

	Before	After
年間離職率（年間離職者数÷社員数）	18%	13.5%
社員数	500名	500名
年間離職者数（A）	90名	68名
1人当たり新規採用コスト（B）	80万円	80万円
離職者と新入社員のパフォーマンス差（C）※	100万円	100万円
離職に伴うコスト（(B＋C)×A）	1億6,200万円	1億2,240万円

※新規採用社員の試用期間3カ月間の営業利益の差

3,960万円のコスト削減

している企業もある。B社では半年に一度の社内イベントで、ポイントの高い社員を表彰しスポットライトを当てている。サンクスポイントを単なる個人間のやり取りで終わらせず、目に見える形で還元し働きがいやモチベーションアップにつなげるための仕掛けにしている。

サンクスポイントを実施する上でもう一つ重要なポイントは簡便性だ。ポイントを贈ろうと思っても、そのためにパソコンを立ち上げるなど手間がかかるようでは利用を増やすことは難しい。思い立ったときにスマホからすぐにポイントを贈れる仕組みが不可欠だ。B社ではそうした先進的な取り組みから、離職防止の効果が実感できているという。

離職率の改善がもたらす効果は大きい。年間離職率を約25％（4・5ポイント）改善することで約4000万円のコスト削減に成功した会社の実例もある。

さらに、離職率の低下はコストだけでなく人材採用にも貢献することに着目したい。人がよく辞めていくような雰囲気の職場に人が集まるだろうか。優秀な人材を採用できるだろうか。離職率の抑制は企業ブランドやリクルーティングをも左右する経営課題だ。

③ 経験・スキル、勤務条件を踏まえた店舗への人材配置

多店舗展開している企業では、売り場の特性や業務内容に合わせた適性・スキルの見極めが重要だ。特に店長であれば、その店舗の戦略や目標を実現するための経験やスキルが重視される。科学的人事の視点を組み込むことで、組織の売上目標や課題に対して求められる人材要件をインプットすることで、店長候補者のベストな配置案を策定することも可能だ。

一方、店舗スタッフについては転勤可能かどうか、もしNGなら自宅からの通勤時間など制約条件の中での最適配置が求められる。従来は、社員の自宅住所と店舗・拠点の住所から、経路探索ツールを使って一人ひとり手作業で移動距離を調べて通勤可否を判断していた。タレントマネジメントシステムに経路探索の仕組みを組み込めば、電車やバスなどの公共交通

機関だけでなく、地方店舗で必要となる自動車通勤も含めて各店舗への通勤可否を自動的に判定し、スキルや適性に通勤可否を組み合わせた条件で店舗と人材のマッチングを行うことができる。

4 IT業界

① ITスキルを見える化し、ジョブ型雇用に活かす

業界別の実践例の最後に、ジョブ型雇用が広がり始めているIT業界を取り上げよう。

この業界では、情報セキュリティーやIoT、データサイエンスなど、テクノロジーの広がりとともに、深刻な人手不足が続いている。熾烈な人材獲得競争に昔ながらの日本的な採用手法では太刀打ちできないため、優秀な人材を確保したい企業がジョブ型雇用で人材獲得に臨むケースが増えてきた。エンジニアのポストは職務内容が明確で、ジョブ型雇用と相性がいいのがその理由だ。

ただし、ＩＴ系の仕事といっても、ＩＴコーディネーターやプロジェクトマネージャー、アプリケーションエンジニア、セキュリティーエンジニアなど、職種のバリエーションは幅広い。それぞれの職種にどれぐらいのスキルを持つ人材がどれだけ必要かを見える化しなければ、本当にほしい人材を戦略的に獲得していくことができない。

ＩＴスキルを見える化する手段の一例が独立行政法人情報処理推進機構（ＩＰＡ）が公開したｉＣＤ（ｉコンピテンシ・ディクショナリ）だ。これは、企業がＩＴを活用するビジネスに求められる業務（タスク）と、それを支えるＩＴ人材が備えるべき能力やスキルを「タスクディクショナリ」「スキルディクショナリ」として体系化したもので、経営戦略や事業戦略に沿った人材採用・育成に利用することができる。

広範囲な企業活動を想定し、企業が経営戦略や事業計画に沿ったタスクに合わせて活用することを想定した「タスクディクショナリ」は約２６００項目。さらに、ＩＴ技術者が自身のスキルの現状把握や目標設定のために利用することを想定した「スキルディクショナリ」は約９５００もの項目から構成されている。

ＩＰＡではこのｉＣＤを無料配布しているが、タスクごとに必要とされるスキルが明確に定義されているので、ジョブ型雇用に活用しやすい。例えば、「ＩＴ製品・サービス戦略策定」をするために「市場機会の発見と選択」のタスクをこなすのであれば、「システム受託開

図表4-9 ITスキルを定義し、スキル分析から人材の抜擢につなげる

ITスキルイメージ(例:iCDタスクディクショナリ)　https://icd.ipa.go.jp/icd/icd/download

各タスクプロフィールに連係するタスクセットの例を示しています。
自組織のタスクや役割を定義する際の参考にしてください。

タスク大分類	タスク中分類	タスク小分類	新ビジネス別 クラウドビジネス: クラウドビジネスクリエイト	クラウドビジネスアーキテクト	クラウドアーキテクト	データ利活用: ビジネスアナリスト	データ解析スペシャリスト	データ活用システムエンジニア	IT融合: バリュークリエイト	ビジネスモデルデザイン	サービスクリエイト	IoT: IoTプランニング	IoTアーキテクチャ
事業戦略策定	事業環境の分析	経営方針の確認	◎									○	
		外部環境の分析	◎									○	
		内部環境の分析	◎									○	
	事業戦略の策定	基本構想の策定	◎									○	
		アクションプランの策定	◎									○	
		売上計画の策定	◎									○	
		費用計画の策定	◎									○	
		利益計画の策定	◎									○	
		資金計画の策定	◎									○	
	事業戦略実行体制の確立	実現可能性の検証	◎									○	
		実施準備	◎									○	
事業戦略把握・策定支援	要求(構想)の確認	経営要求の確認				○						○	
		経営環境の調査・分析と課題の抽出				○						○	
	新ビジネスモデルへの提言	業界動向の調査・分析				○			◎			○	
		ビジネスモデル策定への助言				○						○	
	事業戦略の実現シナリオへの提言	実現可能性の確認				○						○	
		全社戦略の展開における活動・成果指標の設定				○						○	

ITスキルを可視化

ITスキル・ポートフォリオ分析

iCDタスクディクショナリ　メンバ比較　集計単位 スキル　スキル属性 選択してください
表示形式 表形式　表示切替 レベル(スコア)　職種絞込 選択してください　条件指定　列設定　表示

スキルセット	大分類	中分類	スキル	平均	竹岡良司郎	Antonio	鈴木栄二	木下英明
iCDタスクディクショナリ	事業戦略策定	事業環境の分析	経営方針の確認	1.43	L3	L4	L1	L2
			外部環境の分析	0.86	L0	L2	L1	L3
			内部環境の分析	1.00	L3	L0	L0	L4
		事業戦略の策定	基本構想の策定	0.71	L4	L1	L0	L0
			アクションプランの策定	0.57	L3	L0	L0	L1
			売上計画の策定	1.43	L3	L4	L1	L2
			費用計画の策定	1.14	L0	L1	L4	L3
			利益計画の策定	0.43	L1	L0	L1	L1

スキルアップ分析

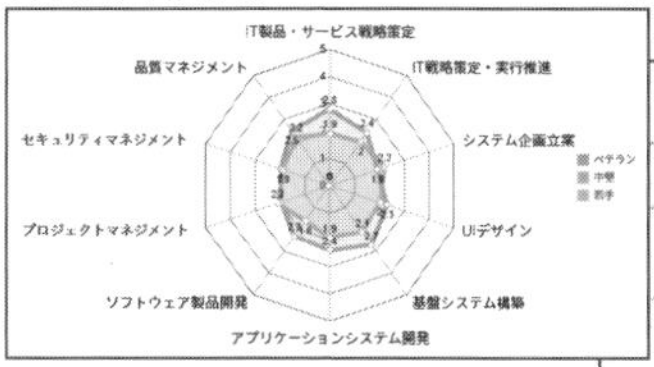

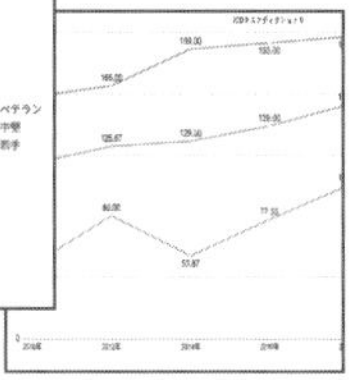

発」や「ソフトウエア製品開発」のスキルが必要とされるといったことが一目瞭然だ。

タスクやスキルが細かく定義され、必要性の強弱まで明示したマトリクスは、ジョブ型雇用での人材採用に加えて、社内の人材育成にも有効だ。どのスキルを社内の誰が備えているのかが可視化されれば、例えば1年後、3年後に向けてネットワークエンジニアとITコーディネーターをそれぞれどのレベルまで何人育てる必要があるといったことも明らかになる。

さらに、社員にとってもキャリアアップの目安になる。例えば、事業戦略の策定を支援するタスクにつきたい場合、iCDを見れば「経営要求の確認」「経営環境の調査・分析と課題の抽出」「業界動向の調査・分析」「ビジネスモデル策定への助言」というスキルが必要であることが確認できる。目標が明確になれば、自分に足りないスキルを獲得したいという意欲につながっていく。もちろん、すでに述べてきたように社員の自律的な成長を支援するリスキリングの仕組みがセットで必要になることは言うまでもない。

2 スキルの可視化でプロジェクトへのアサインもスムーズに

DX人材やAI系の人材を欲している先進的なIT企業では、現社員のスキルを整理した上で、誰がどのスキルのポテンシャル人材なのかを見極め、科学的な人材育成を進めている。

図表4-10 スキル・経験と稼働状況を加味したプロジェクトアサイン

プロジェクト詳細（各ポジションの役割と想定稼働期間）

アサイン候補者のスキルや稼働状況を確認

社員のスキルが可視化されていれば、プロジェクトへのアサインもスムーズに運ぶ。例えば、ある大型プロジェクトに5人のメンバーが必要な場合、必要なスキルで検索して人材を抽出し、アサインすればいい。必要なメンバー数、求められるスキル、類似プロジェクトの経験年数、他の参画プロジェクトの稼働状況を見ながら人材を割り振ることで、プロジェクトに最適な人材構成が可能になるのだ。

若手ならプロジェクトメンバーに求められる人材要件の一部がマッチしていなくても、その若手社員の育成計画に沿って経験を積んでもらうために抜擢し、参加してもらうという判断もあるだろう。現場経験は人を育てる。次世代人材の育成にこうしたアプローチで臨むＩＴ企業は多い。

もうひとつIT業界における科学的人事の特徴として、社員のモチベーションを維持し離職を未然に防ぐ取り組みが挙げられる。プロジェクトの状況によって労働負荷の増減が大きく、さらに、リモートワークが進み社員の在宅うつの増加に悩む企業が多い中で、プロジェクトの稼働状況と1on1面談における発言内容を分析することでモチベーションの変化を察知して、プロジェクトへのアサインを調整するなど、離職防止に努めている。

3 IT業界における営業職の科学的な育成

最後に、IT企業A社における営業職の育成事例を紹介しよう。

営業職はどんな会社にも必ず存在する普遍的な職種であり、特にクラウド・SaaS《サース》(Software as a Service)などのIT業界の営業職は、市場価値が高い人気職種の1つである。フィールドセールス／インサイドセールスなど法人営業のスキル、進化の速い技術トレンドなど、高度な知識と問題解決力・提案力が求められる職種であるにもかかわらず、いまだに属人的な管理手法がまかりとおっている。営業にまつわるデータは見える化されておらず、焦点が当てられているのは「売れるか売れないか」。いまだに「売れました。以上」で終わりがちだ。

図表4-11 営業現場でも進むデータ活用

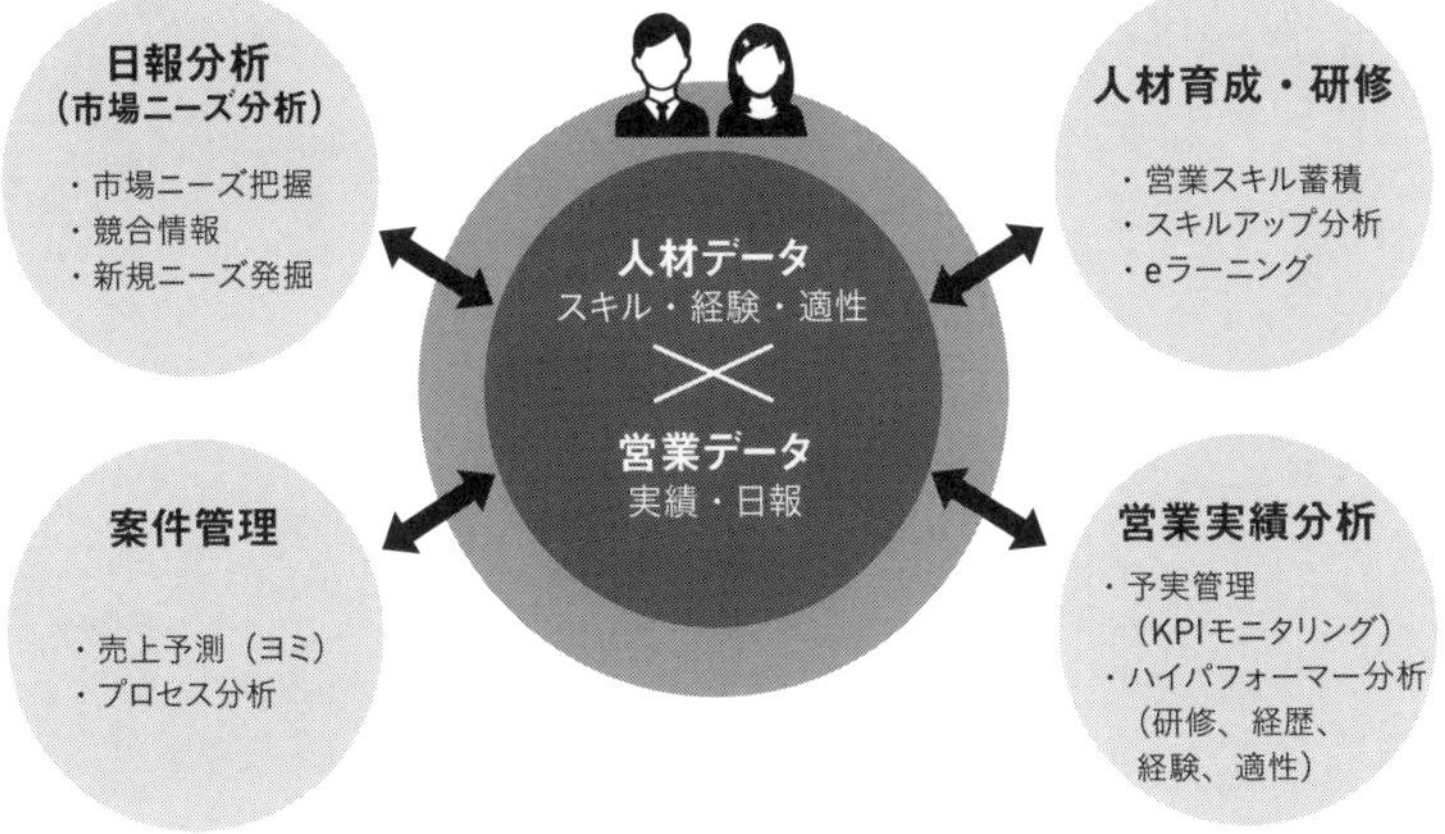

営業日報一つとっても、属人的な管理が色濃く残っている。上司への活動報告が目的化していて、その内容が活用されることはまれだ。案件情報が記載されていたとしても、次週・次月の売上予測といった管理目的でしか使われていない。

だが、そんなアナログな営業の世界においても科学的人事を取り入れ、個人のスキルやがんばりに依存しない、再現性のある組織営業を展開しようとする企業が増えている。

営業の現場で最低限必要なのはどんなデータだろうか。人材データと営業データ。そして、両者を掛け合わせることだ。人材が持つスキルや経験、適性を、営業実績や日報の記載内容と掛け合わせて分析することで再現性のある営業活動や人材育成が可能になる。

例えば、営業日報の記載内容をテキストマイニングで分析すれば、「A社と競合したときにはいつもこんなキーワードが登場する」「営業成績がいい営業職は二次訪問の際、お客様にこんな質問をしている」というように、営業戦略や営業職の育成に有用な情報を抽出できる。自分たちが蓄積してきた情報に価値があると認識すれば、今まで以上に営業日報をしっかり記載しようとするなど、営業の動き方はがぜん変わってくる。営業組織を変革したいのであれば、「まずデータ活用ありき」だ。

また、営業日報は市場ニーズや競合情報、さらに、潜在的な新規ニーズの宝庫だ。上司に報告するためだけにまとめてきた日報には、次の市場を創出し、切り開くためのキーワードが眠っている。顧客業界別に分析すれば、それぞれの業界におけるポテンシャルやテーマ、次のトレンドをつかむこともできる。

また、個人の営業スキルをしっかり分析し、適切なeラーニングをレコメンドすればそれぞれの営業社員に合った育成施策を提供できる。さらに、ハイパフォーマーの経験、スキル、適性を分析すれば、次のハイパフォーマーの育成に活かすことも可能だ。

先ほどＩＴ企業のエンジニアについて、ｉＣＤを使ってスキルを見える化する例を紹介したが、同じことが営業職にも言える。商品知識、プレゼン、交渉、クロージングなど多岐にわたる営業スキルを定義した上で見える化し、誰がどのスキルに長《た》けているのかを把握できるようにすれば、人材の組み合わせによって強い組織営業を実現できる。ＩＴ業界では必ずコンペがあり、特に大型案件では、プロジェクトマネージャーや導入支援するコンサルタント、アプリケーションエンジニア、システム基盤、セキュリティーなど多様な専門家による組織横断的な提案営業が求められる。最適な営業チームを編成するために、科学的人事が不可欠だ。

「がんばって売っていこう」と精神力や根性に訴えかける営業スタイルには限界がある。キーになるのは営業の現場から上がってくる日々のデータの組織的な活用だ。すでに始めるところは始めている。属人的な管理にとどまっていては営業力に差がつく一方だ。

5 先進企業は人材データを徹底活用している

本章の最後に、先進企業に見る人材データ活用についてまとめよう。業界や業種は異なっても、先進的な企業の狙いやデータ活用方法には共通するところがある。

図表4-12 先進企業に見る人材情報の活用

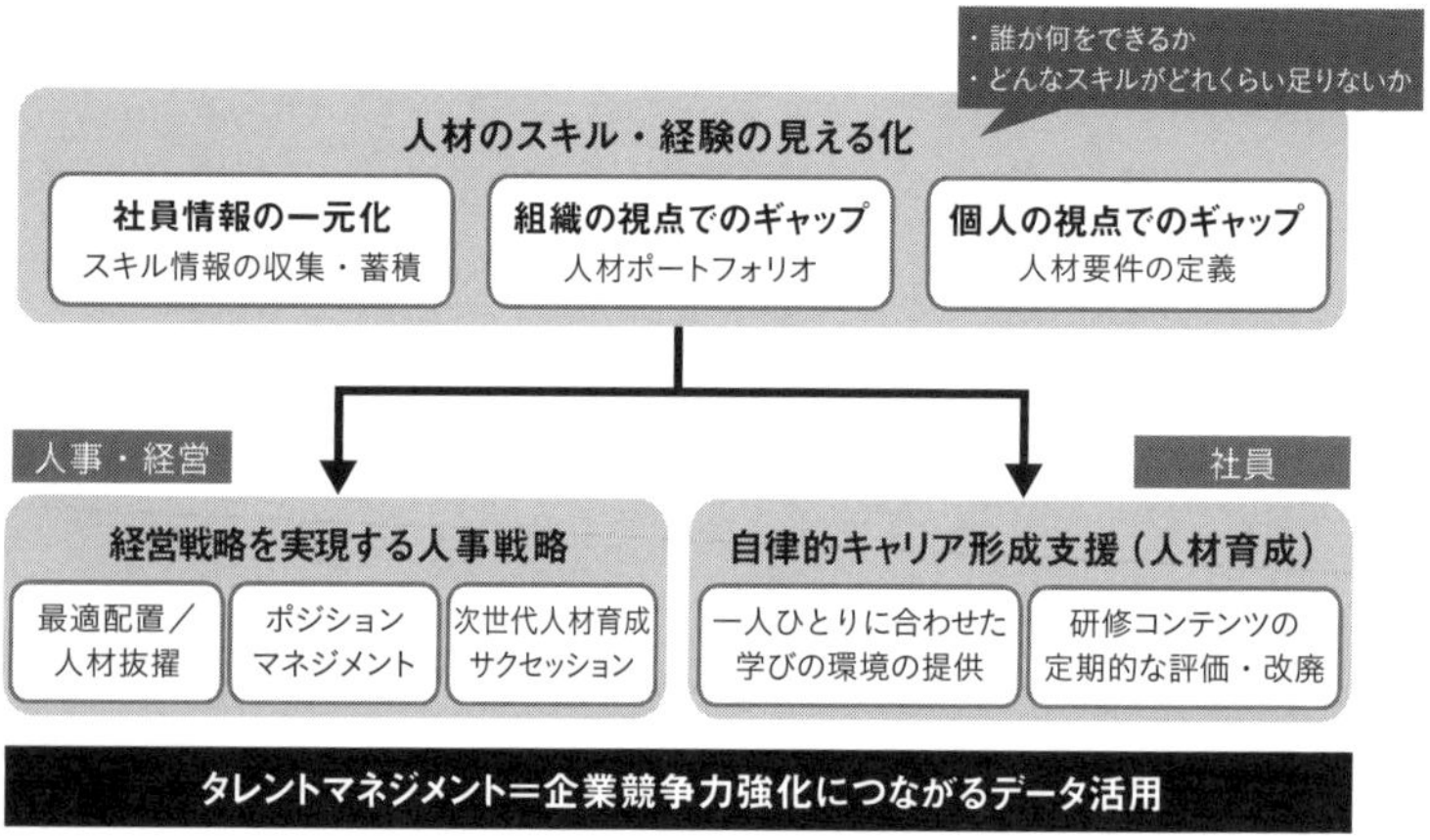

先進企業が人材データの活用に着手する目的は何か。戦略的な人材活用による中長期的な経営戦略の実現だ。

活用している人材データは多岐にわたる。保有資格や技術、営業・接客などのスキル、過去の業務経験、プロジェクト経験、適性、発表した論文や知財情報、自己申告書やキャリアデザインシート、採用時のＰＲ文、アンケート、満足度調査。定性情報も含めて社員に関するあらゆるデータを見える化し、活用しているのが特徴だ。

人材データの活用目的は①戦略視点と②育成視点に分けられる。①戦略視点では、例えば、全社レベルでスキル分析を行い、人材ポートフォリオを作成し、採用戦略やＭ＆Ａによる人材獲得、次世代人材の育成、さらには新規事業や大型プロジェクト、グローバル人材などプロジェクトのアサインに活かすといったことが行われている。

②の育成視点とは、社員の自律的なキャリア形成を支援するためのデータ活用だ。技術の習熟度などのスキル分析を行うとともに、本人の将来希望を把握し、個人カルテを作成。それらを育成計画の策定や学習コンテンツのレコメンドに適用し、自律的なキャリア開発の支援や人事異動・配置・抜擢に活かしている。

戦略の実行と社員の育成という2つの視点による人材データ活用が、企業の競争力を継続的に強化していく。この2つを両立しているのが真に先進的な科学的人事だ。

第5章

人事施策別に見る科学的人事の実践

タレントマネジメントにはさまざまな目的がある。

1つ目は、社員の能力を引き出し、組織として成果を最大化することであり、社員の配置・異動が該当する。2つ目は社員に生き生きと活躍し続けてもらうことであり、離職防止やエンゲージメント施策、コミュニケーションの活性化が挙げられる。3つ目が社員の継続的・自律的な成長を促すことであり、育成と評価が両輪となる。4つ目が企業の目的・経営戦略を実現する人材を補い、企業・チームを成長させるための採用活動である。

そして最後に企業全体として、人材を資本として位置づけ、企業価値を高めていく「人的資本経営」への対応である。人的資本の情報開示への要請が強まる中で、具体的な取り組みが求められている。

一般に企業における人材マネジメントは、採用から始まり、配置・異動、育成、評価へと至り、前述のタレントマネジメントの目的は図表5-1のように位置づけられる。

一般に人材マネジメントの施策は図の左から右へと進んでいくが、一方でタレントマネジメントを考える上では、逆の流れを見据えたい。

例えば、評価の結果は、リスキリングや研修レコメンドなど人材育成施策を検討する上での貴重な材料として活用できる。また、離職者の傾向は、人材配置や育成・評価をどう行うべきだったのかという反省や見直しを行う上で有用だ。

図表5-1 人材マネジメントの流れと人事施策の位置づけ

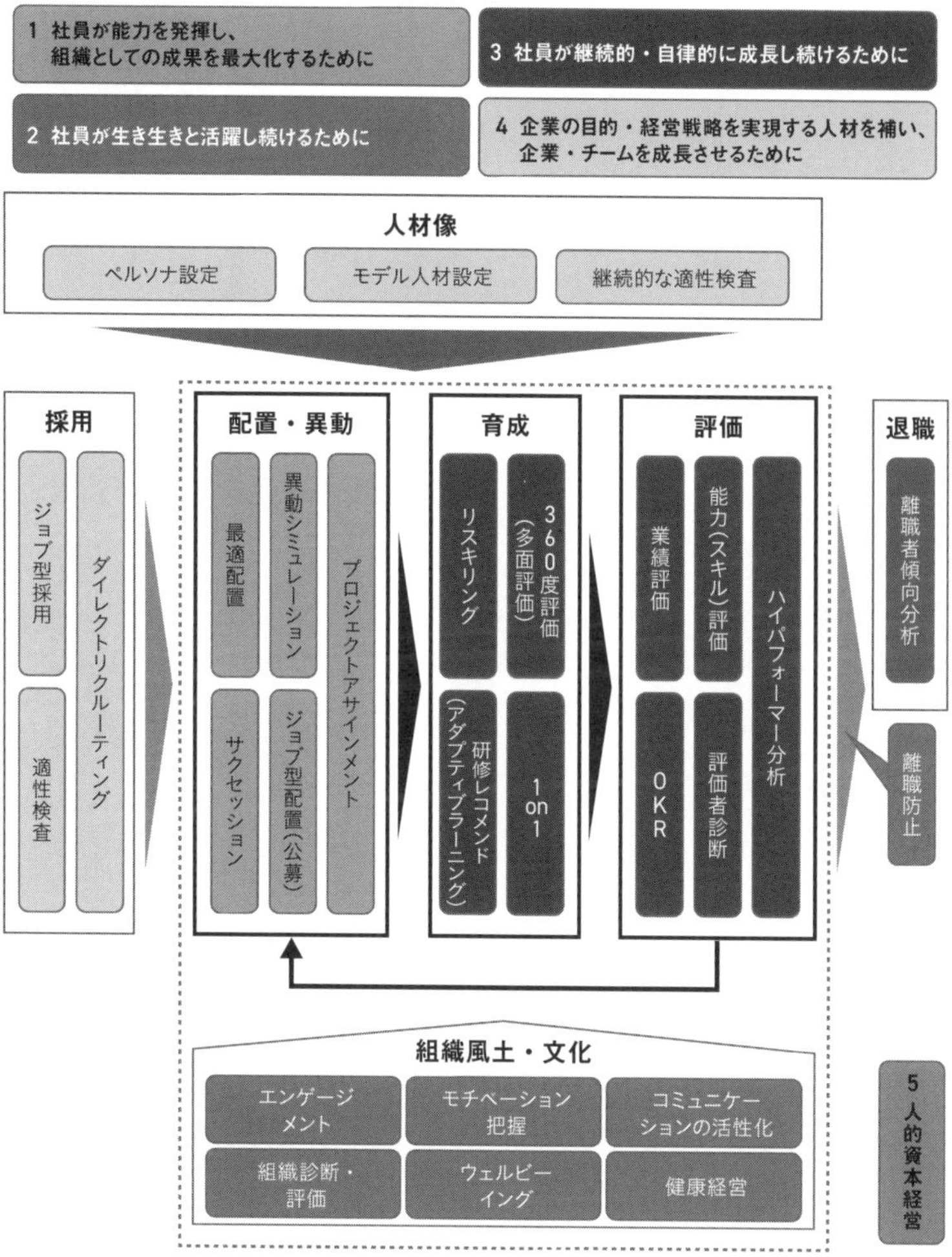

図表5-2「タレントマネジメント」は逆の流れで考える

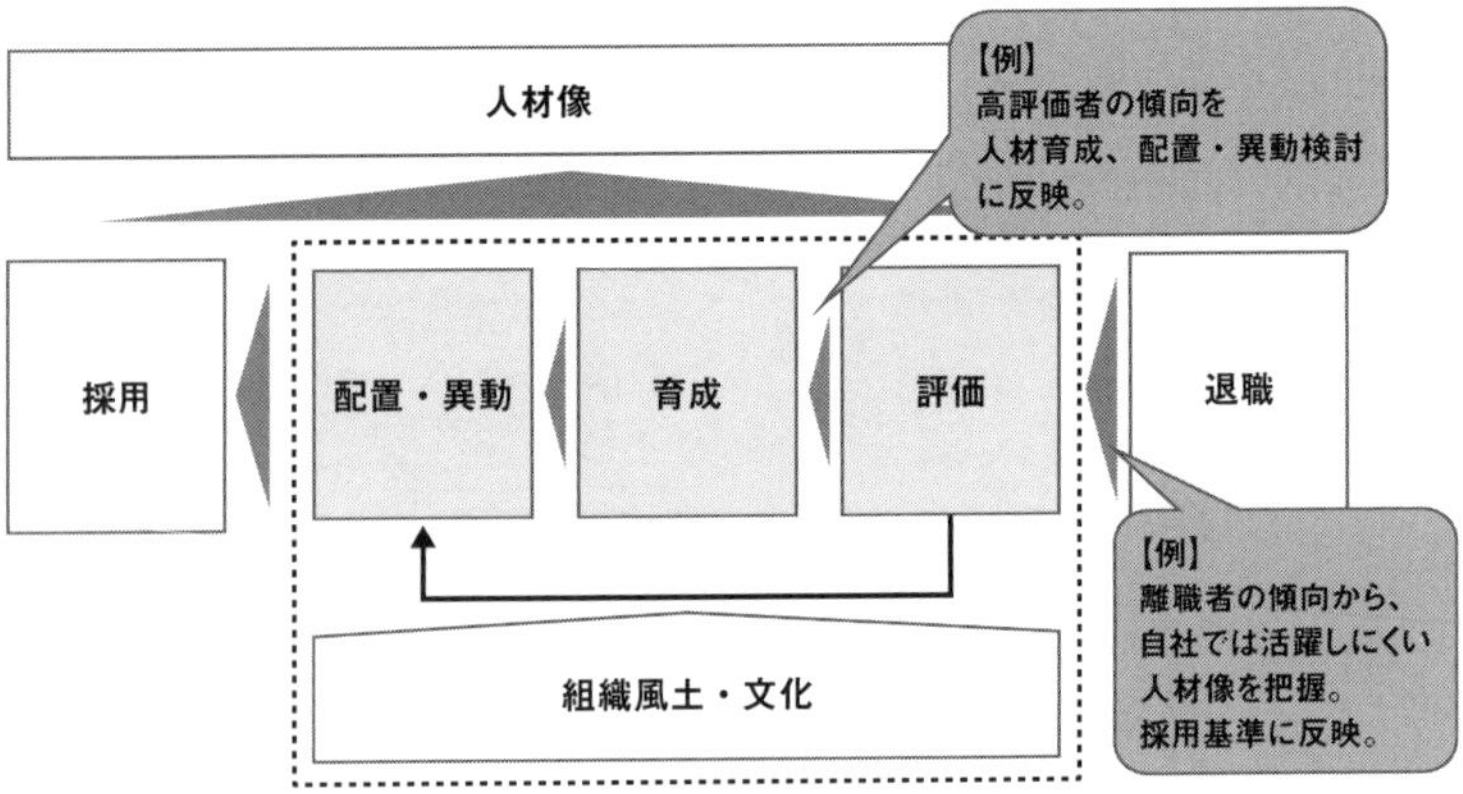
人材像
【例】
高評価者の傾向を
人材育成、配置・異動検討
に反映。
採用
配置・異動
育成
評価
退職
【例】
離職者の傾向から、
自社では活躍しにくい
人材像を把握。
採用基準に反映。
組織風土・文化

単に左から右へと進めるだけでは改善も進歩もなく、人事施策は場当たり的になる。自社が目指す組織風土・文化も踏まえながら、一般的なサイクルとは逆向きの流れで人材データを分析・活用していくのが科学的人事だ。以下、それぞれの目的に沿って具体的な人事施策別に科学的人事の実践例を解説しよう。

1 配置・異動、抜擢・活躍促進
〜社員が能力を発揮し、組織として成果を最大化するために〜

1 社員の最適配置・人事異動

（1）配置・異動の基本的な考え方

人事異動が果たす役割は、事業戦略の実現の追求、組織の活性化、人材育成、社員のモチベーション向上による離職防止などが挙げられる。

ところが現実には、現場の目先の要員ニーズを満たすことにすり替えられている。欠員が出た、事業の拡張で急に人を増やさなければならない。こうしたニーズに応えているだけでは、人事異動による経営効果は発揮されない。

人材の最適配置は次の2つのアプローチを踏まえて行いたい。一つは事業戦略のための最

図表5-3 人材の最適配置　2つのアプローチ

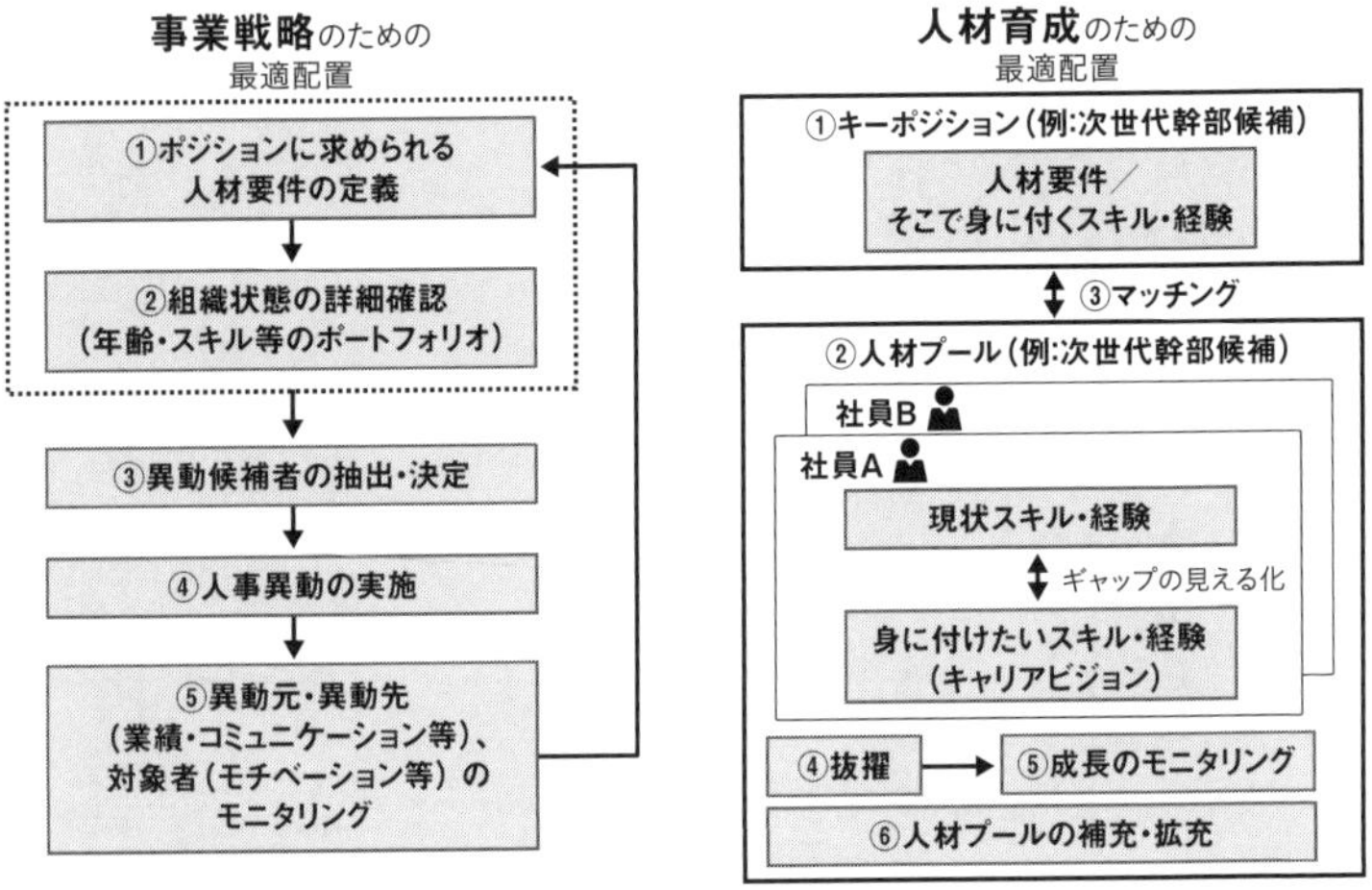

適配置。もう一つは人材育成のための最適配置だ。

　前者は、事業戦略に対して最適な人材を配置し、組織としてのパフォーマンスを最大化し、企業価値を高めていくことを目的とするものである。ポジションに求められる人材要件を定義した上で、対象組織の年齢構成や保有スキル・適性などのポートフォリオを詳細に確認し、異動候補者を抽出・決定する。実際に人事異動を実施したあとは、異動元・異動先部署の業績やコミュニケーションの状態、さらには対象者本人のモチベーション変化などをモニタリングしていく。

　一方、後者に求められるのは、次世代幹部候補や管理職、グローバル人材・DX人材などのキーポジションに対する人材プールの設定だ。

まず、キーポジションについて求められる人材要件に加えて、そこで身に付くスキルや業務経験を定義する。これに対して、各社員が持つ現状のスキル・経験、さらに本人が身に付けていきたいスキル・経験を踏まえて、候補者の人材プールを設定する。人材プールの中から、マッチング度合いを踏まえて、異動対象者を抜擢する。異動したあとは、本人の成長状況を継続的にモニタリングしていくとともに、新たな候補者を抽出して人材プールを補充・拡充させていく。なお、いわゆるローテーション人事も人材育成のための配置に該当する。ゼネラリストとして幹部候補を育成していくために「この業務とあの業務を経験させる」といったロードマップを描いた上で、幅広い業務経験とスキルを積み重ねていきたい。

両者はどちらが正解といったことではなく、最適なバランスでミックスした人材配置が求められる。

（2）人材プールにはメンテナンスが欠かせない

社内のキーポジションや上位の役職に対する人材プールは常にメンテナンスされていなければならない。人事異動の検討時期になってはじめて異動候補者を抽出するためのデータ分析に着手するのでは遅すぎる。

人材プールの実践例としてインフラ系会社A社の取り組みを紹介しよう。A社では、業務ごとに必要とされるスキルを整理し、綿密なスキルディクショナリを作成している。例えばインフラのメンテナンスにおいては配線をつなげられる、地面を掘削できるなど、必要とされるスキルセットがあり、これらが大きく変化することはないが、人員が欠けることは許されない。そのためスキルを体系的に整理し、各業務につくために必要なスキルを社員に対しても明確に示している。

グローバル人材のプールに力を入れているB社の例も興味深い。B社はグローバル人材の要件を「3年以上の海外勤務経験」「5年以上のマネジメント経験」「適性はイノベータータイプ」と定め、この要件を満たす人材の数や人材要件に対する充足度をスコア化している。グローバル人材というとすぐに「英語ができる人」と考えがちだが、B社は過去のデータから英語がさほど堪能ではなくてもグローバルに活躍した人材がいたことをつかみ、新たに要件を割り出した。すべての要件を満たしていなくても、充足度のスコアが高いポテンシャル人材を候補者としてプールし、不足しているスキルや経験を伸ばすための研修のレコメンドやジョブローテーションを実施している。

（3）異動シミュレーションで科学的に意思決定する

理想の最適配置を実現するために効果的なのが異動シミュレーションだ。メンバーの年齢

図表5-4 異動シミュレーション
組織の情報とヒトの情報の可視化

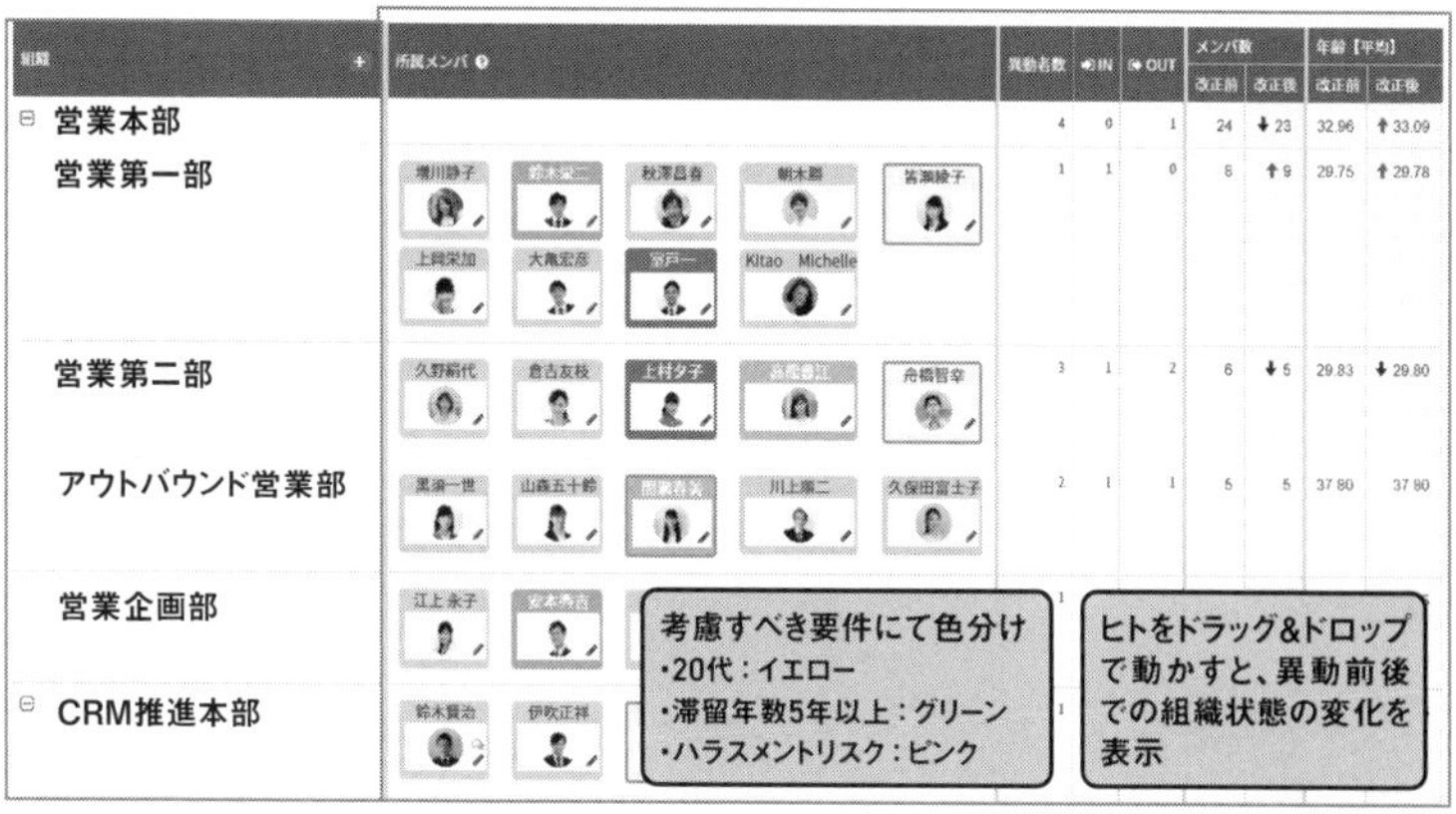

や保有スキル、業務経験、過去の評価、業績、人件費といったさまざまなデータを使ってシミュレーションを行えば有効な配置案を策定できる。

仮に営業担当のAさんを部署Bから部署Cに移そうとする場合、タレントマネジメントシステムを活用すると、Aさんをマウスでドラッグ&ドロップするだけでAさんが持っている個人の売上によって部署Bからどれぐらいマイナスになり、逆に部署Cにどれぐらいプラスになるのかが即時に変化する。

新規事業を立ち上げる際に各部署から人材を集める場合も同様だ。新規事業が求めるスキルや業務経験などの要件を満たしている人材がどの部署にどれだけいるのか、いくつかの部署から数名ずつを新規事業に異動させた場合元の部署の人件費や年齢構成はどう変化するのか、残ったメンバーの経験年数や保有スキルは十分かといったことを、目に見える形でシミュレーションすれば異動の検討はスムーズに進む。

ベテランと若手のバランスを考慮したり、スキルや適性、その部署への所属年数が可視化されていれば、現在の所属社員が持っていないスキルを持つ人材を投入したり、現在の部署に長く滞留している社員を異動させるといった選択肢も「あり」だ。また、過去の人間関係での問題といったことまで登録されていれば、そこまで考慮した配置案を策定することで配置後のトラブルを避けることもできる。さらに360度評価やサンクスポイント（第4章参照）のやり取りのデータがあれば、それらを使って人事異動後の組織内の人間関係も想定しやすくなる。

タレントマネジメントシステムによる異動シミュレーションでは、組織側が求める人材像やスキル保有者数といった情報と、社員側の過去の業務経験や業績評価、保有スキル、適性といった情報が、シミュレーションを行う担当者の思考に沿って最適な形で可視化されていることが重要である。現状を可視化したアウトプットが異動シミュレーションの起点となって、そこからヒトをマウスで動かすことで、異動先と異動元の組織の平均年齢やスキル保有者数といったパラメータが即時に変化し、各組織が最終的に求める人材構成とのギャップがリアルタイムに確認できることがポイントだ。いわゆるＢＩツールを使用しても、現状を可視化することはできるが、可視化を目的としているためそれが最終アウトプットとなってしまう。そうではなく、可視化の結果を起点として何度も何度も異動シミュレーションを試行錯誤できることが重要だ。

なお、例えば異動検討の対象者が役職者か一般社員かによって、異動シミュレーションを行う際に画面に表示すべき項目やその並び（ヒトの写真の下に表示するか、マウスを当てた際に初めてポップアップ表示するかなどを含む）、縦軸・横軸の項目や粒度は変える必要がある。そうした表示パターンをあらかじめ、それぞれ対象者別や目的別に用意しておくと異動検討を効率的に進めることができる。マネージャーを異動させる場合と一般社員を異動させる場合とでは重視すべき要件が異なるのは当然だ。

（4）自動配置は人の判断を支援するために活用する

異動シミュレーションを応用すれば、人材を自動的に配置することも不可能ではない。組織が求める人材要件とヒトの能力や特性などをマッチングさせて、全社、事業部といった範囲の中で、マッチ度を最大化する配置案をレコメンドしてくれる。

例を挙げよう。田中氏はA事業部とC事業部が求める人材要件へのマッチ度が同程度だった。一方、鈴木氏はC事業部へのマッチ度が非常に高く、山田氏はB事業部へのマッチ度が

図表5-5 異動シミュレーション　自動配置の考え方

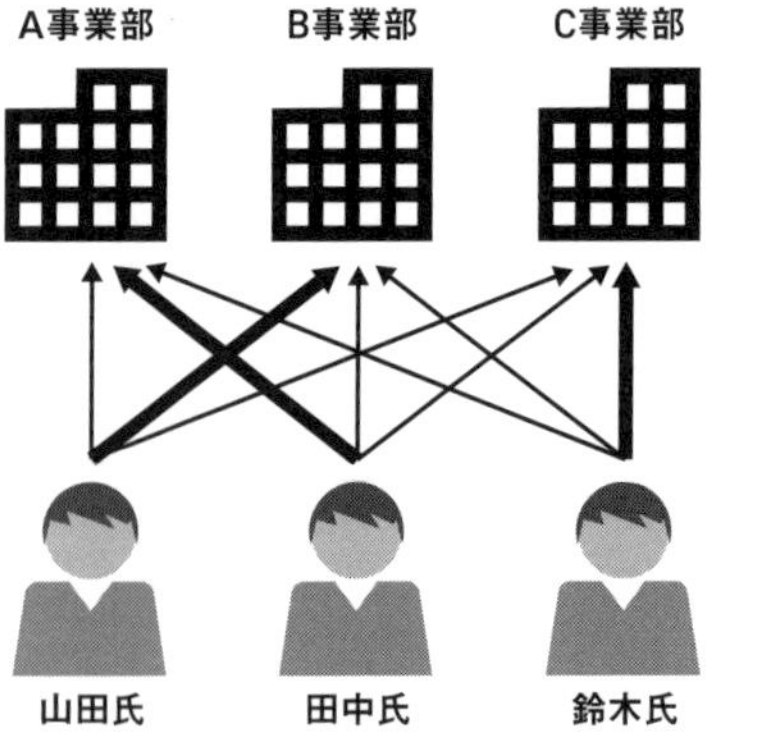

	各事業部へのマッチ度		
	A事業部	B事業部	C事業部
山田氏	10pt.	70pt.	30pt.
田中氏	80pt.	15pt.	80pt.
鈴木氏	40pt.	10pt.	85pt.

→の太さ：各事業部が求める人材要件へのマッチ度

高かったとする。この場合、全体としてのマッチ度の合計値が最大になるように、田中氏はA事業部、山田氏はB事業部、鈴木氏はC事業部への配置がレコメンドされる。3人だけのケースであれば頭の中でもシミュレーションできるが、これが大人数になったら難しい。自動配置は有効だ。

ただし、自動配置の結果はあくまで参考程度にとどめたい。

実際の異動検討においては、マネージャーの適性やメンバーとの相性、さらにはメンバー間の相性も考慮する必要がある。また、現状のスキルだけを考慮するのではなく、若手を抜擢し、そこでスキルを伸ばしていくという育成の視点もあるはずだ。自動配置の結果は異動検討を始める際の起点として、あくまでヒトの思考を支援するツールとして活用したい。

（5）異動の狙いに合ったKPIの変化をモニタリングする

異動・配置したらそれで終わりでは、科学的人事とはいえない。人事異動を行ったら必ずその後の状態をモニタリングしよう。

その際、組織と個人の両面からモニタリングする必要がある。まず組織レベルでは、売上や生産性、コミュニケーション量など、異動の目的に合ったKPIの変化をチェックする。人事異動には必ず「組織をこう変えたい」という目的があるはずだ。その目的に合ったKPIを設置し、異動の前後で狙い通りに変化しているかどうかを確認したい。

例えばコミュニケーションの活性化が目的だったとすれば、所属メンバーへのアンケートなどにより、コミュニケーション度合いをスコア化する。あるいは、サンクスポイントのやり取りが活発に行われているかを視る。異動前後の状態を比較することで異動の効果を検証できる。

その他、目的によっては異動前後の売上や労働時間、社員による職場評価の変化をモニタリングするのも効果的だ。異動が組織にどのような効果を与え、影響をもたらしたのかを検証できる。次なる異動を検討する際の貴重な材料になることは言うまでもない。

図表5-6 異動に伴うモチベーション・評価などのモニタリング

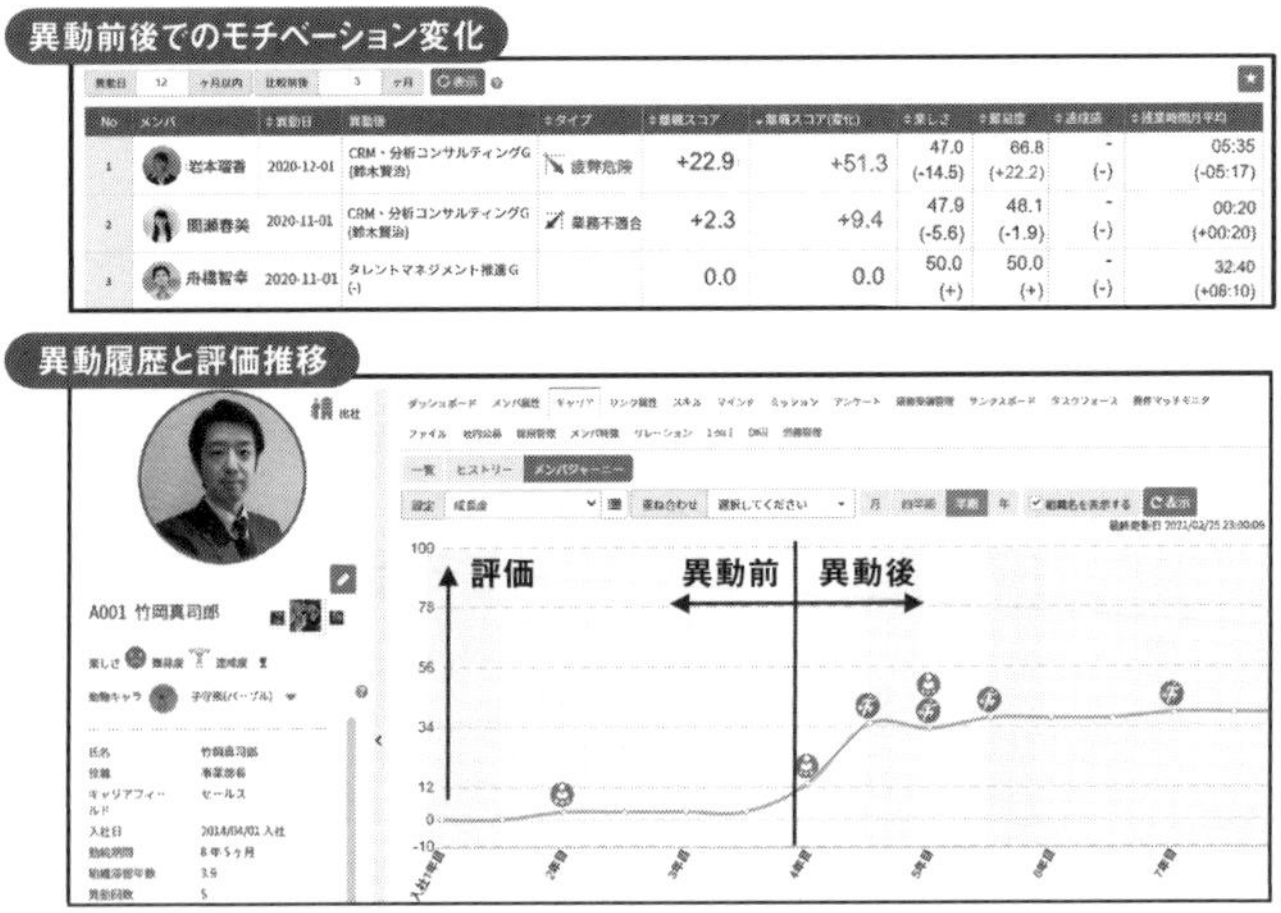

一方、個人レベルでの異動後のモニタリングも必須だ。個人個人の状態をきめ細かにモニタリングすることが負の影響の未然防止につながっていく。

必ず確認したいのがモチベーションの推移だ。ある会社では、タレントマネジメントシステムの上で社員全員が業務日報を入力する際に、併せてその日の業務内容について楽しさとやりがい、難しさを5段階から選択するパルスサーベイを実施している。その会社では過去のパルスサーベイの結果から仕事の難しさとやりがいとの相関関係をつかみ、成長意欲が高く、現在の業務でのやりがいが下がり始めている若手に新たな業務を経験させるための大胆な人事異動を敢行した。

その結果、仕事が難しいと感じる人の数が跳ね上がり、逆に仕事が楽しくやりがいがあると感じる人が減少してしまったため、すぐに一部のメンバーの配置を再度変更した。これによって、仕事が難しいと感じる人は減り、仕事が楽しくやりがいを感じるという人が全体として大幅に増加した。当初実施した人事異動は狙いに対してうまくいかない部分があったが、仮説を立てて実施後に検証することで最終的により効果的な人材配置にたどりついたのである。

② ジョブ型雇用・配置の進め方

ジョブ型雇用を取り入れる企業が増えてきたことはすでに第1章で述べた。新規事業やAI人材、DX人材、エンジニア、マーケターといった専門性の高いポジションで、具体的な仕事の内容と責任の範囲、必要なスキルや経験を定義するジョブ型雇用の導入例が目立つが、ジョブ型雇用には社員自身の自発的な挑戦と自律的な育成の仕組みが必要であることを忘れてはならない。

（1）欧米型のポジション管理

欧米型のジョブ型雇用は、まず経営戦略を実行するために必要なポジションに対して求められる人材要件（業務経験、スキル、マインド）を定義するポジション管理がベースとなる。人材要件に対して、各社員が持つ業務経験、スキル、マインドとをマッチングし、各ポジションを担う候補人材をリストアップするといったポジションありきの配置である。

人材採用においても同様だ。ポジションが求める人材要件に対して、応募社員のマッチ度を判定して、採用を判断する。

（2）日本型のアレンジ（社内公募・自律型キャリア形成支援）

一方、日本型にアレンジされたジョブ型雇用は、経営戦略を実行するために必要なポジションに対して社内から広く人材を公募する方法だ。会社は求められる人材要件（業務経験、スキル、適性など）に加えて、そこで身に付く経験・スキルを定義し、社内に公開する。公開された情報を見れば、社員は関心のあるポジションに対して現在の自身のスキルと求められるスキルレベルとのギャップを把握できる。さらにそのギャップを埋めるための研修をレコメンドするなど、要件を満たす人材への成長を促すアプローチだ。

図表5-7 ジョブ型雇用・配置

日本型の社内公募・自律的キャリア形成支援

求められるスキルレベルとのギャップを可視化。ギャップを埋めるための研修をレコメンド

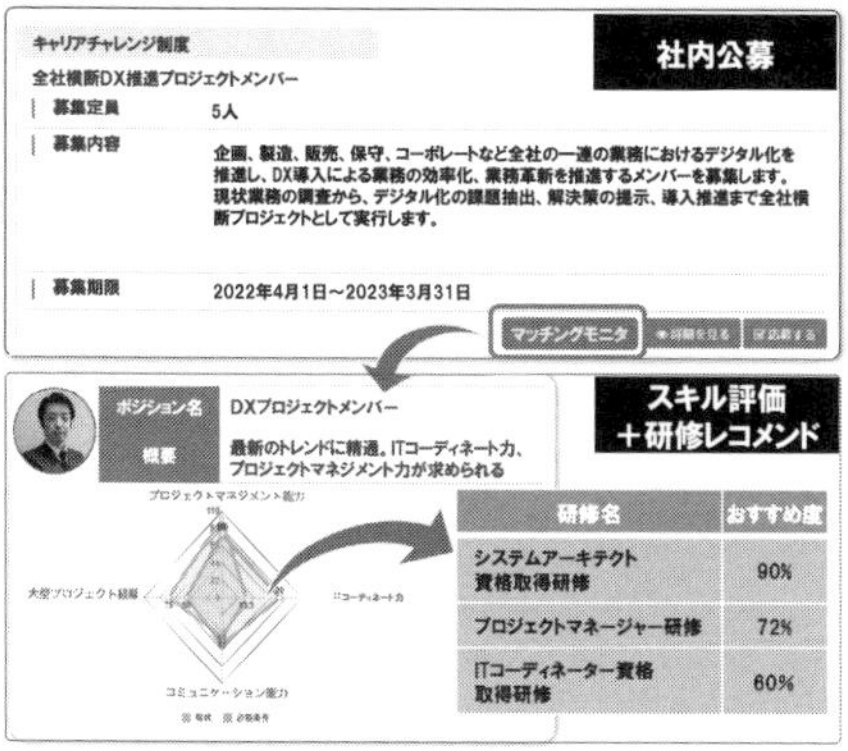

もう一つは、社員自身が自らのキャリアビジョンを実現するために自律的にキャリア形成していくアプローチである。求められるスキルレベルと現在のスキルのギャップを可視化し、ギャップを埋めるためにチャレンジすべきポジションをレコメンドする。ポジションが成長を志すきっかけを与えることは日本型にアレンジされたジョブ型雇用の重要なポイントだ。

③ プロジェクトマネジメント

部門横断的にプロジェクトに必要な人材をメンバーとして選出する、IT系企業やコンサル会社、広告代理店、建築・土木、プラント会社などでよく見られる人事だ。

一般にプロジェクトには期間があり、1人の

社員が複数のプロジェクトに同時にアサインされていることも少なくない。さらに本籍のある部署での業務状況も考慮しなければならず、通常のマネジメントとは異なる調整が必要だ。円滑に進めていくには、まずプロジェクトの定義として、求められる業務経験やスキルなどの人材要件を設定して、候補人材を抽出する。このとき各候補者について他のプロジェクトへの参画状況も確認する。人材が持つ経験やスキル、さらに適性、スケジュールなどの情報が見える化されていれば、最適なメンバーアサインの検討が可能になる。

さらにプロジェクトアサイン後には労務状況やモチベーションの変化などのモニタリングも行いたい。次のプロジェクトに備えるためにもメンバーの状況把握は欠かせない。

4 グループ会社間の横断人事

（1）同じ基準で人材を把握できるプラットフォームを作る

企業再編が活発化する中で、グループ会社を管理する目的で株式を保有する持株会社（ホールディングス）が増えている。持株会社化の狙いとしてグループ全体でのシナジー創出を掲

図表5-8「グループポータル」グループ会社間での等級・役職等の基準の共通化

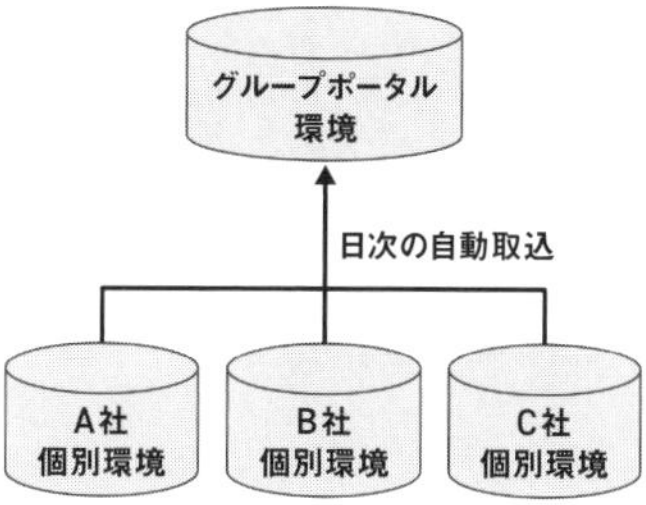

グループポータル環境への
日次の自動取込時にデータ変換

等級

A社	B社	C社	グループ共通等級
M1	G1	S1	A1
M2	G2	S2	A2
M3		S3	
L1	K1	S4	B1

役職

A社	B社	C社	グループ共通役職
事業部長	部長	部長	部長
課長	GM	室長	課長
係長	GL	GM	係長
…	…	…	…

げる企業は多いが、持株会社のタレントマネジメントには固有の課題が存在する。

A–C社の3社からなる持株会社を例に挙げよう。まず当然ながら、A社にはA社の人事制度、B社にはB社の人事制度がある。データの「管理」だけを考えれば、それぞれの人事制度に沿った別々の箱を用意して、労務や勤怠などの情報を管理していけばいいだろう。

一方、データの「活用」となるとどうか。例えば、A–C社を横断して人材を抜擢するためには、等級や役職、評価、スキルといったデータ項目を一元的に活用できることが求められる。しかしながら、例えば、等級一つ取ってみても一様ではなく、A社はM1・M2とランク付けし、B社はG1・G2としていて、ここで「M2」＝「G2」とは限らない。

役職についても同様に、係長・課長・部長・役員・社長といった役職だけなら上下関係は明白だが、主任・主査・主務・主事といった役職が入ってくると、どの役職が別会社のどの役職に該当するか判断が難しくなる。

そこで、各社の個別環境とは別に、言わば「グループポータル」と呼べるような統合環境を用意し、そこにグループ各社のデータを日次などで自動的に集約する。かつ、等級や役職、スキルなどを横並びに比較・分析できるように、グループ全体として共通の等級・役職・スキルの体系を定め、各社個別のものとの対応関係を定義しておき「グループポータル」への自動取込時にデータ変換を行うのである。

こうすることによって、グループ横断で人材の異動や抜擢を検討したり、新規事業のメンバーをグループ全体から募るといったグループ全体での適材適所が可能となる。さらに後継者育成のためのグループ会社への出向やグループ横断での兼務の管理にも有効だ。

役職や等級はまだしも、評価やスキルとなると対応関係・紐付けは簡単にはいかないケースも多いが、グループ会社として本来求めるシナジーを生み出していく上では、避けて通れないプロセスである。

（2）グループ横断人事　先進企業の取り組み

ある大手メーカーは国内外合わせて100社近いグループ会社によって構成されているが、グループとはいえ、元をたどればみな個別に設立された会社だ。それぞれ独自の人事制度を運用してきたが、出身会社によらない「人材の最適配置」や「役割に応じた適正な処遇」「優秀な人材の採用、育成、リテンション」を目指して、グループとしての組織や仕事の広がりの中で社員が存分に力を発揮し活躍する基盤を作るために、近年、グループ共通の管理職制度を導入し、管理職の評価制度を統一した。

社員の業績評価や各種管理業務については、各社の事業内容や職種構成に合わせて独自の運用を可能とする体制をとり、タレントマネジメントシステムについても各社それぞれで活用できるようにした。

一方、持株会社ではグループ横断での抜擢や最適配置を可能とするために、タレントマネジメントシステムにおいて前述の「グループポータル」を設定し、グループ全体の状況を俯瞰できるようにしている。

なお、データ項目については前記を両立できるように、グループ横断施策を実施するために等級・役職など最低限統一すべきところは統一し、逆に、各社の実情に合わせて独自性を持たせるべきところは独立させるといったメリハリのある運用を行っている。

（3）共通のスキルと個別のスキルを体系化する

もう一つ、グループ会社間で共通のスキルと個別のスキルを体系化することで、グループ横断での人事異動や抜擢に取り組んでいる事例を紹介したい。

親会社A社と子会社のB社、最近合併したC社において、社員に求められる姿勢やスキルセットが体系的に整理された社内ドキュメントを見てみると、まず、行動指針については、3社それぞれ独自のものがあった。また、B社には営業マニュアルがあるがC社にはなく、一方、クレーム対応のガイドラインはC社にしかなかった。

そこでまず行動指針については、3社を貫く指針がないとグループ全体の行動原理にばらつきが生じてしまうため、各社独自の指針に加えて「●●グループWay」として共通の指針を設定した。ビジネスや顧客に対する、グループとして共通の姿勢を打ち出し、浸透させるための施策である。

一方、業務スキルについては、基本的なビジネススキルや営業スキルについては共通化できる部分が大きいと判断し、各社共通のものを設定した。また、業務スキルのうち親会社A社とB社、B社とC社にて共通化できる部分を業務スキル①②とした。最後に残った部分に

図表5-9 グループ会社間でのスキルの体系化

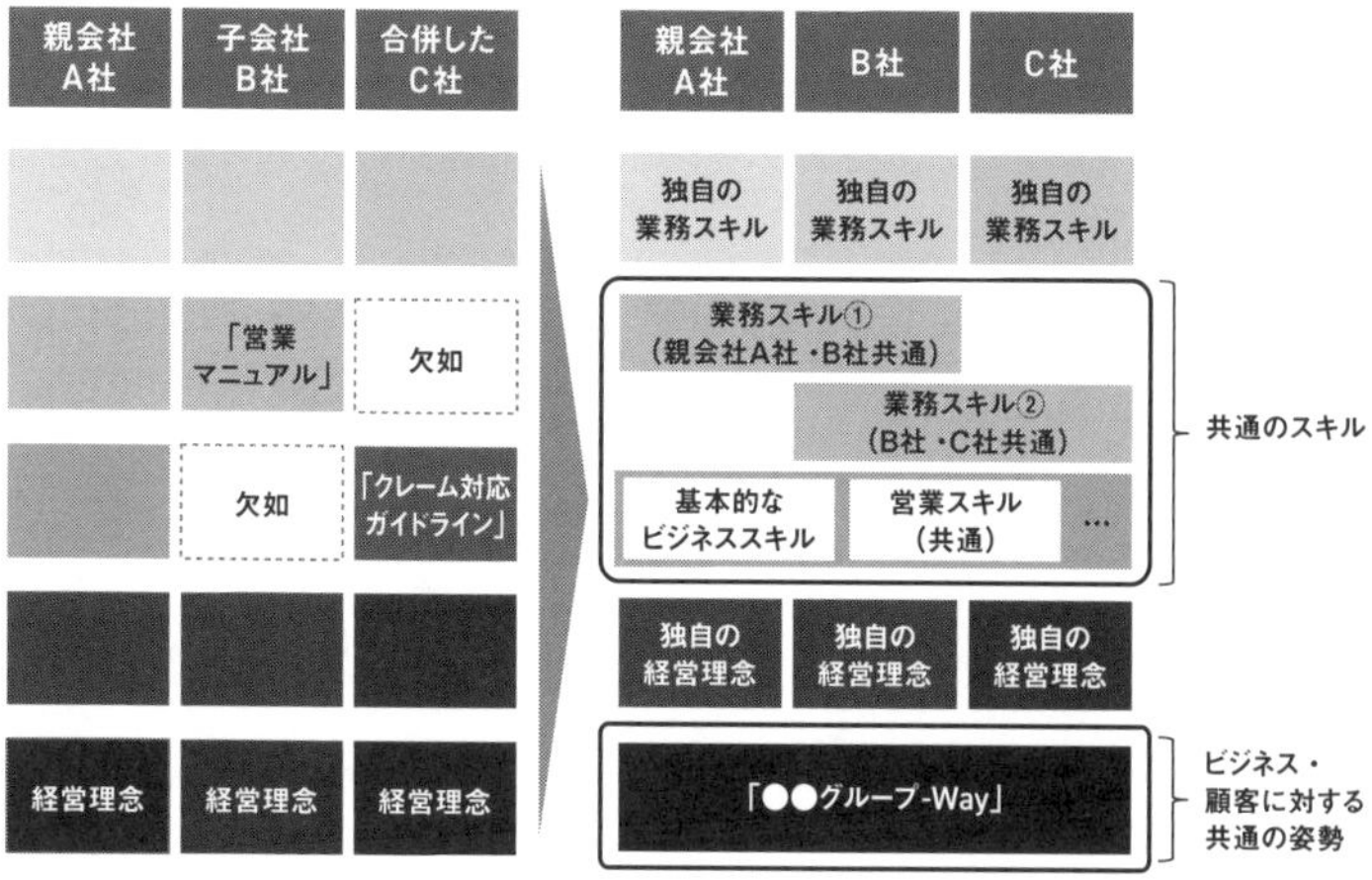

ついては、各社の業界・業種、業務内容によって固有に必要なものとして独自の業務スキルとして整理した。

以上のようにして、「●●グループ-Way」と共通の業務スキルが定義されたことで、グループ横断での人事異動や抜擢など、戦略的な人事施策を打ち出せる基盤を整えた。

2

離職防止、エンゲージメント、ウェルビーイング、コミュニケーションの活性化、組織診断、健康経営
～社員が生き生きと活躍し続けるために～

① 離職防止

（1）離職者の特徴や傾向をつかみ離職を未然に防ぐ
離職検知：7つのアプローチ

採用しても採用しても社員が辞めていく。離職者が多いそうした職場で社員が安心して生き生きと活躍できるはずがない。離職防止は現在の職場を活性化し、明るい未来を描いていくために不可欠の施策だ。

これまで弊社では離職防止のためのデータ分析・活用コンサルティングを多数行ってきた。

図表5-10 離職検知　7つのアプローチ

離職予兆の検知に有効な指標		モニタリング・見える化の軸
1	日々の勤務状況	●勤務日報 ●残業時間、休暇の取得状況 ●月曜日の急な休暇取得
2	適性・性格特性	●過去の離職者との類似性
3	モチベーションの変化	●日々の仕事の楽しさ・達成感 ●仕事の楽しさ・達成感と難易度との相関 ▶難易度が高く、楽しくない=「つらい」 ▶難易度が低く、達成感が得られない=「物足りない」 ●過去の離職者との類似性
4	職場環境の変化	●人事異動、上司の交代など、環境変化前後でのモチベーションの変化
5	発言内容 （テキストマイニング）	●日々の業務日報（悩みごとなど） ●業務満足度調査、自己申告の自由回答
6	相互モニタリング	●周りで心配な人を相互に発見
7	表情などの身体変化	●表情の異変（カメラとの連係） ●メンタルヘルス（IoTデバイスとの連係）

その結果、離職予兆の検知に有効な7つのアプローチが明らかになっている。

1つ目は日々の勤務状況だ。勤務日数、残業時間、休暇の取得日数、月曜日の急な休暇取得などをモニタリングすることで離職の予兆を把握できる。2つ目は過去の離職者と似ている適性や性格特性である。3つ目のモチベーションの変化も重要なポイントだ。パルスサーベイを使って日々のモチベーションの変化をウォッチしたい。

4つ目は人事異動だ。人事異動や上司の交代はときとして離職のトリガーになる。職場環境の変化が離職リスクを高めていないかの注意が欠かせない。

5つ目はアンケートや業務日報の発言内容だ。例えば、過去に辞めていった社員が日々の業務日報や業務満足度調査においてどのような回答をしていたのかを分析する。テキストマイニングによって共通の単語が抽出できればそれがすなわち「離職ワード」だ。例えば、離職者が転職を言いだす2–3カ月前の業務日報において「業務量」「終える（否定形）」「難しい」「上司」「異動」といったキーワードが相対的に増えていたことがわかったとしよう。これらの「離職ワード」を現在の社員にあてはめて、離職リスクをスコア化し離職の予兆を見える化する。もし業務日報に「業務量が多すぎるので時間内に終えるのが難しい」とか、「異動してから、上司とのコミュニケーションが難しくなった」といった記載があれば要注意だ。何らかのフォローが必要だろう。

6つ目は相互モニタリングである。近くにいる人だからこそわかるちょっとした変化も離職の防止につなげられる。

7つ目は表情などの身体的な変化だ。実践しているところはまだ少ないが、本人の了解を得るなどプライバシーへの配慮をした上で、例えば入退館管理のカメラと連係させて表情の変化をとらえ、離職予兆を検知し防止に努めるようなことが考えられる。

（2）日々のモチベーションの変化をウォッチし続けよう

図表5–10の「3．モチベーションの変化」を知るために、多くの企業では社員満足度調査

図表5-11 仕事の楽しさ・難易度の軸とした
離職危険性の把握 「疲弊危険」からの回復ステップ

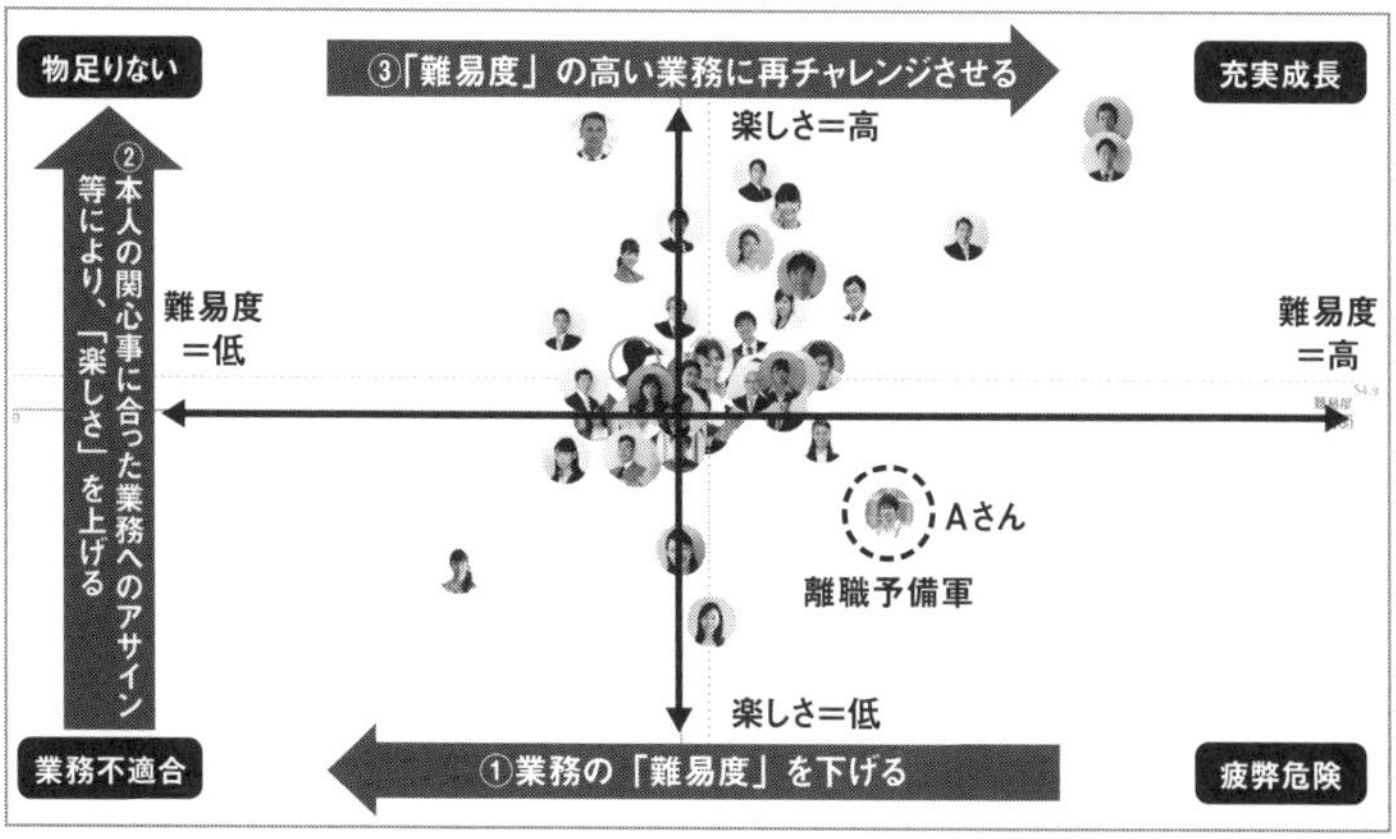

を利用している。だが、年に一、二度程度の実施では、近年の事業環境や業務環境が目まぐるしく変わる中でのモチベーションの把握には不十分だ。そこで日々のモチベーションの変化を測定する「パルスサーベイ」を勧めたい。いまの仕事は楽しいか、達成感はあるかといったシンプルな設問で継続的に測定を行う。そして、例えば縦軸を「楽しさ」、横軸を「仕事の難易度」として、社員ごとに時系列でモチベーションの状態をプロットし、その動きを追いかけたい。

もっともいいのは「仕事の難易度」が高く、かつ「楽しい」状態にある「充実成長」パターンだが、現実にはそうした社員ばかりではない。Aさんは入社後の一定期間は高いモチベーションを維持していたが、時間の経過とともに「楽しさ」が低下し、仕事を難しいと感じはじめた。これは「疲弊危険」パターンだ。原因としては仕事の負担の重さ、周囲の支援不足などが考えられる。業務内容の変更、場合によっては人事異動といった対処が必要だろう。

逆に、仕事は「楽しい」が「仕事の難易度」が低い社員はやりがいのある仕事が与えられていない「物足りない」パターンになっている可能性がある。こちらはもともとやる気が高かったり、能力の高い社員が陥りがちである。社員の状態をより詳細に確認した上で、場合によってはよりチャレンジングな業務への配置転換などの対策を講じたい。

なお、「疲弊危険」から社員を回復させるには、3段階のステップで進めるのが有効である。まず業務の難易度を下げ、次いで本人の関心事に合った業務にアサインして「楽しさ」を上げ、最後に徐々に難易度の高い業務に再チャレンジさせていく。いまの業務で疲弊しているからといってやみくもに異動させたり別の業務にアサインするのではなく、まず社員に寄り添い、仕事に対して「楽しさ」や「やりがい」を感じてもらった上で、段階的に難易度を上げていくことで疲弊からの回復と離職防止を図るといった対応である。

(3) 1 on 1の面談記録から離職予兆を捕捉する

一般に、メンタルダウン(仕事を休む、あるいは辞めるといったレベルにある精神的不調)の予兆を早い段階でつかむのはなかなか難しい。多くの企業においてメンタルダウンによる離職が増加傾向にある中で、さまざまな指標に基づく検知アプローチが求められている。

前述した「離職検知　7つのアプローチ」のほかには、メンタルダウンを捕捉する一つの手段として、1 on 1での本人記載の面談記録に注目しているケースを紹介する。A社は「面談記録に本人が記載する文章量＝文字数が減るほど、メンタルダウンになる傾向がある」という仮説を立て、社員自身が毎週記載している1 on 1面談記録文字数を確認したところ、平均して「休職・離職日」の10週間前から文字数が大きく減少していることを突き止めた。

さらに記載内容についてもテキストマイニングで分析したところ、休職・離職者については「睡眠」に関する発言の増加傾向が見られることがわかった。5週間前には「夜‐眠る（否定形）」「朝‐辛い」「寝つき‐悪い」といった睡眠障害の予兆が30件以上現れ、2週間前にはさらに75件に増加していた。

1 on 1面談の目的は、対話型コミュニケーションにより上司と部下が信頼関係を築き、モチベーションの向上や部下の成長を促すことにあるが、その内容を精査すれば、現場ではなかなか気づきにくいサインを発見できる。ぜひ離職防止のためにも、効果的に活用したい。

（4）離職予兆に対する具体的なアクションを決めておく 離職防止の6つのアプローチ

さまざまな角度から離職予兆をつかんだら、防止策を実行しよう。離職予兆の傾向によって対応はさまざまだが、一般に以下のようなアプローチが考えられる。

- フォロー面談による、負荷状況やモチベーションの確認
- 勤怠状況に基づく業務量調整
- 社員相互のコミュニケーションの促進
- 従業員満足度調査の分析等に基づく職場環境・制度の改善
- 人事異動による業務環境の変更
- 職種変更による担当業務の変更

離職予兆の要因と社員のタイプから、より具体的に離職防止のアクションを定めているB社の例を紹介しよう。

同社では、自己申告やパルスサーベイの記載内容から「上長への不信」「将来キャリアへの

不安」「成長実感の不足」「労働環境への不満」「健康への不安」など離職危険要因を抽出している。そこに、新卒入社1年目、2–3年目の若手、キャリア入社1年目、中堅社員、ベテラン社員、中間管理職、シニア、また資格保有者（社内スキル・語学など）などのタイプを掛け合わせ、それぞれに対して、とるべき施策を定めている。

例えば、「労働環境への不満」を持つ「キャリア入社1年目」に対しては、人事あるいは上司がヒアリングを行い、中途入社間もない段階での受け入れ施策を改善したり、「将来キャリアへの不安」を持つ「2–3年目の若手」に対しては、人事部門から現場マネージャーに対して、具体的なコミュニケーションのとりかたや1on1面談で話す内容についてアドバイス、指導している。また、「成長実感の不足」が見られる「中堅社員」については、現部署・職務への滞留年数などを見た上で、タフアサインメント（チャレンジングな仕事へのアサイン）を検討する。「健康への不安」を持つ「中堅社員」に対しては、産業医面談を実施するといった具合いである。

自己申告の内容などから離職危険要因を読み取れても、とるべき対策を誤れば逆効果になりかねない。離職予兆の検知に留まらず、具体的かつ丁寧に離職防止に取り組んでいる企業の好例だ。

② エンゲージメント

（1）金銭的報酬と非金銭的報酬

社員が生き生きと活躍し続けるためにはエンゲージメントの向上が欠かせない。多くの企業がＥＳ調査やエンゲージメントサーベイを実施し、会社への信頼感や共感度を高めるためのさまざまな施策を展開しているが、実際に何が有効なのか明確に見極められている例は少ない。

エンゲージメント向上策を総合的に検討する上で有効なのがトータル・リワードの考え方だ。労働の対価として企業から与えられる報酬（リワード）が社員の動機づけになることは間違いないが、必ずしも給与や賞与、インセンティブ、福利厚生といった金銭的報酬だけがリワードではない。職場環境やワークライフバランスの仕組み、組織の風土、仕事の面白さややりがい、仕事を通じた成長機会や成長実感などの非金銭的報酬も社員をドライブし、エンゲージメントを高めていく。

金銭的な報酬は短期的な動機づけとしては効果があるが、すべての社員に同様に高いレベ

図表5-12 エンゲージメント

トータル・リワード（金銭的報酬と非金銭的報酬）

報酬（リワード）			構成要素（例）
金銭的報酬	直接的な報酬		・基本給、各種手当、賞与 ・インセンティブ ・退職金
金銭的報酬	間接的な報酬		・法定内福利厚生 ・法定外福利厚生
非金銭的報酬	組織	職場環境	・仕事環境、オフィスそのものの快適さ ・衛生要因
非金銭的報酬	組織	ワークライフバランス	・仕事とプライベートの両立を支援する仕組み ・育児・介護休業制度以外も含めて
非金銭的報酬	組織	組織風土	・企業理念・組織風土への共感
非金銭的報酬	仕事	承認・認知（心理的安全性）	・上司・同僚から認められているという感覚 ・心理的安全性を担保する仕組み
非金銭的報酬	仕事	仕事の魅力	・仕事の重要性や面白さ、やりがい
非金銭的報酬	仕事	能力開発	・仕事を通じた成長の機会 ・仕事を通じた成長の実感

ルで報い続けることはコスト面からも難しい。一方、非金銭的報酬は即効性はなくてもじわじわと社員の動機づけに効果をもたらす。自社の社員がどこで動機づけされているのかをしっかり押さえた上で、金銭的報酬と非金銭的報酬のバランスを保つことが大切だ。

非金銭的報酬は十分なのか、不足しているとしたらどこを充実させるべきなのかを知るには、社員満足度調査や各種サーベイ、評価面談、360度評価、研修時アンケート、サンクスポイントなど、さまざまなデータを活用し、多面的に見ていく必要がある。

一般に技術職や専門職、若手層は業務内容に対する「承認・認知」や仕事そのものの魅力、さらに能力開発の機会や仕組みなど「仕事面」の要素を重視する傾向が顕著に現れがちである。

経営・人事はこれらにしっかり対応するのはもちろんのこと、「職場環境」「ワークライフバランス」など「組織面」の制度・仕組みを整えるとともに、よりよい組織風土を育み、トータルなエンゲージメント向上を主導していくことが求められる。

（2）エンゲージメントサーベイ：組織診断に加えて、優先的な改善項目を特定しよう

エンゲージメントを測る手段のひとつにエンゲージメントサーベイがある。弊社では、組織特性に対する満足度を問う設問から、目的・使命、目標、業務、学習・成長、チームワーク、人間関係という6つの指標によって組織の活性度を測るTPODという手法を提唱し、企業に提供している。

これら各指標が高い組織は高活性化状態にあり、エンゲージメントの高い組織といえる。この6つの指標の高低の組み合わせによって、組織は①高活性型組織、②低活性型組織、③戦略重視型組織、④協調重視型組織、⑤業務重視型組織、⑥コントロール重視型組織、⑦パーソナル成長重視型組織の7つに分類できる。

例えば③の戦略重視型組織とは「目的・使命」「目標」「業務」「学習・成長」が相対的に高い状態にある組織だ。逆に、「人間関係」や「チームワーク」「学習・成長」は高いが、その

図表5-13 エンゲージメントサーベイ
指標の組み合わせによる組織特性のタイプ分類

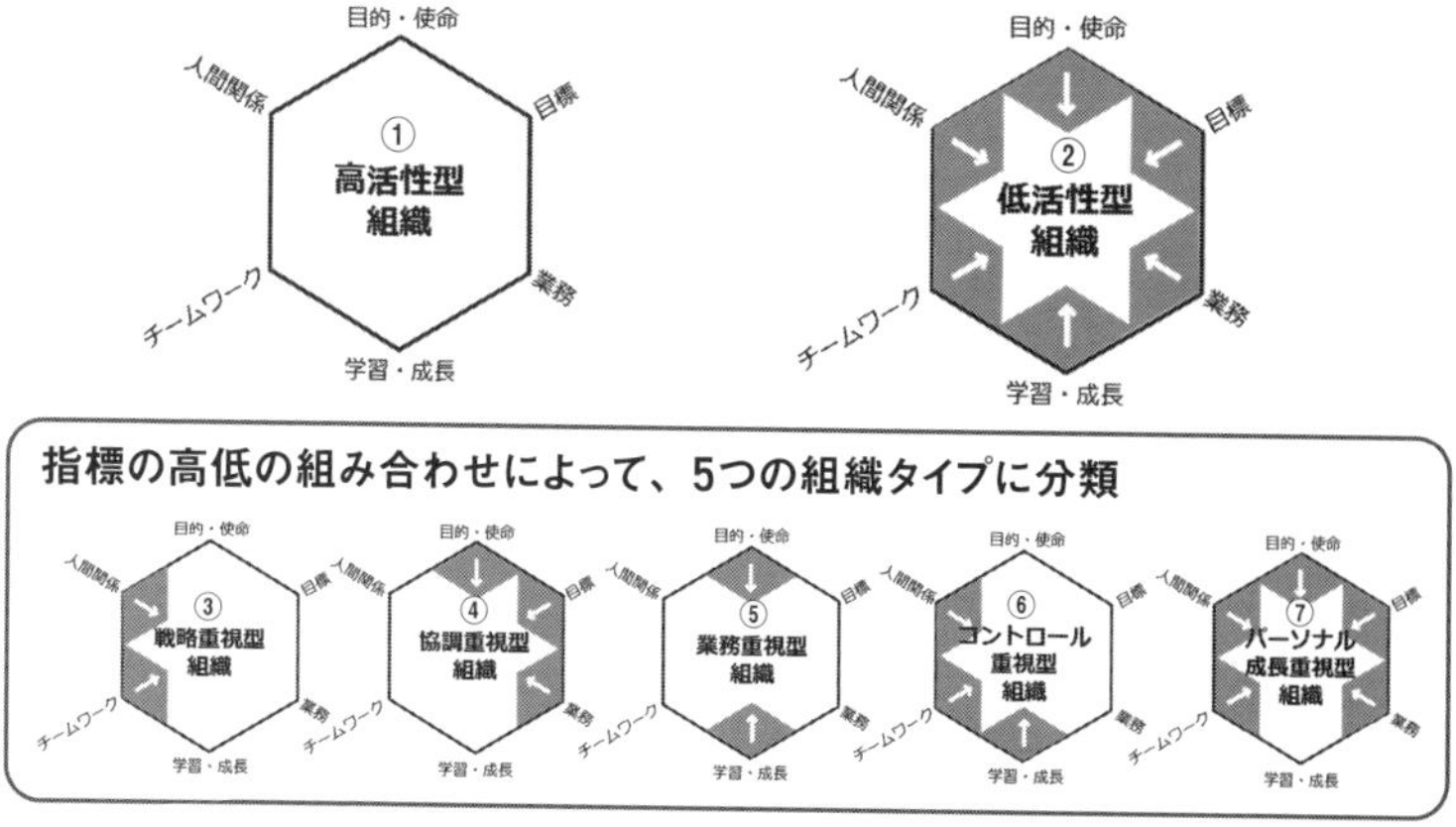

他が低いのが④協調重視型組織といった具合いだ。

7つの組織タイプに分類することで、組織ごとの特長や課題を把握し、長所をさらに伸ばすか、欠点を改善するか、見極めていくものである。

なお、このTPODという組織診断はレヴィンの法則という、ヒトの行動は個人特性と環境の関数であるという理論をベースとしている。わかりやすくいえば、「個人の特性」×「会社の環境要因」＝「エンゲージメントがもたらす行動」（働きがいや勤続意欲など）だ。弊社では、TPODの6つの指標に紐付けられた「組織特性に対する満足度を問う多数の設問項目」に加えて、「働きがい」「勤続意欲」といった総合的

図表5-14 エンゲージメント向上に直接的に寄与する組織特性因子の特定

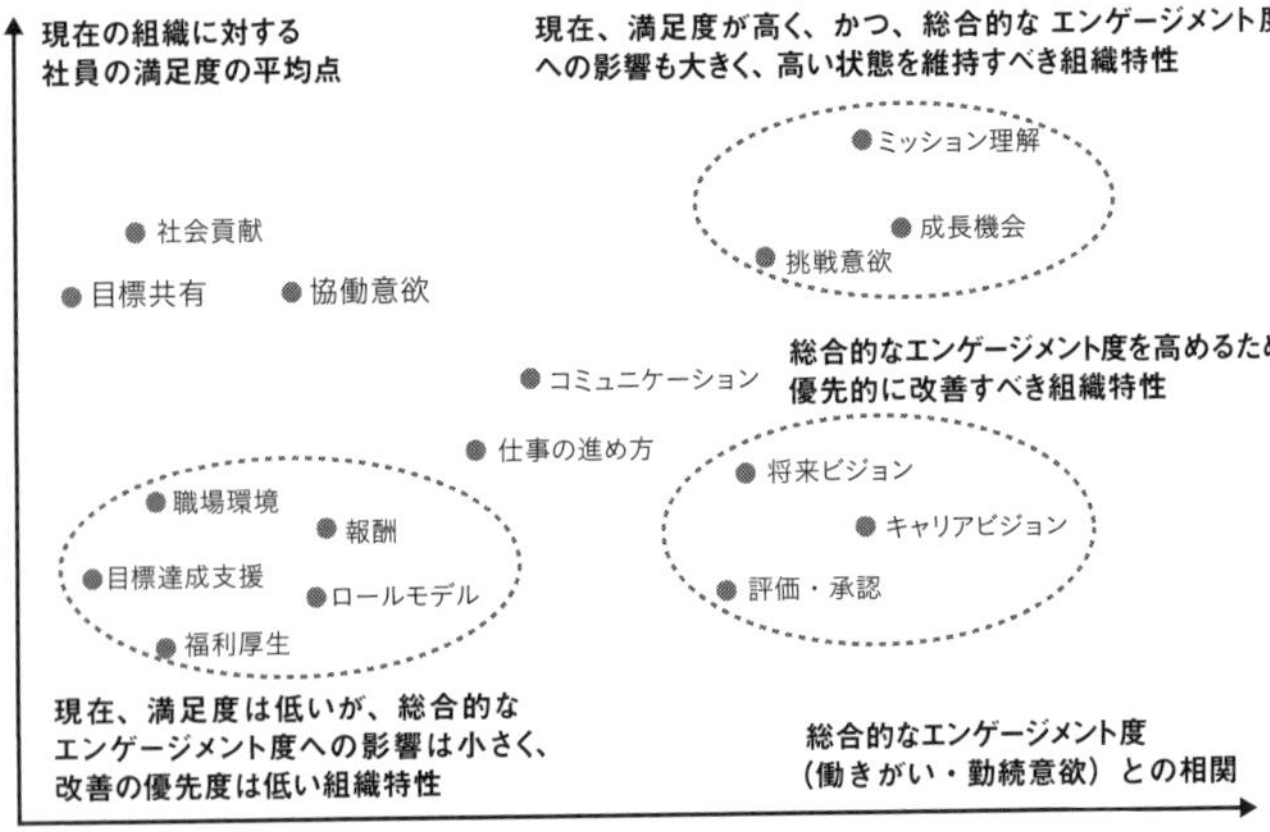

なエンゲージメント度を問う設問を加えることで、優先的に改善すべき組織特性を特定するコンサルティングを提供している。

図表5-14の各プロットは、組織特性に関する設問項目であり、縦軸の位置は満足度の平均点、横軸の位置は総合的なエンゲージメント度（「働きがい」「勤続意欲」）との相関の高さを表している。

例えば右下にある「将来ビジョン」や「キャリアビジョン」「評価・承認」といった組織特性は、現在、満足度が低い状態（縦軸の位置）にありながら、総合的なエンゲージメントとの相関が高く（横軸の位置。つまりこれらの項目への満足度が高い社員は、総合的なエンゲージメント度も高い）、組織としてエンゲージメントを高めていくために、優先的に改善すべき項目である。これに対して、左下の「職場環境」「報酬」などの項目は、現在、満足度が低いものの、総合的なエンゲージメントとの相関は低く、右下の項目と比べると改善の優先度は低いと見ることができる。

このようにエンゲージメントサーベイを効果的に活用することで、改善すべき組織特性とその優先度を見極めることができる。

（3）生産性向上のためのキーファクターの特定

エンゲージメントを高めていくことの最終的な目的は、組織としての生産性を高め、業績を上げていくことだ。生産性を高めるためには、社内において実際に生産性の高い部署と低い部署との差異を分析して、生産性に影響している要因を見極めることが有効だ。

そのためには、例えば「バランススコアカード（BSC）」の「財務」「社員（顧客）」「業務プロセス」「学習と成長」の4レイヤーを枠組みとして、生産性向上に影響すると考えられる要因を当てはめ、その関係を紐付けることで、根本的に解決すべき課題（キーファクター）を特定するアプローチが考えられる。

もし「学習と成長」レイヤーの「仕事を通じた成長機会の提供」が十分でないことが生産性が低い要因と考えられるなら、そこに紐付く「社員」レイヤーの「従業員満足度」の観点

図表5-15 バランススコアカード(BSC)に基づく、生産性向上のためのキーファクターの特定

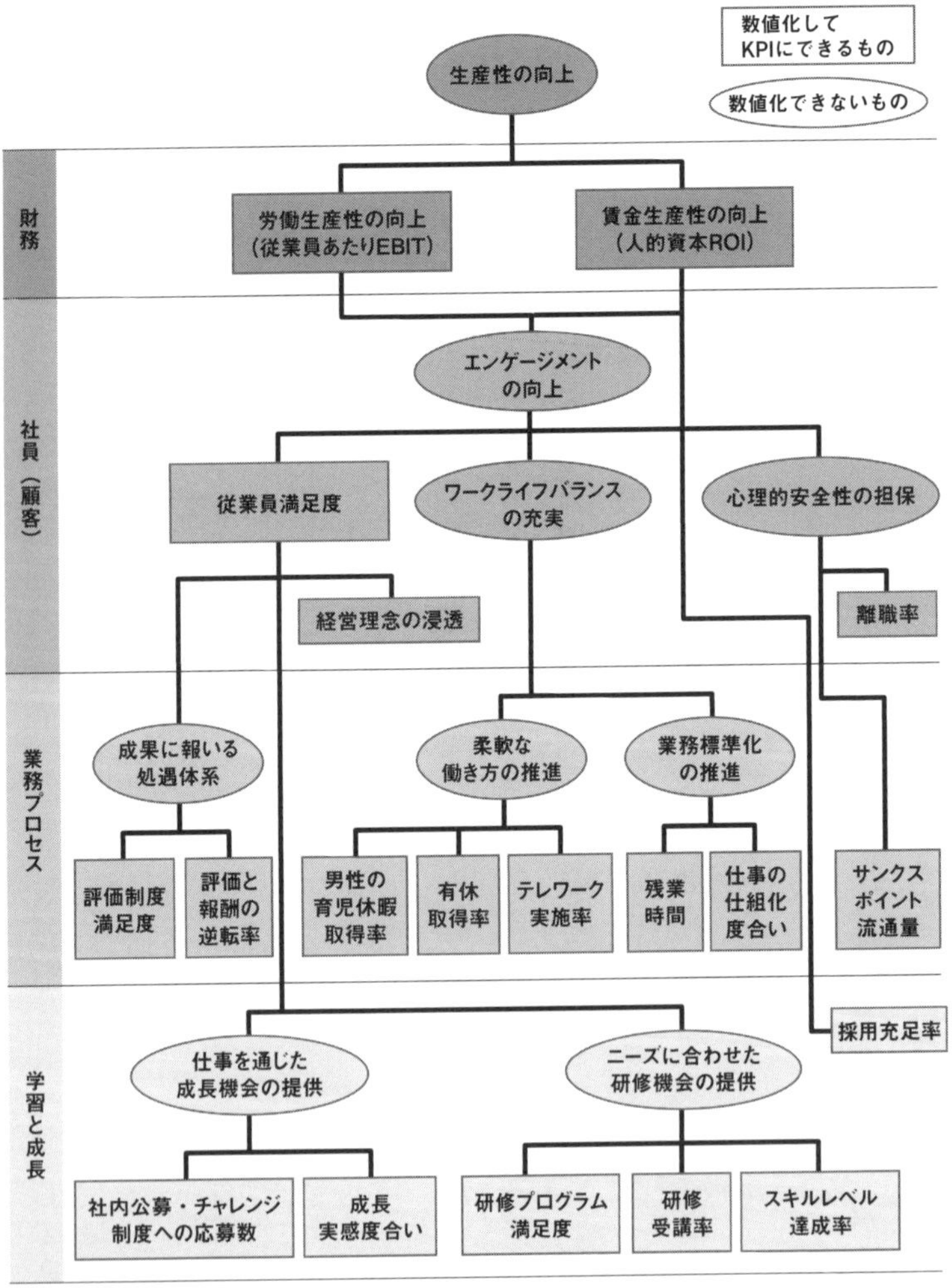

から課題を掘り下げていく。生産性が高い部署と低い部署を比較すると、「従業員満足度」の大項目である「目標達成支援」が足りていないのかもしれないし、「キャリアビジョン」がそもそも欠落している可能性が浮かび上がってくるかもしれない。

「エンゲージメント」「生産性」といった議論が漠然としがちなテーマに対しては、その構成要素をブレークダウンし、その位置づけや関係性を整理した上で、根本的に解決すべきキーファクターを特定し、対応するKPIを継続的にウォッチしていくアプローチが求められる。

Column

社内イベントとエンゲージメントへの影響評価

エンゲージメント向上施策の一つの例として、弊社が毎年実施している社員旅行について紹介しよう。

弊社はタレントマネジメント、およびマーケティングの領域における大量データの分析・活用のためのSaaS型サービスを展開しており、各サービスの事業部ごとに新規営業、ユーザ支援を行うコンサルタント、機能開発とシステム運営を担う開発（エンジニア）の3つの職種がある。その中で弊社では部署・職種をまたいだコミュニケーションを重視している。営業が提案先である潜在顧客の新しいニーズを、またコンサルタントが既存顧客の深いニーズを開発に伝え、開発はそのニーズから新機能を生み出す。さらに新機能が生み出す価値を営業、コンサルのそれぞれが顧客に提案して、顧客の喜びの声とさらなる改善点を開発にフィードバックする。こうした職種間の密なコミュニケーションを「ＰＡＣサイクル」と呼んでいる。

営業メンバーは常に客先を走り回り、電話・ＴＶ会議での商談に追われているのに対して、開発メンバーは多くの時間をオフィスやリモートワークで開発タスクに集中する。それでは日頃の密なコミュニケーションはなかなか生まれない。そうした中で、部署・職種の異なるメンバー同士がお互いを理解し、尊重し合い「ＰＡＣサイクル」を回し続けていくための活動の一環として毎年実施しているのが、全社員が関与する形の「ＰＡＣ社員旅行」だ。

社員旅行といっても単なる慰安旅行ではない。前述の目的を達成するために多彩なプログラムを盛り込んでいる。コロナ禍のため3年ぶりの実施となった２０２２年の社員旅行では事前に参加メンバーに対して、その年の旅行委員のメンバーがタレントマネジメントシステムの上でアンケートを実施した。「朝のルーティンは？」「10万円あったら何に使う？」「カラオケの十八番は？」「ひそかに集めているものは？」「人生で一番がんばったことは？」といったパーソナルな内容だ。

この回答を踏まえてプログラムを練り上げた。紹介していくときりがないが、例えば、往路のバス移動中にはスマホを使ってアンケート結果を見ながらクイズ大会を実施した。旅行中に実施した大運動会の「借り人競争」では、「アベンジャーズが大好きな、ボケ気質のヒトは誰？」といったお題に対して、スマホでアンケート回答を検索しながら該当者を探し回った。

ふだん接点が限られる他部署のメンバーはもとより、同じ部署でも誰がどんな趣味を持っているかといったことはなかなかわからないものだが、こうしたプログラムを介して他のメンバーのことを知れば、そこから新たなコミュニケーションが生まれていく。これこそがPAC社員旅行の真の目的だ。

社員旅行のあとタレントマネジメントシステムを使って実施したアンケートでは、特に初参加のメンバーが「社内の居心地の良さや仲間意識が高まった」「この会社で引き続き働きたいという気持ちが強まった」と回答している。またそのように回答したメンバーは、特に旅行中に上位役職者と良いコミュニケーションがとれていたり、プログラムの中で活躍して自分を知ってもらえているケースが多かった。さらに、入社2–3年目の中途入社メンバーは「会社の雰囲気、ヒトの雰囲気を感じることができた」「コミュニケーションがしやすくなって、仕事に役立ちそう」と回答している割合が相対的に高く、コロナ禍の中でコミュニケーションを渇望していた様子や社員旅行の目的・狙いへの理解の深さがうかがわれた。こうした結果は、次回以降の社員旅行のプログラムはもちろん、社員旅行以外の社内イベントや普段の社内コミュニケーションのあり方にも示唆を導くものである。

社内イベントはとかく「やりっぱなし」になりやすい。イベントの開催そのものが目的となり、社員旅行なども社員の慰安に終始しがちだ。しかし、社内イベントはコミュニケーション醸成の場であり、組織の活性度を上げていく貴重な機会である。タレントマネジメントの仕組みをうまく活かして、目的に沿って企画・実施したい。

③ ウェルビーイング

(1) 幸福学を経営に適用する

従業員のエンゲージメントに関連していま注目されているのが、「心身ともに良好な状態にあること」を意味する概念のウェルビーイングだ。企業にとってウェルビーイングは、「健康経営」「従業員の満足度」「リテンションの向上」「生産性の向上」につながり、人々の就労意識や組織マネジメントにも深く関係している。「健康経営」が経営の目線で社員の健康管理を実践することだとすれば、ウェルビーイングが目指すのは肉体的にも精神的にも社会的にも社員が幸福を感じられるような状態だ。

ウェルビーイングを経営に反映させる上で、例えば「幸福学（well-being study）」研究の第一人者である慶應義塾大学大学院教授・前野隆司《まえのたかし》氏の理論によれば、社員の幸福度は生産性や創造性に大きな影響を与え、企業の成長に寄与するという。

この社員の幸福度の因子について、前野氏は下記の4つを定義している。①「やってみよう」因子（自己実現と成長）、②「ありがとう」因子（つながりと感謝）、③「なんとかなる」因子（前向きと楽観）、④「ありのままに」因子（独立と自分らしさ）だ。

前野氏はこれら4つの因子は測定可能であり、例えば、社員全員に対してアンケートや心理テストを行うことで、4つの因子の満足度を個人や役職、部署ごとに可視化することを提唱している。満足度が可視化されれば組織の改善につながっていく。事実、前野氏の研究では「幸せな従業員の創造性は不幸せな従業員の3倍になり、生産性は3割アップ、欠勤率や離職率も低下する」という結果が得られているという。

これからの社会を担っていくZ世代は企業ブランドや社会的地位よりも、自身の価値観、幸福を重視する傾向にある。幸福学の考え方は今後、採用シーンにも大きく影響を与えていきそうだ。

（2）製薬会社に見るウェルビーイングへの取り組み

ある国内製薬会社では経営ビジョンにウェルビーイングのキーワードを掲げ、さらに株主・投資家向けのアニュアルレポートにおいてもタイトルにウェルビーイングを冠するなど、対外的にも発信している。また、心と身体が健康であるのはもちろん、幸せを感じながら毎日の生活を生き生きと送ることができてこそ本当の幸福だと考え、世界の人々ができるだけ長い時間Well-beingを感じることができるように、健康長寿社会の実現に貢献していくことを目指している。

一方、社内に向けては、世の中の健康を支えていく上でまずは自分たちが健康であるべきとして、自社の健康経営の位置づけを定めている。そのために会社としては、社員が自ら前向きに健康であり続けようとする「きっかけづくり」に注力し、働いているうちに社員が自身の健康を見つめ、健康になることを楽しみ、行動に移していくことを指針として、さまざまな取り組みを進めている。

社外に向けた取り組みについては、製薬会社ならではの部分があるものの、「まずは自分たちが健康であるべき」といった姿勢・覚悟を社内外に示すなど、業界を問わず、非常に学ぶべき点が多い事例といえるだろう。

4 eNPSと360度評価の統合分析

1人の社員に対して上司や人事担当者だけでなく、同僚や部下を含めたさまざまな関係者が評価を行う360度評価は、社員本人のモチベーションやエンゲージメント向上が期待できる手法として広く定着している。

多様な視点から自身への評価・フィードバックを得られることが大きなメリットであり、とりわけ管理職に対する同僚や部下からのフィードバックは、新たな気づきを与えることが多い。ただし、人によって点数に甘辛があったり、部下から上司への評価においては忖度が発生する可能性もある。そこで提唱したいのが、eNPSと360度評価を組み合わせて管理職のスキルを評価する方法だ。

NPSについてはマーケティングでよく用いられるのでご存じの方も多いだろう。Net Promoter Scoreの略称で、顧客に「この店や商品を親しい友人や家族にどれくらい勧めたい

図表5-16 社員（部下）のエンゲージメント向上に直接的に寄与する、上司の姿勢・スキルの特定

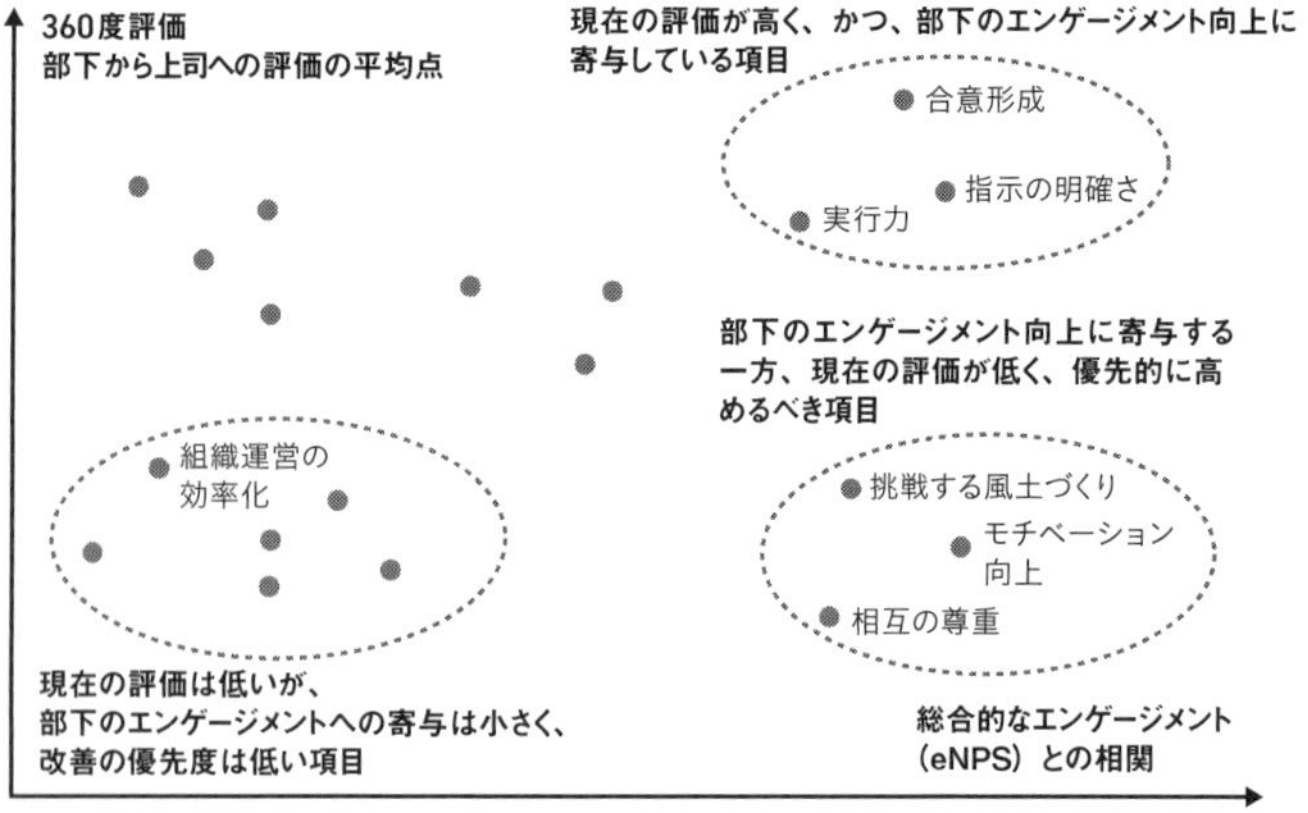

か」を尋ねてスコア化する調査手法だ。お勧め度を0〜10の11段階で尋ねるが、「友人や家族に勧めたいか」と尋ねることで本気・本音のリアルな回答を得る調査手法だ。ＮＰＳの頭にｅがついたｅＮＰＳは、Employee Net Promoter Scoreのこと。店や商品ではなく「自分の職場を親しい知人にどれくらい勧めたいか」を社員に尋ねてスコア化する。

このｅＮＰＳのスコアを目的変数に、３６０度評価の各設問に対する部下から上司への評価を説明変数にしてその相関を見てみよう。

例えば、図表5-16右上の「合意形成」「実行力」「指示の明確さ」は、横軸の「エンゲージメント（ｅＮＰＳ）」への相関が高く、かつ、現状、縦軸の「３６０度評価の平均点」も高い。したがって、管理職の「合意形成」「実行力」といっ

た姿勢・スキルが、部下のエンゲージメント向上に寄与しているといえる。

一方、「相互の尊重」「挑戦する風土づくり」はエンゲージメントへの相関が高いにもかかわらず、360度評価の平均点は相対的に低く、部下のエンゲージメント向上に向けて、これらの管理職スキルの向上を高めることが優先度の高い課題ととらえることができる。逆に、左下にある「組織運営の効率化」などは、エンゲージメント向上への効果が相対的に低く、運営効率化だけでは社員のエンゲージメントの引き上げがあまり期待できないことがうかがえる。このようにして、管理職スキルの重要度や改善の優先度を知ることができる。

これはあくまで一例だが、複数の調査手法を掛け合わせることでよりリアルな実態と具体的に取り組むべき課題が見えてくる。

5 コミュニケーションの活性化① サンクスポイント

第4章の小売・流通・サービス業界のパートで取り上げたサンクスポイントも、社員間のコミュニケーションを促進し、メンバー・組織のエンゲージメント向上に寄与する仕組みだ。

社員間での日々の業務上のやり取りや、ちょっとしたコミュニケーションの中で「挨拶が元気で気持ちがよかった」「出張のお土産をもらった」「資料作成を手伝ってもらった」など、ポイント付与の理由は何でもいい。「ありがとう」の気持ちを社員間で贈り合うことで、そこに新たなコミュニケーションが生まれる。ポイントのやり取りをネットワーク図として見える化すれば、コミュニケーションのハブ的な役割を担っている社員や、ふだんはなかなか見えにくいが実は部署間のつなぎ役となっている社員の存在などもつかみやすい。

さらにサンクスポイントを効果的に活用すれば、第三者（他の社員）の目から社員の特性を把握し、配置検討などの人事施策検討の参考にできる。ある会社では、社員同士でポイントを贈り合う際にその種別として、①ナイスチャレンジ、②ハイクオリティ、③スピード、④プロフェッショナル、⑤ハートフル、⑥パッション、⑦アクティブ、⑧サポートの8分類のいずれかを付与している。がんばって挑戦したことを認め、賞賛するときには①ナイスチャレンジを、質の高い仕事を評価するときには②ハイクオリティを、迅速に問い合わせに対応したり、スピーディーに仕事を完遂したことに感謝を伝えるときには③スピードといった具合いだ。

個人個人が受け取るポイントや部署内で授受されるポイントはメンバーの気質・特性や、組織風土・文化によって異なってくる。プロ意識の高いAさんは④プロフェッショナルが評価されることが多いのに対して、エネルギッシュなBさんは③スピードや⑥パッションで評価されることが多い。部署Cでは③スピードや④プロフェッショナルが評価されているが、

図表5-17 サンクスポイントの授受に基づく、社員ネットワーク

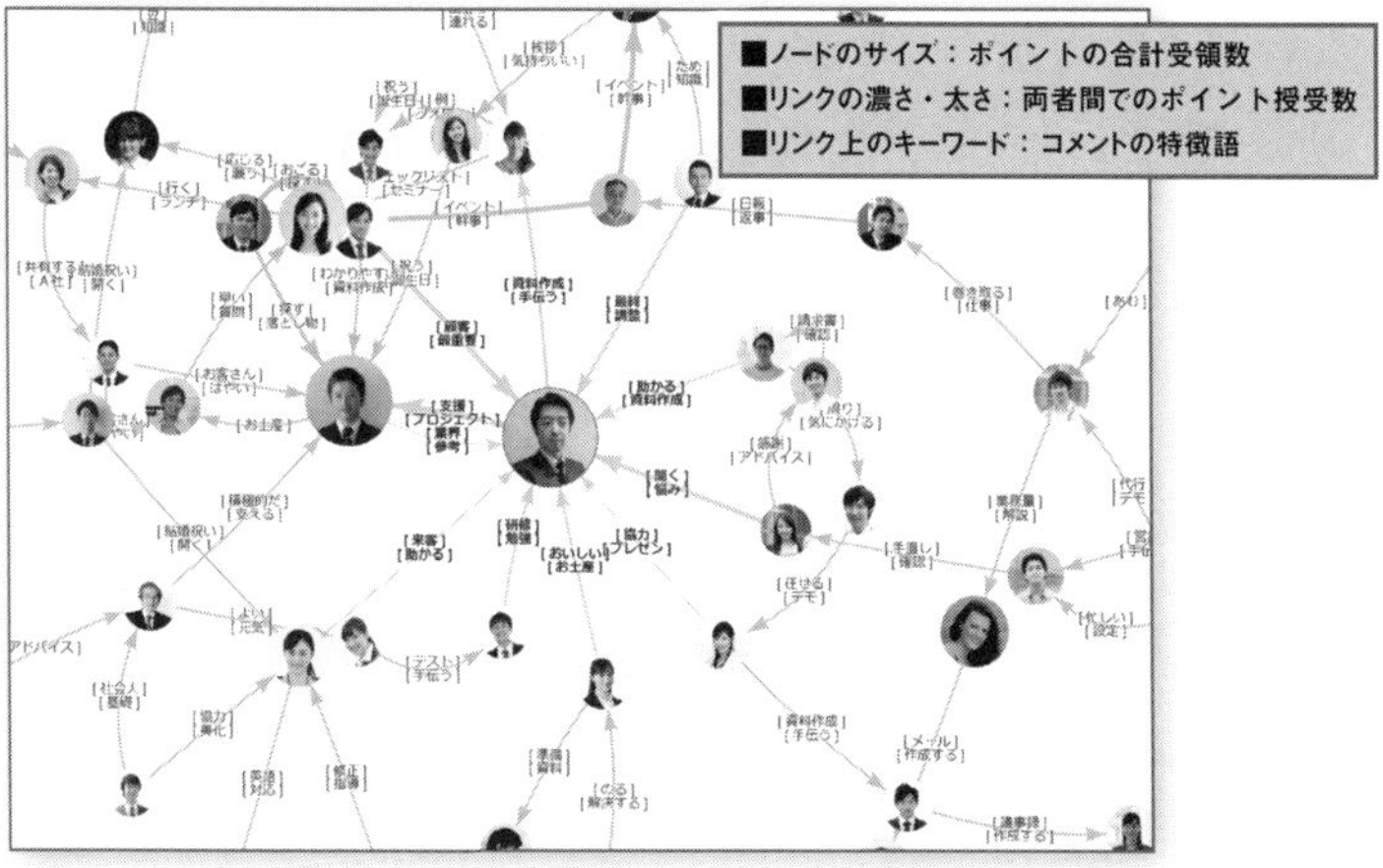

図表5-18 授受されているサンクスポイントの
カテゴリ分類に基づく、組織とヒトのタイプ診断

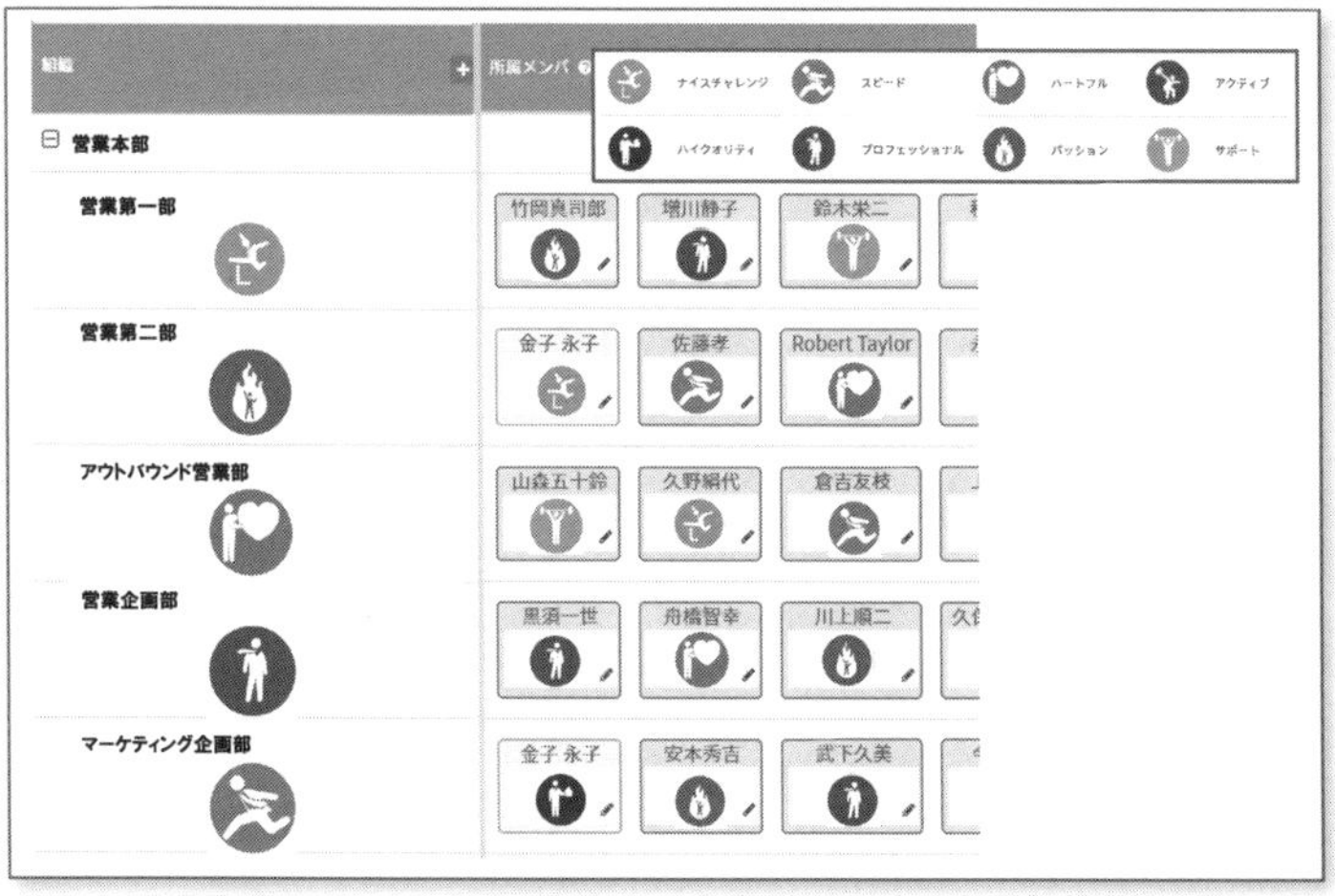

部署Dではもっと人の気持ちに寄り添った⑤ハートフルや⑥パッションが評価されている。これは部署の風土・文化といえる。

部署特有の風土・文化を考慮しながら、第三者の目から見た社員の長所（気質・特性）が活かせる職場に配置転換されれば、組織への貢献実感が増すことは間違いない。

⑥ コミュニケーションの活性化② KnowWho

どの部署にどのような業務の経験者やスキルの持ち主、エキスパートが在籍しているのか。社内の人材情報を社員同士が簡単に検索できるKnowWhoの仕組みも社員間のコミュニケーションの活性化に高い効果を発揮する。

KnowWhoは、個人が保有するさまざまな知識やスキル・経験について組織全体で共有し、企業経営に活かすナレッジマネジメントの一つのカタチである。一般にナレッジマネジメントにはもう一つ、例えばキーワード検索するだけで過去の社内レポートや企画提案書を簡単に閲覧できるといったKnowWhatというカタチもある。KnowWhat型は目的とする情報にダイレクトにアクセス・参照できる一方、自分の成果物やノウハウがあずかり知らないところで流用されたり、それに対するフィードバックが得られないというデメリットがある。

一方、ＫｎｏｗＷｈｏ型で、「○○についてはあの部署の○さんが詳しい」ことがわかれば電話やメール、実際に話を聞きに行くといった行動に結びつく。直接会話することで、互いにとって新たなアイデアやヒントが生まれるといった相乗効果があるかもしれない。またすぐその場では成果が得られなくても、一度築いた人間関係からのちのち新たな連係、そしてビジネスにまで結実する可能性もある。

同じ研究部門に所属していても、研究テーマが違えば、日頃なかなか接点は生まれにくい。そこにＫｎｏｗＷｈｏの仕組みがあればどうだろう。異なる技術の融合にこそイノベーションのチャンスがある。ＫｎｏｗＷｈｏは人と人との接点を生む「種」を社内に蒔くものである。

ある大手メーカーでは数百に及ぶ多様なスキルディクショナリを構築し、タレントマネジメントシステムの上で全社員の保有スキルや業務経験について定期的に一斉アンケートを行い、スキルの棚卸し・可視化・共有を図っている。

ほかにも、ヒトのつながりを重視して、社内の技術報告レポートにおける共同研究や特許・論文における共同出願・共著によるヒトのつながりを可視化し、そこに新たなつながりを生み出すことでイノベーション創出を狙っている企業もある。ＫｎｏｗＷｈｏはコンタク

図表5-19 KnowWho　業務経験・専門性や将来の希望業務の見える化・共有

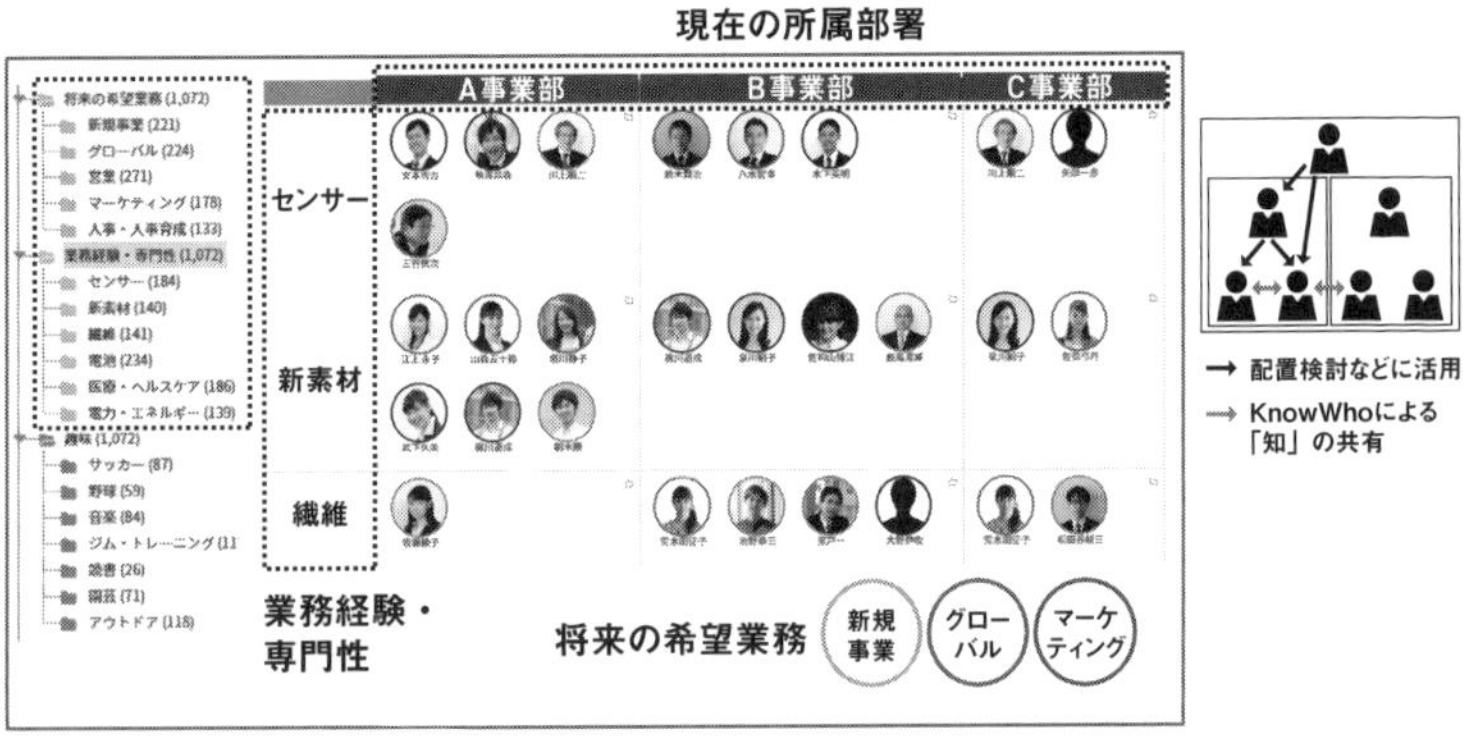

トを取った社員、受けた社員、そして組織全体にメリットをもたらす仕掛けである。

さらに将来の希望業務や過去の経験業務に関するアンケートをテキストマイニングすれば、文中に含まれる単語から社員をセグメントすることができる。例えば、希望業務に関してAさんがアンケートに「新事業」「新規プロジェクト」と答えていたら、新規事業に関心がある社員としてセグメントできる。

コミュニケーションの促進という意味では、趣味の可視化にもトライしたい。サッカー、映画鑑賞など何でもいい。すぐに仕事に直接的に役立つわけではないが、友好関係の醸成がいつ何時《なんどき》、仕事の上で花開くかもしれない。いろいろなレベルでコミュニケーションを誘発したい。

⑦ 健康診断データの活用

健康経営については第1章でも取り上げたが重ねて説明すると、社員の健康管理や健康増進への取り組みを「投資」ととらえ、経営的な視点から戦略的に実行する経営手法を指す。健康経営とワークエンゲージメントの取り組みが相乗効果を発揮すると、個人のパフォーマンスはさらに上がっていく。健康経営はもはや避けて通れない企業の重要課題の一つだ。経済産業省が2020年に発表した「健康投資管理会計ガイドライン」の中でも、その重要性が強調されている。

図表5-20は、タレントマネジメントシステムの上で、社員が毎月、アンケート形式で回答している自分の健康状態に関する自己申告の結果について、レーダーチャート形式で事業部平均と比較したものだ。業務環境が近い、同じ事業部のメンバーの平均的な状態と自分の状態を比較することで、各社員に健康管理への意識付けを促すものだ。

また、事業部間の状態の比較にも取り組んでいきたい。次の図表5-21は、健康診断の再検査・精密検査の受診率を横軸に、社員定着率（1－離職率）を縦軸に取って、各事業部の平均値をプロットしたものだ。受診率が低い左の領域の部署については、管理職を通じて、メ

図表5-20 健康状態の可視化

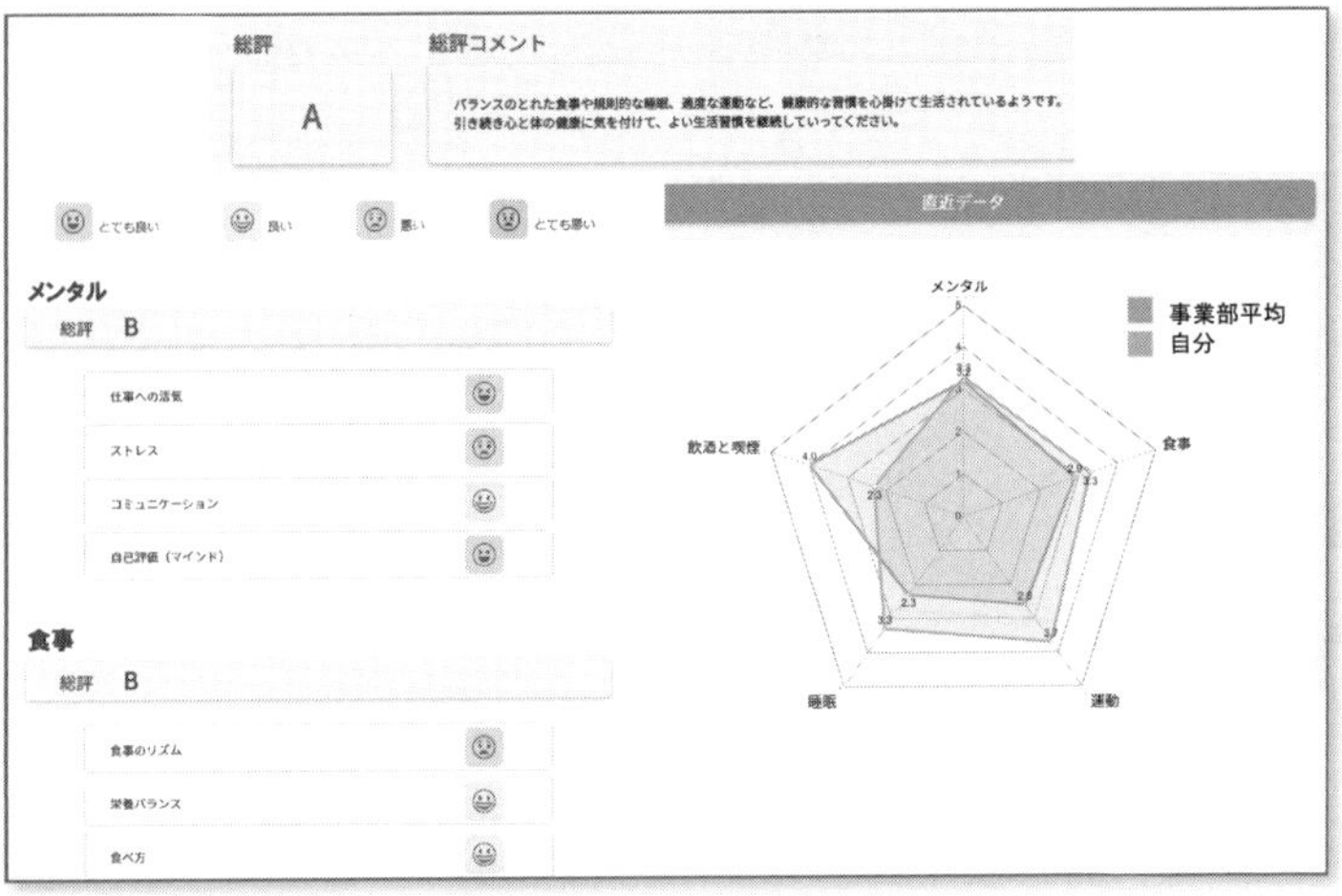

図表5-21 健康診断データの活用（イメージ）

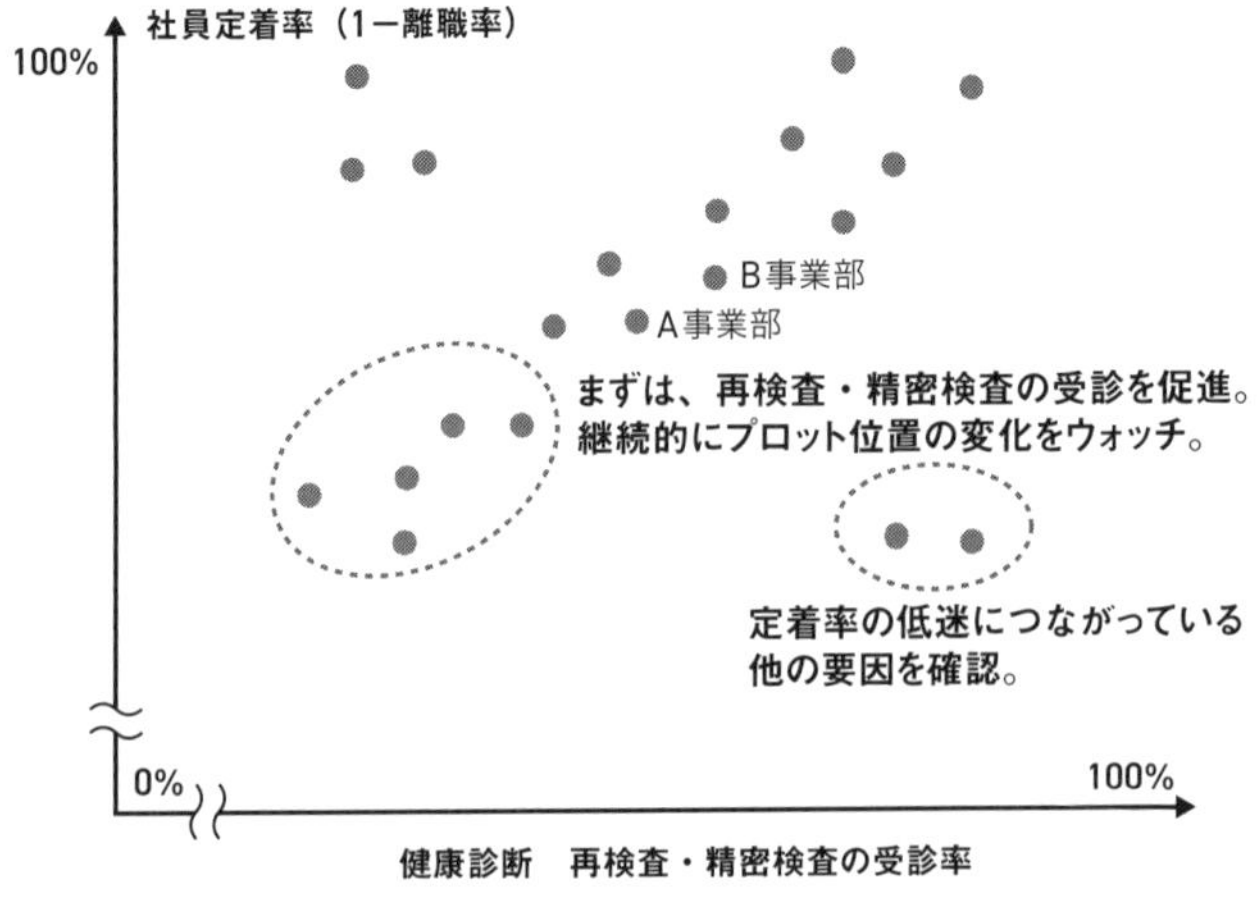

ンバーに再検査・精密検査の受診を強く促しながら、継続的にプロットの位置の変化をウォッチしていこう。

なお、受診率は高いが、定着率が低い右下の事業部については、定着率の低迷につながっている別の要因が考えられる。離職についてはさまざまな要因がからむため、直接的な因果関係を特定することは難しいが、残業時間やモチベーションの変化などについても留意していきたい。

健康は常に身近な問題でなければならない。メンバーにとっても管理者にとっても健康増進への意識を喚起する仕組みを作り、提示し続けることが重要だ。

3

社員の育成・評価
〜社員が継続的・自律的に成長し続けるために〜

① 戦略的な人材育成

（1）科学的根拠に基づき、一人ひとりに合った育成施策を考える

社員が継続的・自律的に成長し続けていくためには、人材育成と人事評価を両輪として、それぞれの高度化と両者の連係が求められる。現在、多くの企業において人事評価は現場部門のマネージャーが、人材育成は人事部門や人材開発部門がその役割を担っている。そのため大半の企業では両者の連係が薄い状況にあるが、本来、社員一人ひとりの業績評価や能力（スキル）評価に基づいて「受講すべき研修」など人材育成施策は決定・実施されるべきであり、そうした連係を可能とする体制と仕組みが求められる。さらに、これまでの成長度合い

や、本人が目指す将来像を加味して、中長期的な視点から成長を促すための人事異動・配置まで考えていく必要がある。

（2）研修レコメンド（アダプティブラーニング）

例えば、半期や四半期に1回の上司との評価面談において、現状の業績評価と課題、さらに今後伸ばすべき知識・スキルに関するフィードバックや示唆を得たら、熱が冷めないうちにすぐにお勧めの講座やeラーニングが案内され、その場で申し込めるようにしたい。自身のスキルレベルに基づいて研修メニューの「お勧め度」が表示されるような仕組みも受講意欲の向上につながる。アダプティブラーニング、つまり一人ひとりに合わせた育成施策を提供することが重要だ。

また逆にeラーニングや集合研修を受けて受講完了登録したら自動的にスキルに反映される仕組みも有効だ。評価フィードバックを受けたり、研修を受講したあと時間差があるとモチベーションは日に日に下がっていく。自分に足りないスキルを自覚したらすぐにそれを補うための研修を申し込むことができ、受講後には自身のスキルデータに反映され、振り返ることができるフローを整えよう。

本人の現状の保有スキルに対して、さらに所属部門として伸ばしてほしいスキルや本人のキャリアプランから身につけるべきスキルを加味した上で、研修を推奨するとともに、「読むべきビジネス書」や雑誌記事・論文などもレコメンドされれば、さらに効果は上がりそうだ。各社員が読んだ「これは」というお勧めのビジネス書や雑誌記事・論文について、推薦コメントを含めて、タレントマネジメントシステムに登録してもらう。本人のキャリアプランと、書籍や雑誌記事の推薦コメントをテキストマイニングでマッチングして、レコメンド表示されれば、スキルアップにつながる知見を得られるとともに、推薦登録した社員との新たなコミュニケーションが生まれる可能性もある。

アダプティブラーニングは、社員一人ひとりの成長意欲・学習意欲に働きかけていく仕組みである。

② 業績評価・能力評価（スキル）データの徹底活用

（1）業績評価と能力評価（スキル）をセットで実施する

あなたの会社では業績評価と能力評価を同時に行っているだろうか。業績評価だけに偏ってはいないだろうか。意外に多いのが業績評価については精緻に行う一方で、能力（スキル）

評価には二の足を踏んでいる企業だ。営業成績など明確な数字として達成感が測れたり、目標に対して達成したか否かが明確になる業績は評価しやすいが、能力（スキル）は明確な基準を設定しにくく、特にコミュニケーションスキルなどは、そのレベルが測りにくく及び腰になりがちである。しかしそれでは、「成長できる環境」を重視する若手社員をつなぎ止めることは難しく、離職率は高まるだけだ。

若手社員は経験が浅く、例えば営業職であればどうしても受注件数や売上といった数値に直結するような業績は上げにくい。だからこそ、現在の業績だけを物差しにせず、どういったスキルが伸びているのか、どれぐらい成長しているのか、その意欲や取り組みも含めて軌跡をしっかり観察して評価したい。

そもそも最終的な業績評価は、本人のスキル・経験、適性、さらには所属組織のパフォーマンスまで含めたトータルの「結果」である。その相関関係、さらには因果関係まで把握しようとしなければ、個人の業績が高い／低い理由を把握し、改善策まで考えることは不可能だ。

（2）評価業務のIT化　業務効率化に留まらず、評価データを幅広く活用する仕組みを構築する

現在、人事評価のIT化に取り組む企業は多い。しかしながら、評価業務の効率化や工数削減に主眼を置いた単なるデジタル化でしかなく、従来のExcel作業をITシステムに置き換えたレベルに留まっている企業が大半である。

確かに、一次評価や二次評価、最終評価における甘辛調整や人事部門への連係（昇給・昇格、賞与への反映）をExcelファイルのやり取りで行うには限界がある。複数の関係者による業務ワークフローをシステム的に構築することは業務の効率化や工数削減につながる。

しかしながら、評価データは前述の人材育成施策との連係のほかにも、社員の異動・配置、プロジェクトへの抜擢、さらには評価が高いハイパフォーマーの特性を総合的に分析して採用やエンゲージメント施策に活かすなど、多様な人事施策に活用すべき重要な情報である。そのためには、評価の履歴を蓄積し、いつでも自在に活用できる仕組みが求められる。

（3）評価の精度を上げる　評価者診断

いかに緻密に設計した評価制度を採用しても、評価そのものの精度に問題があればそれは

図表5-22 評価者診断　評価者タイプと評価エラー

診断項目	エラー種別	概要
評価者タイプ	中心化傾向	無難な評価で済ませることにより、評価結果が中央値に集中し、人材の特徴や優劣をはっきり把握できなくなる傾向
	極端化傾向	逆に、中央値に集中しないように気を使うあまり、極端に差のある評価をしてしまう傾向
	寛大化傾向	全体的に甘い評価をしてしまう傾向（部下によく思われたいという気持ちが強い場合や、部下の仕事をしっかり把握していない場合に起こりやすい）
	厳格化傾向	全体的に厳しい評価に偏る傾向（高い能力を持つ評価者が自分自身を評価基準としてしまう場合に起こりやすい）
評価エラー	ハロー効果	その人材の優れた（劣った）一面に影響され、他の面についても同様に高く（低く）評価してしまう傾向
	逆算化傾向	評価結果としての処遇（昇給、昇格など）を念頭に置き、被評価者の総合評価をあらかじめ決めてしまった上で、逆算してつじつまを合わせてしまう傾向
	期末効果	評価を行う直前の出来事（失敗や成功等）が強烈な印象として残ってしまい、全体の評価に影響しがちな傾向
	対比誤差	評価者自身と比較し、自分の得意な事項については厳しく、苦手な事項については甘くみてしまう現象
	論理誤差	事実を確認しないで、（学歴など）勝手な固定観念から関連付けて推論で評価してしまう現象

フェアな評価とはいえない。評価者の評価スキルにばらつきがあれば評価される側の納得度は下がり、不満がたまる。

こうした問題の解決に役立つのが、評価スキルを客観的に判定する評価者診断だ。第3章の先進事例でも触れているが、具体的には蓄積された評価データを分析して評価者の傾向を見える化し、人事評価エラーの原因を探っていくことができる。

さらには、あらかじめ業績評価を担当する管理職に対して、タレントマネジメントシステムにて簡単な設問に回答してもらい、評価者としてのタイプと、起こしがちな評価エラーを示すことも有効だ。

一般に評価者のタイプは①中心化傾向、②極端化傾向、③寛大化傾向、④厳格化傾向に分類される。①は無難な評価で済ませることで評価結果が中央値に集中し、人材の特徴や優劣をはっきり把握できなくなる傾向だ。②は①の逆で、中央値に集中しないようにと配慮するあまり、極端に差のある評価をしてしまうといった傾向を指す。

また人事評価エラーが起こる原因については、その人材の優れた、もしくは劣った一面に影響されて、他の面についても同様に高く、あるいは低く評価してしまう「ハロー効果」、評価結果としての処遇を念頭に置き、被評価者の総合評価をあらかじめ決め、逆算してつじつまを合わせて評価する「逆算化傾向」などが挙げられる。

このような診断結果を踏まえて、評価者に対して、自分の評価者としてのタイプやおかしやすい評価エラーへの気づきを与えるとともに、評価者向けの研修やeラーニングを推奨するなどして評価の適正化を進めていきたい。

（4）業績評価の潮流　OKRの台頭

業績評価制度の新しい手法として脚光を浴びているのがOKRだ。会社、あるいはチームが達成すべき目標（Objectives）を定め、社員の目標と紐付けて目標管理を行い、主要な活動結果（Key Results）を評価していく。一般に業績評価制度としては、社員それぞれが目標を立てて、その達成度合いによって評価・管理を行うMBOが一般的だが、OKRはその進化系といえるだろう。組織の目標から個人にブレイクダウンし、組織の目標達成に必要なプロセス目標を設定していく。個人個人の目標達成が直接、組織の目標達成につながるのである。

これに対して、ある企業ではボトムアップ型の、社員一人ひとりを起点としたOKRを実施している。通常のトップダウン型のOKRではどうしても短期的な数値目標が中心になりがちだが、同社では、個人個人が中長期的な視点で「ありたい姿」を念頭に置き、そこに到達するための目標を立てている。社員は自由に目標を設定し、さらに、すべての社員間で互いの目標が共有され、それが連係されていく仕組みを構築している。

例えば、Aさんが「環境経営」に関心があり、自身の目標の一つとしてタレントマネジメントシステムの上でその背景や想いを含めて文章で記載・登録すると、テキストマイニング技術によって、隣の部署のBさんも「環境経営」に関する目標を掲げていることがわかる。Aさんは Bさんの目標を参考にしてもう一段視座を上げ、内容をブラッシュアップするとともに、自分の目標とBさんの目標をシステムの上で紐付ける。このとき、もしBさんがすでに自分の目標を他部署のCさん・Dさんの目標と紐付けていたとすると、A～Dさんの「環境経営」に関する目標が紐付き、関連する目標を持つ人たちがつながっていく。所属部署や役職・立場を超えて、同じ問題意識・志を持つ社員がリンクしていくことで、会社全体が活性化し、新たなシナジーやイノベーションが生まれていく。それが同社の目指すところだ。

なお、事業環境の目まぐるしい変化や、社内でつながった同志からの刺激や示唆を柔軟かつスピーディーに反映できるように、設定した目標は年間を通じて（上長の承認フローを経た上で）いつでも更新できるようにしている。今後は、目標がつながった社員同士の直接のコミュニケーションを誘発するような仕掛けも考えられるだろう。

（5）業績評価データの活用

業績評価データには、各社員の業務内容、目標、成果、さらに業務を通じて身に付いた経験・スキルなど、社員一人ひとりに関するさまざまな情報が含まれており、社員の育成、配置・抜擢など多様な目的に活用することができる。例えば、テキストマイニングを活用すると、評価シートに自由記述で入力された文章から、部署別や職種別などで比較した特徴ワードを浮き彫りにすることができる。ある電機メーカーでは、エレクトロニクス事業部に所属する社員の評価では「デジタル化」や「M&A」「テレワーク」というキーワードが、グローバル推進部では「人材育成」や「法対応」、エネルギー事業部では「自然エネルギー」「再生」という言葉が頻出していた。各組織の今期ミッションに対して、各社員の目標として的確に反映されているか確認することができる。

図表5-23 業務目標設定
テキストマイニングによる年度別の特徴語の変遷

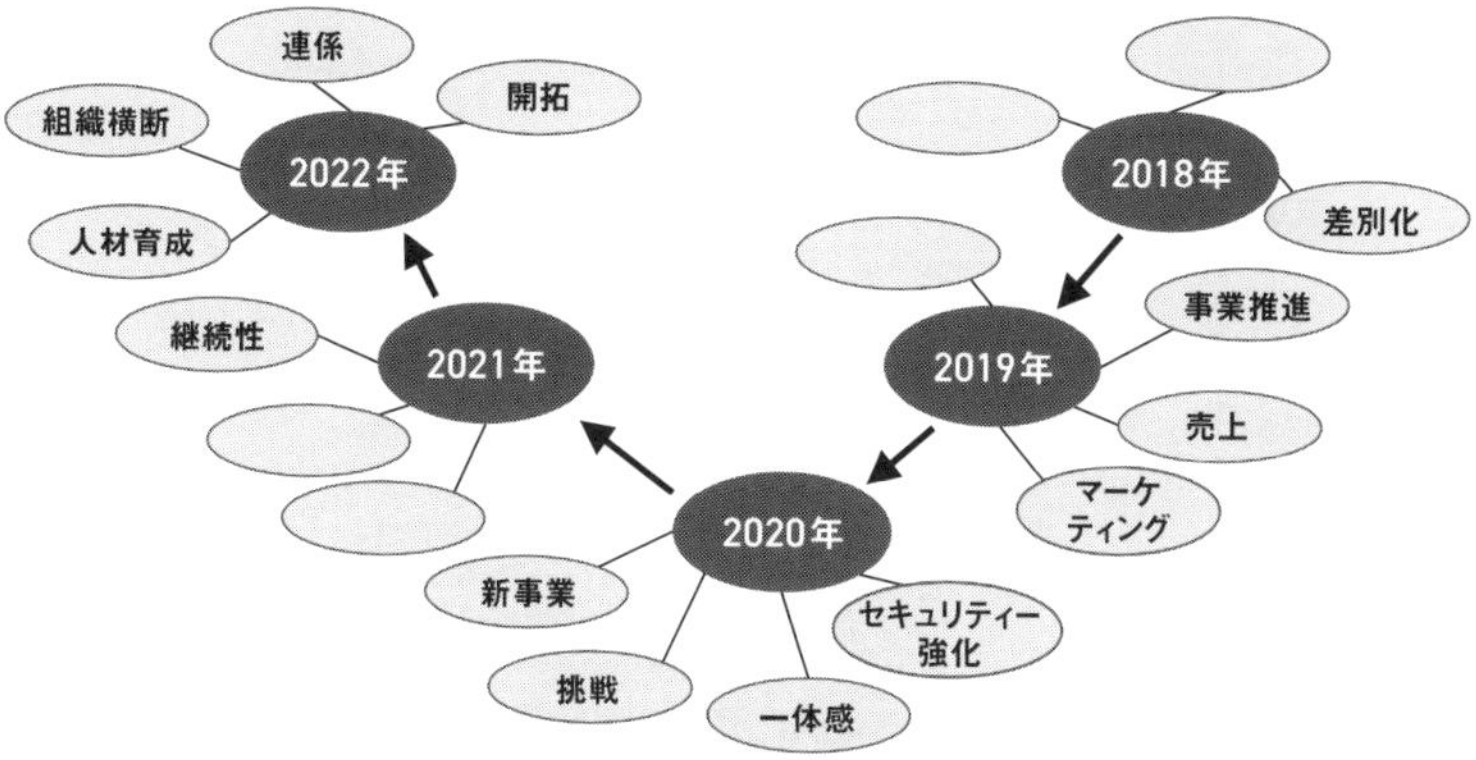

別の企業では、特徴ワードの経年変化を見たところ、２０１９年までは「売上」や「マーケティング」「事業推進」「差別化」といったワードが多かったが、２０２０年には「一体感」や「セキュリティー強化」、さらに「挑戦」というワードが増え、２０２２年には「組織横断」「人材育成」「開拓」「連係」というワードが頻出していた。一体感が増し、挑戦の機運が高まっている傾向が見て取れる。特徴語の経年分析は、ビジョンや経営戦略がどれほど現場に浸透しているかを示す指標になる。

（６）スキルデータ（能力評価）の活用

スキル情報は社員個々の育成施策を考える上ではもちろん、最適配置や抜擢など、さまざま

図表5-24 スキルに関する社員の状態と施策対象の特定

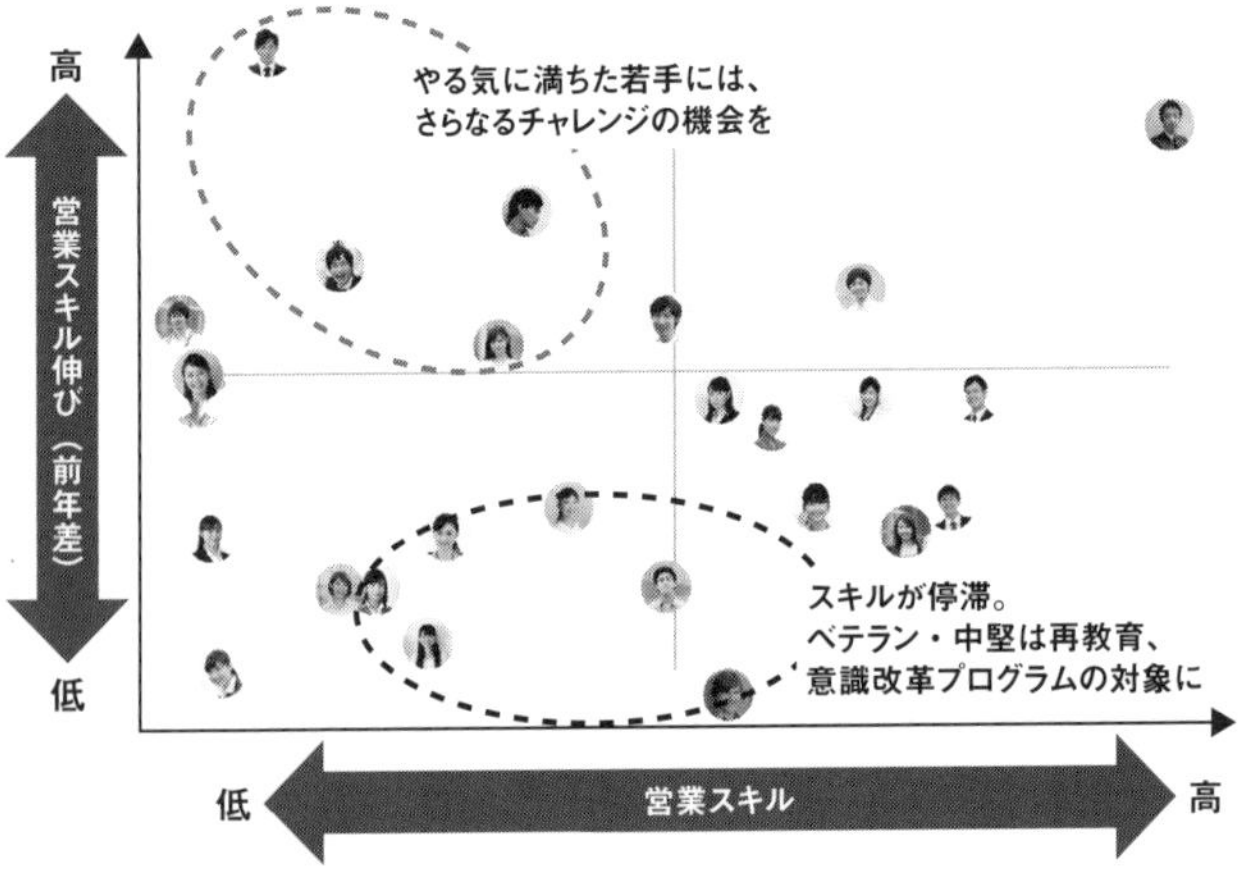
高
営業スキル伸び（前年差）
低
やる気に満ちた若手には、
さらなるチャレンジの機会を
スキルが停滞。
ベテラン・中堅は再教育、
意識改革プログラムの対象に
低
営業スキル
高

な目的で活用すべき情報である。

図表5−24では、営業部門のメンバーについて、さまざまな営業スキル項目に対する自己評価と上長承認のデータを用いて横軸に現状の営業スキル項目の合計スコア、縦軸にその伸びをとって、社員をプロットしている。右上の社員は問題ないが、下部の左右中央から左寄りにプロットされたベテラン・中堅社員はスキルが停滞していて、再教育や意識改革プログラムの対象として考えられる。一方、図の左上にプロットされた若手は、現状のスキルは成長途上だが成長意欲が高い人材であることを意味しており、新規事業への抜擢など、さらなるチャレンジの機会を考えたい。

図表5−25は、営業部門と企画部門における所属社員の保有スキルについて、縦軸にメンバ

図表5-25 組織別　優先的に強化すべきスキルの特定

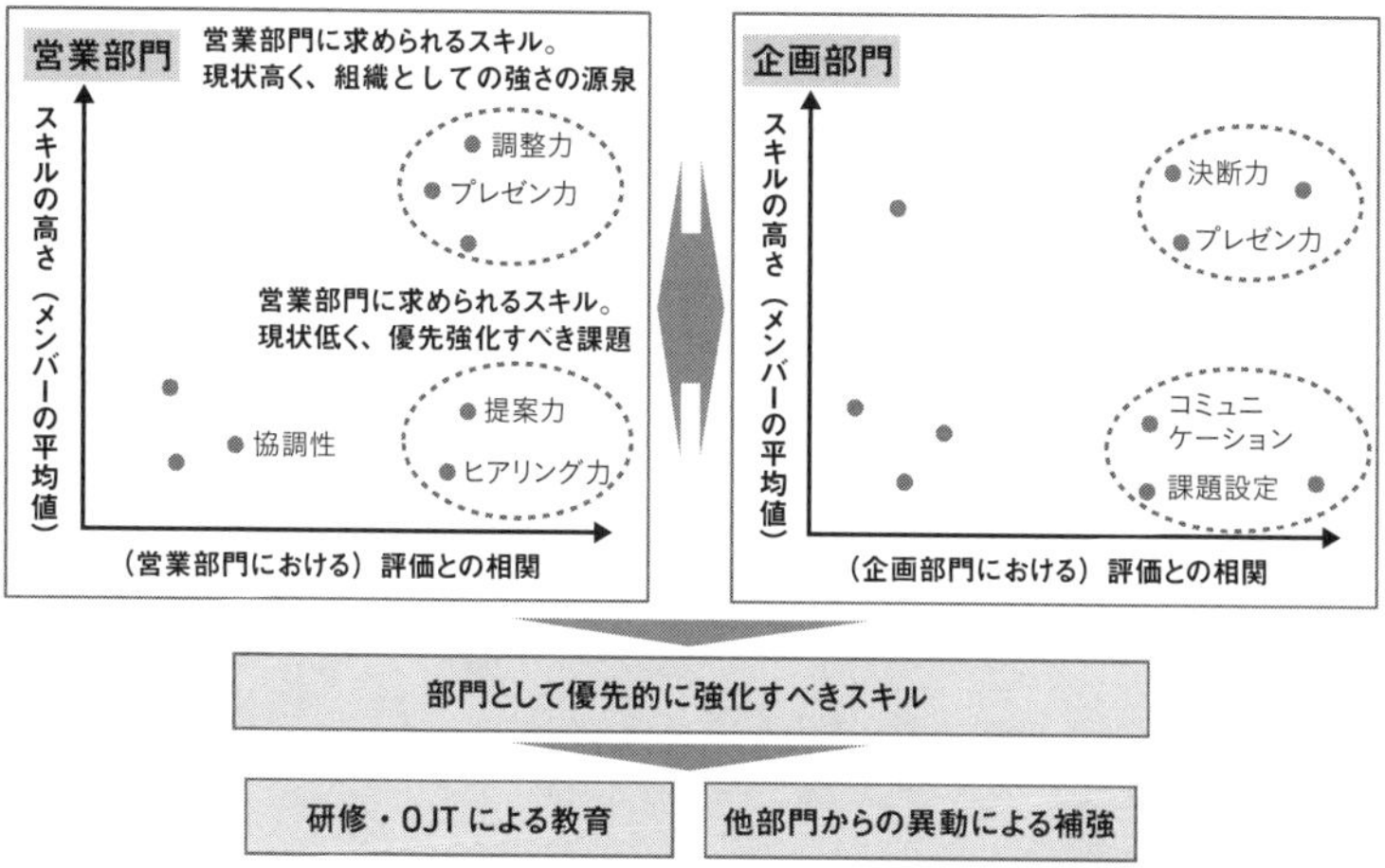

ーの平均値、横軸にメンバーの業績評価との相関・影響度をとったものである。営業部門における右上の「調整力」「プレゼン力」については、現在、メンバーのスキルが高く（縦軸）、かつ、業績評価との相関も高い（横軸）ことから、組織としての強さの源泉であることがうかがえる。

一方、右下の「提案力」「ヒアリング力」については、現在、スキルが低い状態にありながら、業績評価との相関が高く（これらの項目のスキルが高い社員は、評価も高い）、組織としてのパフォーマンスを高めていくために、優先的に強化すべきスキルである。なお、左下の「協調性」などは、現在、低い状態にあるものの、業績評価との相関は低く、右下のスキルと比べると強化の優先度は低いと見ることができる。

このようにして、部門として優先的に強化すべきスキルを特定することで、研修・ＯＪＴによる教育プログラムの検討に反映したり、他部門からの人事異動によってこれらのスキルが高いメンバーを配置し、補強を図ることが考えられる。

（7）スキルセットの体系化

ジョブ型雇用の流れなどを背景として、社員のスキルの見える化や活用への関心が高まっているものの、そもそも自社に求められるスキルを体系化できている企業はまだ一部だ。体系化が比較的進んでいる業界としては、ｉＣＤ（ｉコンピテンシ・ディクショナリ＝１３２ページ参照）など業界標準のスキルセットを使って能力評価を実施しているＩＴ業界、業法や金融商品知識などが資格化されていたり、検定試験もある金融業界、研究職など技術分野によってスキル・知識が体系化されている製造業やインフラ産業が挙げられよう。また、部署としては、仕事をこなすために必要な「知識」と「技術・技能」に加えて、「成果につながる職務行動例（職務遂行能力）」を業種別、職種・職務別に整理した厚生労働省の「職業能力評価基準」を指針として適用しやすい財務や経理などの管理部門では、スキルの体系化・マニュアル化が相対的に進んでいる。

一方、その他の多くの業界や部署は発展途上だ。小売やサービス業界では営業スキルや対

図表5-26 スキル体系の整理（例）

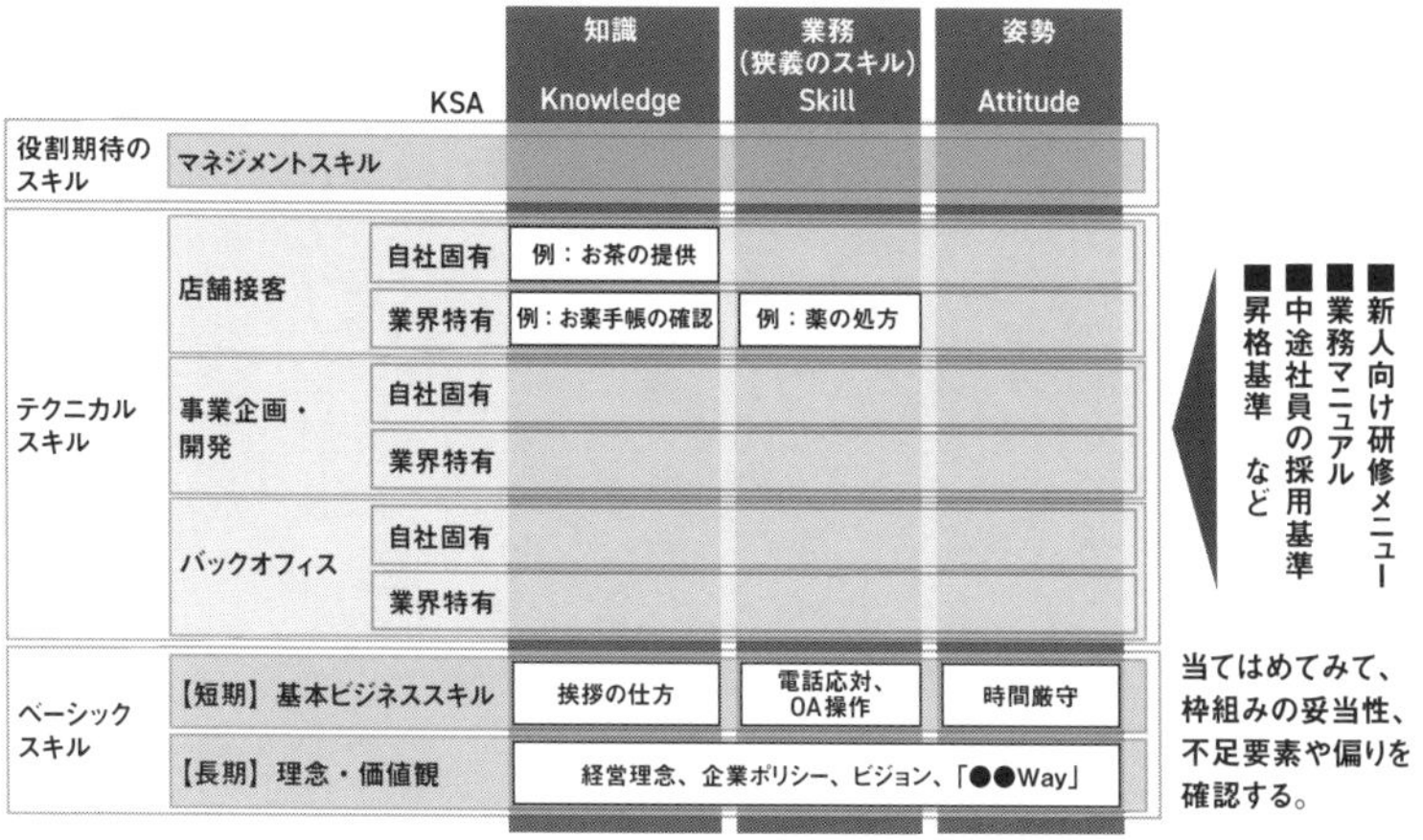

	KSA		知識 Knowledge	業務 (狭義のスキル) Skill	姿勢 Attitude
役割期待の スキル	マネジメントスキル				
テクニカル スキル	店舗接客	自社固有	例:お茶の提供		
		業界特有	例:お薬手帳の確認	例:薬の処方	
	事業企画・ 開発	自社固有			
		業界特有			
	バックオフィス	自社固有			
		業界特有			
ベーシック スキル	【短期】基本ビジネススキル		挨拶の仕方	電話応対、 OA操作	時間厳守
	【長期】理念・価値観		経営理念、企業ポリシー、ビジョン、「●●Way」		

■新人向け研修メニュー

■昇格基準

当てはめてみて、

不足要素や偏りを

人スキルなどが部分的に「業務マニュアル」やチェックリストになっていても、全体としては体系化されておらず、されていたとしても粒度が粗かったり、バラつきが大きかったりするケースが多い。

科学的人事を実践していく上ではスキルの見える化、体系化は不可欠だ。しかも、ジョブ型の人材採用や人材育成、最適配置・抜擢を考える上で、本当に役立つスキルセットでなければならない。

スキルセットを整理する際には、まずスキルを体系化する枠組みを定めることが重要だ。図表5－26はスキル体系を整理する枠組みの一例である。スキルはまず横軸の「知識」「業務（狭義のスキル）」「姿勢」の3つの要素に整理される。さらに社員の業務内容や役職に応じた分類として、縦軸の「ベーシックスキル」と「テクニカルスキル」、そして「役割として期待されるスキル」に整理できる。すべての社員が身につけるべき「ベーシックスキル」には経営理念や企業ポリシー、ビジョン、ミッションなどその企業ならではの理念・価値観などの長期的に時間をかけて深く理解し、日々の業務・行動の中で体現していくべきスキルと、ビジネスマナーやOAスキルなどの短期的に習得できるスキルがある。

「テクニカルスキル」は店舗接客や事業企画・開発など業務に応じて求められるスキルで、さらにその企業固有のスキルと業界特有のスキルに分かれる。適切な育成プログラムを提供するためにも、業務スキルがどこに該当するのかを明確にしておくことだ。

最後の「役割として期待されるスキル」とは、その役割であれば当然備えておくべきスキルを指す。マネージャーであればマネジメントスキルのことだ。

以上の整理の枠組みができたら、社内の業務マニュアルや中途社員の採用基準、昇格基準などスキルを定めたドキュメントを洗い出し、項目を仕分けしていこう。仕分けした結果、図のマトリクスの中で、スキルが十分にリストアップされている箇所と、逆にまったくスキルが明文化されていない箇所が明らかになるだろう。そこから次のステップとして優先順位を決めて必要なスキル項目の追加を進めていきたい。

そうしてスキルセットの体系化・整理ができたら、タレントマネジメントシステムの上で、社員一人ひとりが現状のスキルレベルを自己申告で登録することで、スキルの棚卸しを行う。企業によっては、本人の自己申告に対して、上長が承認するプロセスを組み込んでいる。いったん、棚卸ししたスキルについては、定期的に自己申告～上長承認を実施し、常に最新の状態に更新する運用を実践している。

社員のスキルが登録されたら、一つひとつのスキルの評価分布を見るとともに、先ほどのマトリクスのセルごとに年代や役職、部署別などマクロな視点で分析してみよう。例えば、20代のうちに身につけるべき「ベーシックスキル」の「知識」が特定の部署で欠落していたり、業績が良い部署とそうでない部署のマネージャーでは「マネジメントスキル」の「姿勢」の部分に大きな大きな差異があるといったことがわかってくれば、特定層に対する研修プログラムの見直しや配置転換など具体的な施策の検討につなげることができる。

3 サクセッションプラン

（1）サクセッションプランの流れとデータ活用

後継者の育成は企業の将来を左右する大切なテーマだ。重要なポジションに立つ人材候補

図表5-27 サクセッションプラン　推進ステップ（例）

	ステップ1 全体方針の策定	ステップ2 人材要件の策定	ステップ3 候補者の抽出	ステップ4 育成計画の策定	ステップ5 モニタリング
検討のポイント	•実施目的 •対象ポジション、選別プロセス、育成計画（概要）、推進部署などの整理	•ポジション別人材要件の策定（項目・優先度） ▶データ分析 ▶インタビュー ▶外部事例　など	•ポジション別人材要件に基づく、後継者候補の抽出 •ポジション別候補者の詳細情報整理（評価・アセスメントなど）	•後継者候補のランク別育成計画策定 ▶選抜研修 ▶ローテーション ▶タフアサイン ▶プロジェクト抜擢など	•後継者候補の育成状況のモニタリング •新候補者の随時追加
タレントマネジメントシステムの活用	•主要ポジションにおける歴任者の情報整理 ▶着任時のスキル、業務経験など	•データ分析に基づく、キーポジションにおけるハイパフォーマーの特性＝「要件」候補の抽出	•データ分析に基づく、ポジション別後継者候補の抽出 ▶人材プール管理 •候補者の詳細情報整理	•ポジション別人材要件と候補者のスキル・経験とのギャップ分析・可視化 •ギャップを埋めるための研修レコメンド、異動・抜擢シミュレーション	•各候補者のスキル・経験ギャップに関する解消度合いのモニタリング •後継者候補人材プールの変化の把握

はできるだけ早期に育成し始めなければならない。そのためにはまずサクセッションプランの流れを確立することだ。図表5－27のように、ステップ1では実施目的や対象ポジション、選別プロセスなど全体の方針を整理し、ステップ2で人材要件を策定する。続くステップ3では対象者を抽出し、ステップ4ではいよいよ育成計画を策定する。最後は、候補者の育成状況をモニタリングしていくステップだ。

人材要件を策定するステップ2では、タレントマネジメントシステムを活用してキーポジションにおける過去のハイパフォーマーの要件を抽出する。現在マネージャー職にいる人材であれば、マネージャーとして評価の高いスキルや適性のほか、どのような業務経験を積み上げてきたかもトレースする。

さらに、360度評価による部下のコメント、過去の自己申告や面談記録などをテキストマイニングすることで、ハイパフォーマーに特徴的なキーワードを抽出するなど、多面的に分析することで、キーポジションで活躍できる人材の要件を特定したい。

ステップ3では、現任者、次世代候補者、次々世代候補者をピックアップし、ダッシュボードで業務経験やスキル、異動履歴などを見える化してプールしよう。

候補者をピックアップしたら、ここからが本番だ。必ずしも人材要件を100%満たす候補者ばかりではない。満たすべき人材要件と現在の姿には必ずギャップがある。このギャップを教育・研修、さらには育成のための異動・抜擢によって埋めていこう。管理職なら管理職研修を、英語力が必須なら英会話の教育支援を行う。大規模プロジェクトの経験が不足しているのなら、そうしたプロジェクトの機会が多い部署への異動を検討する。

研修を受けさせたらスキルがどこまで伸びたか、ギャップはどれぐらい埋まったかをモニタリングし続けよう。一人ひとりの成長を見える化し、定期的に評価を行う。候補者を選抜したら育成し、然るべき部署に配置して評価し、再び選抜にかける。サクセッションマネジメントはこのサイクルの繰り返しだ。

図表5-28 職種経験のステップと現在のポジション

（3つ以上の職種を経験している社員）

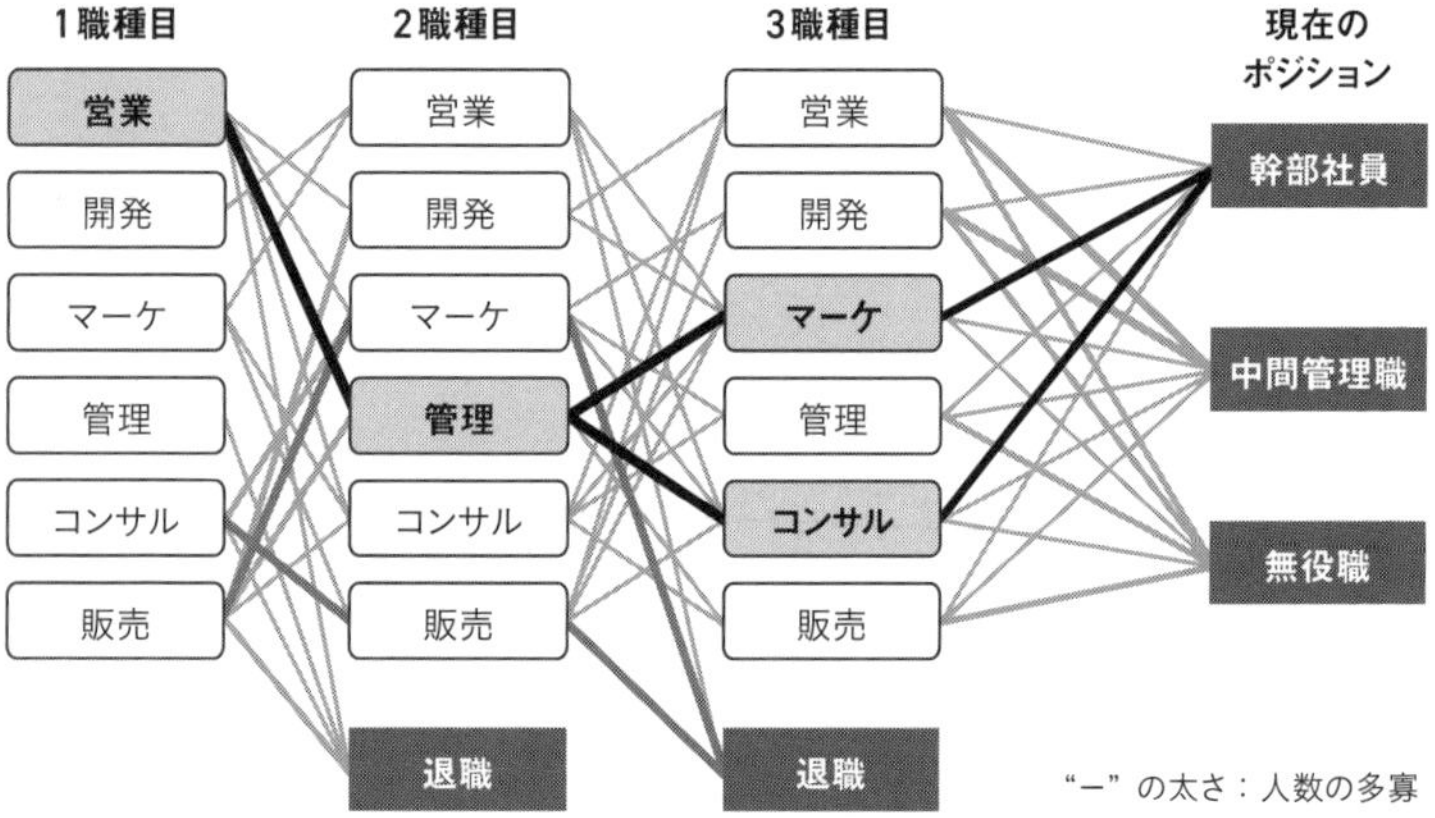

（2）経験すべき業務をデザインする

役員・幹部社員に育っていく理想的なキャリアパスのモデルを定め、そこに後継者候補の社員を近づけていくアプローチも効果がある。

社員のキャリアは、経験する職種・ポジションと期間、さらにはその順序の掛け算だ。ある会社では、30代の若手幹部社員の過去の所属組織を見ると、コンサルティングやマーケティングに関する部門を経験していることが多いことが明らかになった。幹部への道にはコンサルティングとマーケティングの職種経験が重要な役割を果たしているとも考えられるが、さらにその順序が鍵を握っているかもしれない。

そこで、次に職種の経験の順番と現在のポジションを経路分析したところ、30代の若手幹部社員は営業からキャリアをスタートし、管理部門に異動になって全社の動きを把握したあと、コンサルティングかマーケティングの経験を通じて専門性を高めたのちに、幹部に登用されていることがわかった。さらに、それぞれの職種を経験した年月まで見れば、精度の高い幹部コースが明らかになる。

なお逆に、コンサルティングから販売を経て退職したり、販売からマーケティングに転じたのちにやはり退職している社員が、それぞれ一定数いることが副次的にわかり、離職防止にも活かそうとしている。

（3）キーポジションの候補者を育成する

重要性が高いキーポジションの後継者候補については、9ボックス（ナインボックス）による抽出～育成管理が有効である。

9ボックスとは、パフォーマンス（業績評価）とポテンシャル（適性・スキルなど）の2軸にて、それぞれ3段階に分類した9個のボックスにて人材を評価・管理する仕組みである。

最初にキーポジションを特定し、各ポジションに求められる人材要件を定義する。次いで、定義された人材要件の項目についてパフォーマンスとポテンシャルの2軸に振り分け、人材をプロットする。右上のパフォーマンス・ポテンシャルともに高いレベルにある社員が次世

図表5-29 サクセッションプラン

9ボックスによる後継者候補の特定

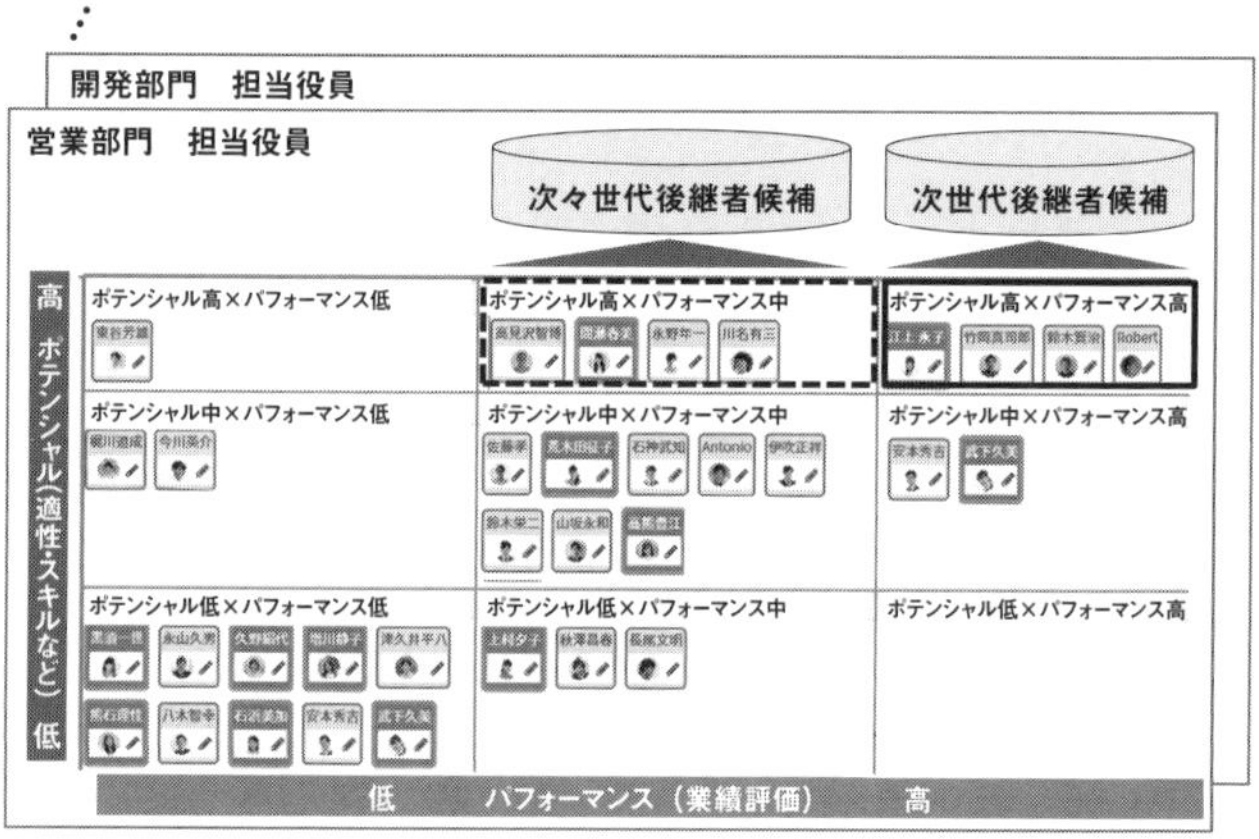

代後継者候補、パフォーマンスは中程度でもポテンシャルが高いレベルにある社員は次々世代の後継者候補といった具合いだ。

なお人材要件による抽出に加えて、直感的な評価も考慮したい。業務経験が不十分でまだ現在のポジションで目に見えるパフォーマンスを発揮していなくても、評判がよく一目置かれているような若手・中堅社員をピックアップし、後継者候補に加えたい。

各キーポジションについて、すぐに交代可能な社員は誰か、3・4年以内であれば誰がいるのか、5年以上かかるがこの社員も候補に入るかといった情報をタレントマネジメントシステムで管理し、それぞれに対応した教育・研修、戦略的な異動・配置を実践し、育成状況をモニタリングしていきたい。

4
採用
～企業の目的・経営戦略を実現する人材を補い、企業・チームを成長させるために～

① 採用活動をめぐる最新の科学的人事

人事採用もまだまだ科学的人事が進んでいるとは言い難い状況にある。

新卒採用については、採用者の数の分析は行われているが、質の分析や採用者を決定するための分析となると道半ばだ。中途採用になるとさらに科学的人事の要素が減ってくる。ほとんどの場合、期中に不足人員が出たら急きょエージェントに連絡し、エージェントからの紹介者と面談を行って採用するか否かを決めているだけといったケースが一般的だ。

本来であれば、部門・職種別に現在活躍している社員、退職してしまった社員の傾向を分析し、その分析結果をもとにさらに対象とした活躍社員、直近の内定社員にヒアリングを行った上で、部門・職種別に求められる人材像にまで落とし込むべきだ。

そこから企業PRのターゲットを明確に決め、訴求メッセージやコミュニケーションチャネル、採用基準を確定していく。これがあるべき順序である。

以下では、人事採用における科学的人事の観点や具体的手法について紹介していく。

(1)「モデル人材像」を丁寧に作り込む

これまで述べてきたように、科学的人事にはマーケティング思考が不可欠だ。マーケティングでは自社のサービスや商品の典型的なユーザー像を「ペルソナ」として設定し、ペルソナのニーズを満たす商品開発や販促などの戦略を実行する「ペルソナマーケティング」が行われている。マーケティングで広く行われているこの手法を採用のプロセスにおいても使わない手はない。人事採用においては「モデル人材像」と言い換えることができる。

「モデル人材像」については、求める人材の適性やスキル、マインドはもちろん、趣味嗜好やライフスタイルまでを細かく設定し、架空ながらも実在しそうな人物像を設定したい。採用したいターゲット像を明確化していく作業だ。

「モデル人材像」の設定に当たってはまず、社内における現在の活躍社員や直近の内定者の情報を徹底活用しよう。モデル人材は必ずしも1人とは限らない。営業ではAさんとBさん、コンサルティングではCさんとDさんのように、複数の社員に共通する適性やスキルか

図表5-30「モデル人材像」の設定〜ダイレクトリクルーティング

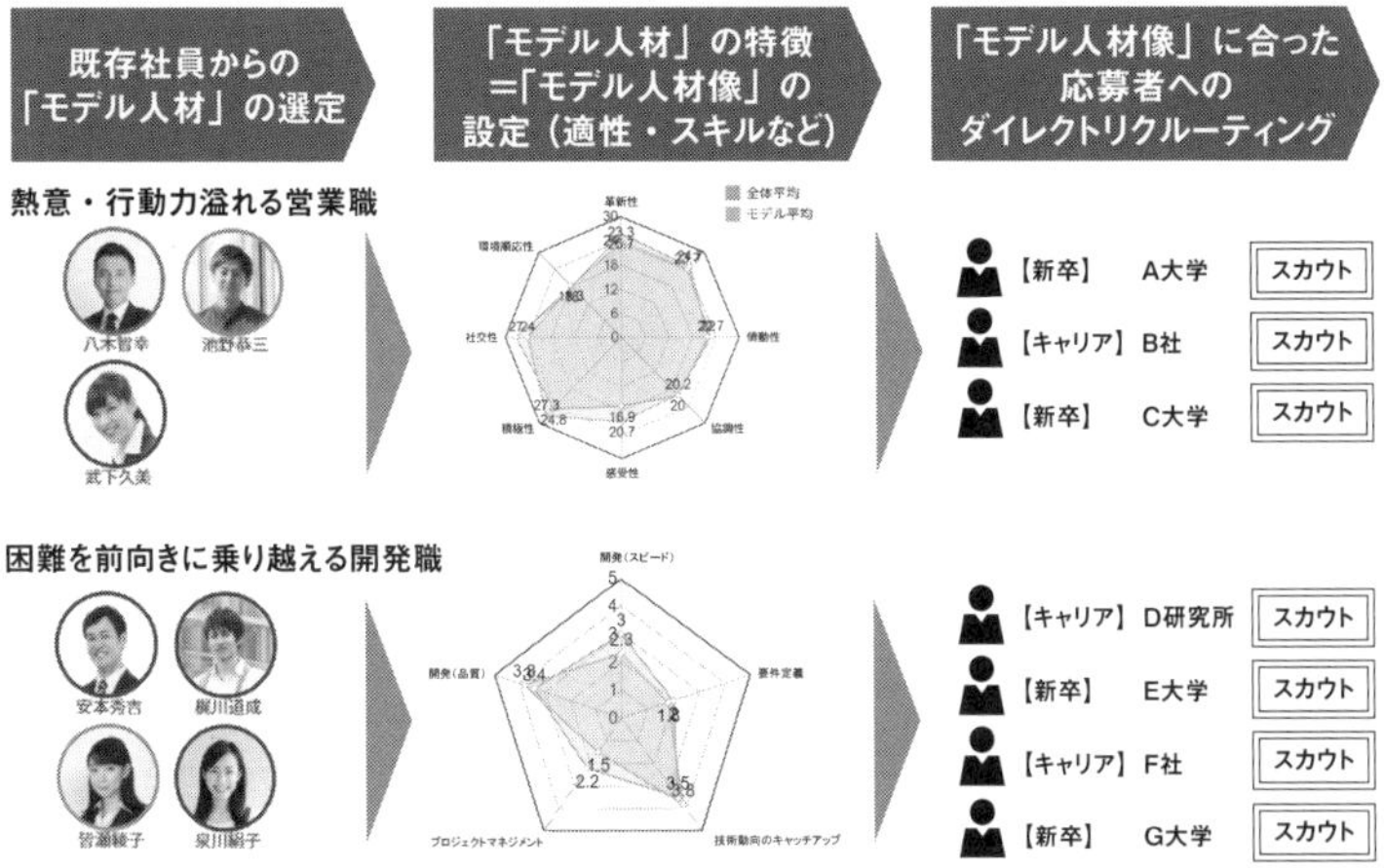

図表5-31 モデル人材と自分の対比

| スキル比較

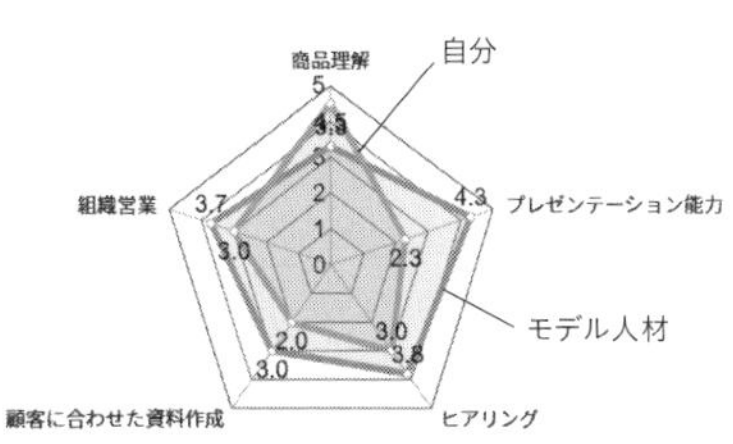

| マインド（TPI適性検査）比較

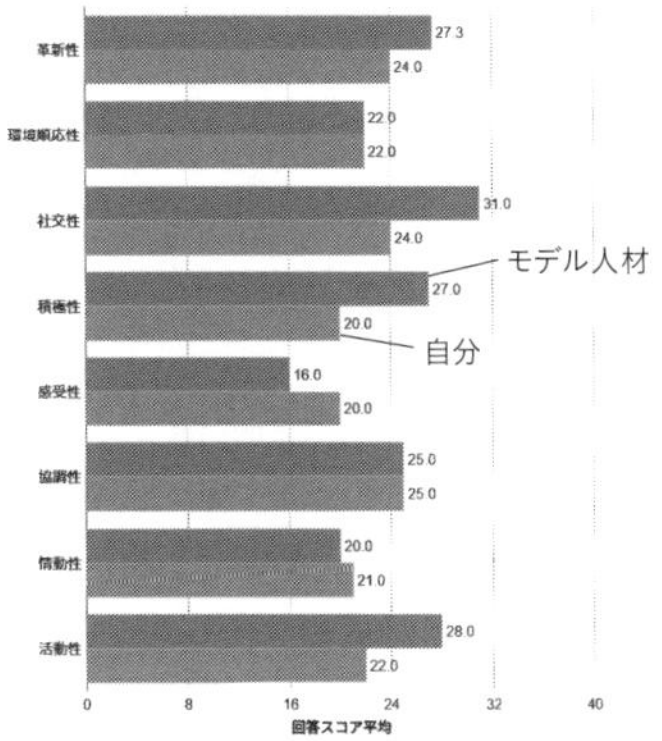

ら理想的な人物像をデータ分析によってあぶり出して、モデル人材像の仮説として定義する。

さらに活躍社員や内定者が就職活動時に企業に求めていた要件、どのように就活を行ったか、就活で使ったツール、面接での発言内容などを分析し、「モデル人材像」に加味した上で、さらにヒアリングを行いモデル人材像の仮説を深めていく。「モデル人材像」の解像度を上げていくには、データ活用とヒアリングの二本立てで臨みたい。

(2) 効果的なダイレクトリクルーティング

企業が直接求職者へアプローチをするダイレクトリクルーティングの利用が広がっている。ナビサイトを通じて求職者を集め、そこから選定していく従来の採用手法はどちらかといえば「ふるいにかけて落とす」色合いが強いが、ダイレクトリクルーティングは企業がほしい人材に対して志望度を上げていく活動だ。個にフォーカスしたこの採用手法は今後ますます普及し、重要性を増すだろう。事実、これまではキャリア採用における活用が中心だったが、近年、新卒採用においても、企業はダイレクトリクルーティングを使って、ほしい学生をピンポイントで獲得している。

新卒学生のダイレクトリクルーティングでは、適性検査を受検してもらうことから始めよう。そのほか、大学で学んだ専門分野、保有資格やスキル、卒業論文・修士論文のタイトルや要旨、さらに自己ＰＲ（自由記述）などを登録してもらう。中途採用の希望者には、これらに加えて業務経験や業務スキルなどを登録してもらう。

一方企業側は、人材を求める部署・職種別に、前述のモデル人材像を設定し、マッチ度が高い登録者に対してスカウトを行う。自己ＰＲについてはテキストマイニングで解析し、キーワードのマッチ度を算出し、スカウトすべき候補者の特定に活用したい。

ジョブ型においては、登録されているキャリア採用候補者（＝外部人材）と、他部署からの異動候補者（＝内部人材）が同時にレコメンドされる形が好ましい。外部と内部の人材を合わせて比較すればより良い候補者を選定できる。

（3）採用の歩留まりを見える化

採用の歩留まりを見える化する方法を紹介したい。一般に人材採用は人材募集に対するエントリー受付から書類選考、一次面接・二次面接、役員面接、内定、内定承諾、正式採用へと進んでいく。その各過程における通過率、および、辞退率について、職種別、大学別、求人媒体別、流入チャネル別、さらには適性検査のタイプ別に分析することで、課題と対策を考えていくものである。

例えば、一次面接後の辞退が多いのであれば、自社の良さが十分に伝わらずに漠然と「合わなそう」と思われてしまっている可能性が想定され、社内・社員の雰囲気を知ってもらう機会を増やすような対策が考えられる。一方、内定後の辞退が多い場合には、企業側の「来てもらいたい」という想いの伝え方やちょっとした不安の払拭が十分でない可能性があり、より積極的かつ内定者に寄り添ったクロージングが求められる。このほか適性検査において「感受性」や「協調性」が高い応募者について通過率が高いにもかかわらず辞退率も高いとしたら、そうした特性を持つ学生に対して「社風が合わなそう」と思わせないコミュニケーションを考えたい。

多くの企業では、前期の採用活動を振り返って募集チャネルや訴求メッセージ、内定者フォローの体制や進め方の見直しが行われている。こうした歩留まりの分析結果を経年で蓄積し、各年に実施した施策と併せて検証していくことで、採用活動を自社に、さらには各部署・職種に適した形に最適化していきたい。

（4）流入チャネルの分析

さらに、入り口（応募チャネル）と出口（選考結果）の相関性の分析も進んでいる。初回コンタクトとしてどのような採用イベントを通過してきたかを見ることで、選考を辞退した候補者のプロセスを見える化できる。

図表5-32 採用状況　流入経路の把握

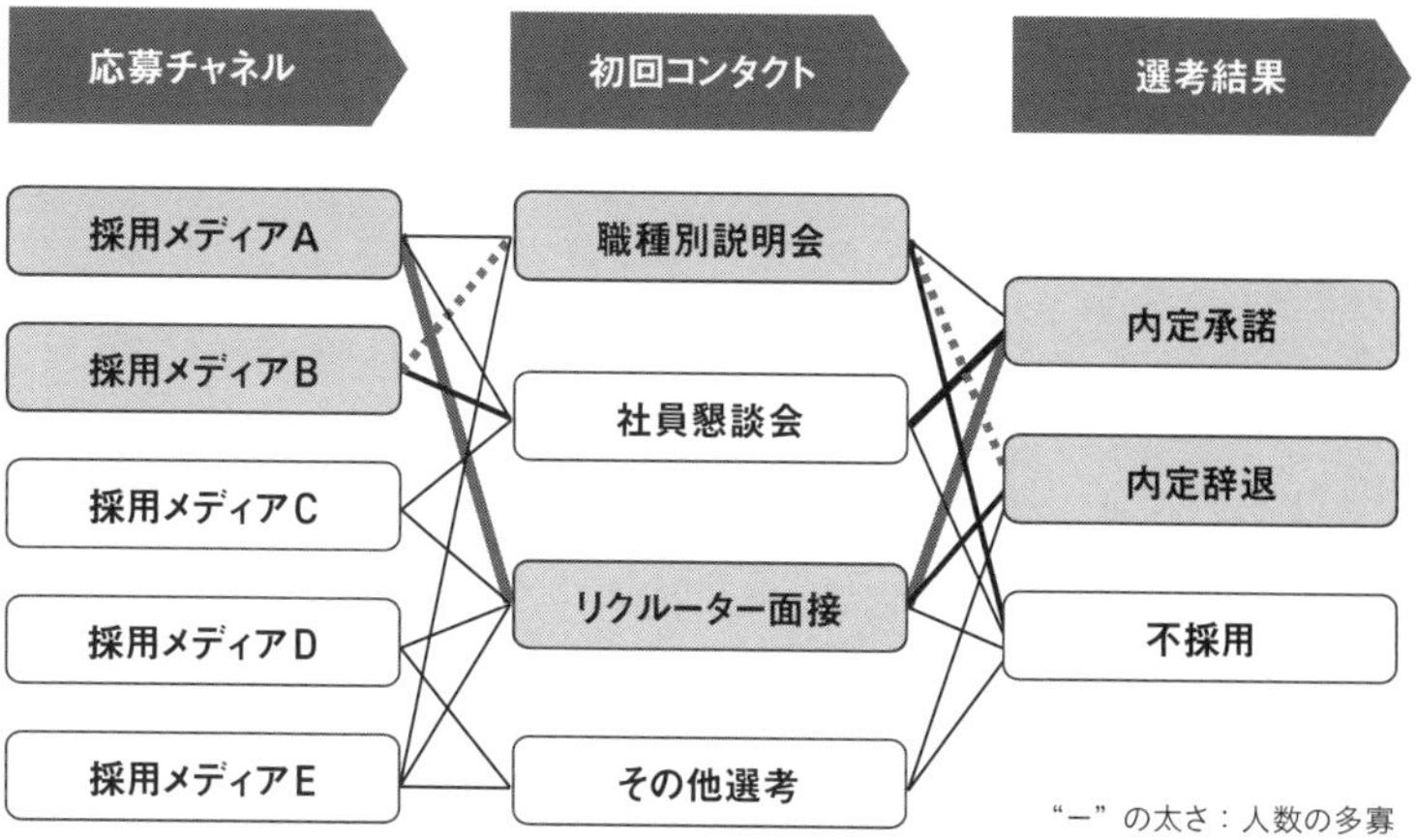

採用メディアAから流入し、リクルーター面接を経た学生がもっとも内定承諾率が高い、あるいは採用メディアBから職種別説明会に参加した学生は辞退する確率が高い。そうした分析結果から採用活動における隠れた改善点を探してみよう。

さらに、入社後3年間での活躍度合いも併せて見ておきたい。これはマーケティングにおけるLTVだ。LTVとは顧客が最初の購買以降、自社にもたらした収益の累積値を指すものだが、採用活動においても同様に入社した社員の一定期間内における活躍度を視ることで、採用活動の良し悪しをトータルに振り返り評価していきたい。

（5）コミュニケーション密度をスコア化し、内定辞退リスクのモニタリング

採用活動を経て、ようやく内定者が決定。にもかかわらず、「配属される部署の業務内容が合わないと思う」「親から反対された」といった理由での内定辞退が相次ぐ。人事担当者にとっては実に悩ましい問題だ。辞退を見越してより多数の学生を囲い込むのはコストがかかりすぎる。辞退を防ぐもっと効果的な方法はないのだろうか。

お勧めしたいのは内定者へのコンタクト履歴をスコア化して自動累積する方法だ。懇親会やイベント情報の共有、ＬＩＮＥ、ｅラーニングの提供などを通して内定者とコミュニケーションを続け、コミュニケーションの蓄積をスコア化する。さらにＷｅｂサイトへのアクセス履歴やメール開封の有無から辞退リスクも分析したい。

コミュニケーション密度のスコアと辞退リスクを分析し、入社を迷っていそうな内定者に対してより積極的にコミュニケーションをとる。イベントの開催やオファーメール、適性検査の結果に応じた限定イベントなど最適なアクションを最適なタイミングで実施する。顧客の消費行動を分析し、離脱を防ぎ優良顧客へと育成するように、マーケティング思考によって内定者をつなぎとめ、内定辞退防止を図りたい。

5 人的資本経営

企業価値の評価において、人的資本はより重視されるようになってきたが、それでも人的資本経営に関してはまだ各社とも手探りの状態だ。

人的資本経営においては、まずはＩＳＯ３０４１４が示す、11のカテゴリに区分される58の人的資本指標に沿った情報開示が基本となる。ただし、これらの中には攻め（企業価値向上）の指標と守り（リスクマネジメント）の指標が混在しており、経営戦略・事業戦略と連動したストーリー性のある開示が求められる。

進め方としては、人的資本への取り組み方針や開示の目的を定義した上で、開示に向けた全体スケジュールやマイルストーンを設定するとともに、ＩＳＯ３０４１４の11のカテゴリのうち、優先する指標を定める。そこからＫＰＩと定点観測の運用を検討し、必要なデータの整理や収集に入ろう。運用が始まったら、ＫＰＩのモニタリング結果から課題を洗い出すことで、改善に向けた人事戦略の見直しにつなげることができる。

このプロセスで重要なのはＫＰＩをモニタリングするための効果的な社内ダッシュボードを構築することだ。開示に役立てるとともに、役員や人事部門が自社の人的資本の状態を常

図表5-33 ISO30414が提示する人的資本指標

大項目		項目	
1	倫理とコンプライアンス	1	提起された苦情の種類と件数
		2	懲戒処分の種類と件数
		3	倫理・コンプライアンス研修を受けた従業員の割合
		4	第三者に解決を委ねられた紛争
		5	外部監査で指摘された事項の数と種類
2	コスト	1	総労働力コスト
		2	外部労働コスト
		3	総給与に対する特定職の報酬割合
		4	総雇用コスト
		5	1人当たりの採用コスト
		6	採用コスト
		7	離職に伴うコスト
3	ダイバーシティ	1	年齢
		2	性別
		3	障害
		4	その他
		5	経営陣のダイバーシティ
4	リーダーシップ	1	リーダーシップに対する信頼
		2	管理職1人当たりの部下数
		3	リーダーシップ開発
5	組織風土	1	エンゲージメント／満足度／コミットメント
		2	従業員の定着率
6	健康・安全・幸福	1	労災により失われた時間
		2	労災件数（発生率）
		3	労災による死亡者数（死亡率）
		4	健康・安全研修の受講割合
7	生産性	1	従業員一人当たりEBIT／売上／利益
		2	人的資本ROI
8	採用・異動・退職	1	募集ポスト当たりの書類選考通過者
8	採用・異動・退職	2	採用社員の質
		3	採用にかかる平均日数
		4	重要ポストが埋まるまでの時間
		5	将来必要となる人材の能力
		6	内部登用率
		7	重要ポストの内部登用率
		8	重要ポストの割合
		9	重要ポストの空席率
		10	内部異動数
		11	幹部候補の準備度
		12	離職率
		13	自発的離職率
		14	痛手となる自発的離職率
		15	離職の理由
9	スキルと能力	1	人材開発・研修の総費用
		2	研修への参加率
		3	従業員一人当たりの研修受講時間
		4	カテゴリー別の研修受講率
		5	従業員のコンピテンシー比率
10	後継者計画	1	内部継承率
		2	後継者候補準備率
		3	後継者継承準備度（即時）
		4	後継者継承準備度（～3年、4～5年）
11	労働力	1	総従業員数
		2	総従業員数（フルタイム／パートタイム）
		3	フルタイム当量
		4	臨時の労働力（独立事業主）
		5	臨時の労働力（派遣労働者）
		6	欠勤

図表5-34 人的資本経営　攻めと守りの指標

↑ 企業価値向上（攻め）

【8. 採用・異動・退職】	後継者計画（DX人材・サステナビリティ人材・特定資格保有者など）、チャレンジ指数・社内公募への応募率
【8. 採用・異動・退職】	重要ポストの内部登用率
【9. スキルと能力】	従業員一人当たりの研修受講時間、人材開発や研修への投資
【10. 後継者計画】	後継者候補の準備率
【3. ダイバーシティ】	D&I指標（性別比率・女性管理職比率・雇用形態別比率）
【5. 組織風土】	エンゲージメント／満足度指数
【7. 生産性】	従業員一人当たりの売上、人的資本ROI
【5. 組織風土】	従業員の定着率
【6. 健康・安全・幸福】	健康・安全研修の受講割合
【8. 採用・異動・退職】	離職率
【11. 労働力】	欠勤などの勤怠状況

↓ リスクマネジメント（守り）

にマクロにウォッチできる状態にしておくことが人的資本経営の最初の一歩である。

具体的には、これまで述べてきた採用から人材配置、抜擢、育成、業績、生産性、スキル、エンゲージメント、健康経営（健康状態、欠勤など）、後継者育成から離職防止まで、経営として何をKPIとし、どのような可視化手法（グラフ・表など）が最適なのかを検討し整理する。その際、特に社員の生産性やエンゲージメント、健康状態などは、組織改正や業務環境の変化をきっかけとして大きく変化することもあり、変化の予兆が浮き彫りになりやすい形で可視化することが大切だ。

その中で、特に「なぜ、そのスキルを重視するのか」については徹底的に議論したい。社員

図表5-35 人的資本ダッシュボード　イメージ例

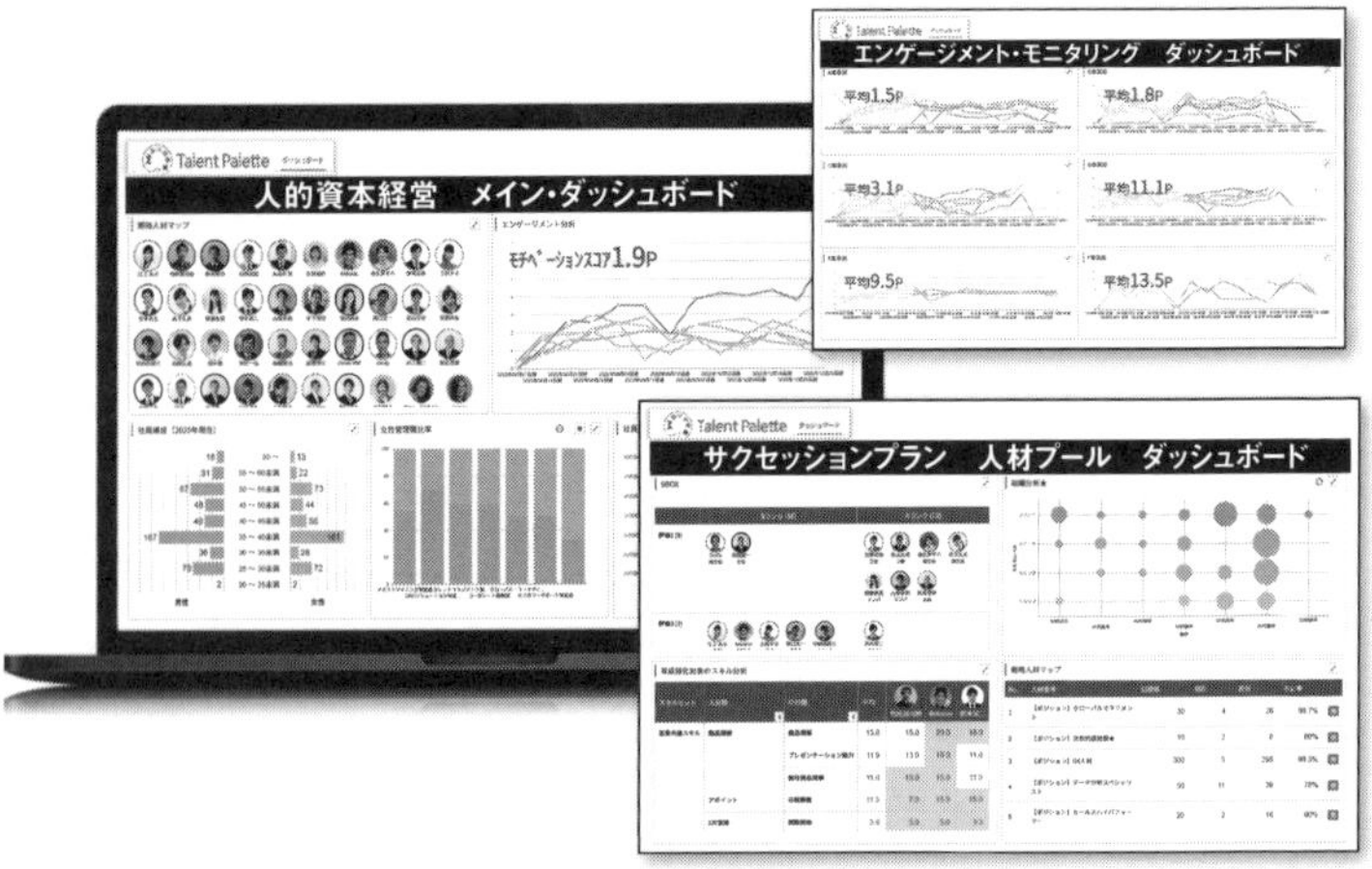

のスキルは企業の競争力の源泉であり、業界・業種、職種、各部署のミッションによってさまざまだ。かつ、事業環境の変化に応じて変わっていくべきものである。企業のミッション・ビジョン、経営戦略、事業戦略から一貫してつながるストーリー性が求められる。

以上を十分に吟味した上で、具体的なダッシュボードを構築していこう。ＫＰＩなどの指標は継続的に定点観測していくべきであり、コロコロ変えるべきではない。一方、可視化手法（グラフ・表など）については、継続的にウォッチしていく中で、より最適な形にブラッシュアップしていけばいい。そこから何が読み取れるかが重要であり、大きな変化と小さな予兆が見えてこないのであれば、何度もカタチを見直して最適化していく必要がある。一定期間の運用を助走期間とした上で、自社にとって最適な開示方法を検討・実践していきたい。

第6章

科学的人事、成功の道筋

1 科学的人事の第一歩は人材の見える化

ここまで科学的人事の本質や業界別の事例、施策別の取り組み内容について述べてきた。ラストとなる本章では失敗しない科学的人事の始め方を解説しよう。

科学的人事は以下の3つのステップで進めていく。

ステップ1〈業務の効率化〉
ステップ2〈人材活用の高度化〉
ステップ3〈利用範囲の拡大とノウハウ蓄積〉

1 煩雑な業務の効率化から始めよう

何はさておき最初に取り掛かるべきはステップ1の〈業務の効率化〉だ。とかく人事部門は忙しい。採用、労務、人事異動、研修など対応しなければならない業務が満載だ。どんなに人材を活用しパフォーマンスを引き出したくても、手元の煩雑な業務を効率化しないこと

図表6-1 失敗しない科学的人事の進め方

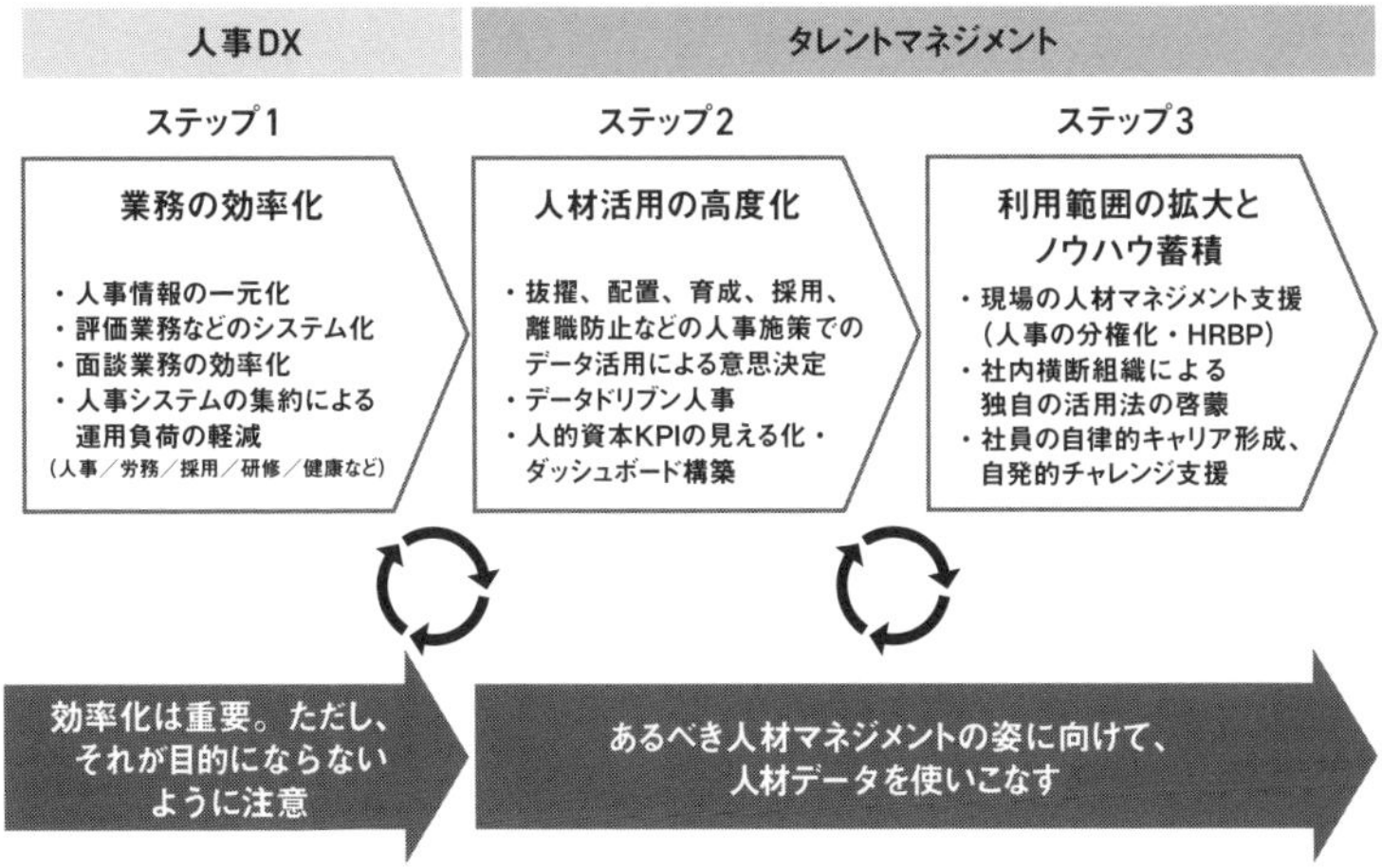
人事DX
タレントマネジメント
ステップ1
業務の効率化
・人事情報の一元化
・評価業務などのシステム化
・面談業務の効率化
・人事システムの集約による運用負荷の軽減
(人事／労務／採用／研修／健康など)
ステップ2
人材活用の高度化
・抜擢、配置、育成、採用、離職防止などの人事施策でのデータ活用による意思決定
・データドリブン人事
・人的資本KPIの見える化・ダッシュボード構築
ステップ3
利用範囲の拡大とノウハウ蓄積
・現場の人材マネジメント支援(人事の分権化・HRBP)
・社内横断組織による独自の活用法の啓蒙
・社員の自律的キャリア形成、自発的チャレンジ支援
効率化は重要。ただし、それが目的にならないように注意
あるべき人材マネジメントの姿に向けて、人材データを使いこなす

には始まらないという企業は多い。

　そのためにはまず、社員一人ひとりの役職や勤続年数、経歴、研修受講履歴、評価履歴、適性検査、アンケート、スキル、モチベーションといった人材情報を一元化して、社員情報をいつでもビジュアルに確認できるようにしよう。

　スマホやタブレットなどを使って、社員情報をいつでも見たいときに見られる、探したいときにすぐに探せるように、「人」にひも付くさまざまなデータが集約されている環境が必須だ。マネージャーが社員一人ひとりの詳細な情報をいつでも見られる。経営層がリアルタイムに全社の人材の状態を把握できる。ここは絶対に外せないポイントだ。

　第3章でも述べたが、この段階は人事DXにあたる。だが、人事DXは目的ではない。ステップ2、そしてステップ3に到達するための手段である。

② 成功する企業と失敗する企業の分かれ道

科学的人事がうまくいく会社とうまくいかない会社とでは、効率化に対する考え方が違う。成功する企業は効率化を手段ととらえ、意思決定の高度化という最終的な目的を明確に見据えている。一方、うまくいかない会社は効率化が目的となってしまっている。効率化にふりまわされ、そこから先に進めない。

データの収集についても両者の発想は対照的だ。成功する企業は目的を達成するために「どう集めるか」からスタートするが、失敗する企業は「データがない」「自社のデータは使えない」となり、「データがないから科学的人事はできない」と結論づける。管理思考から一歩も踏み出せていない。無事にデータを集めることができたとしても、最終的な目的がはっきりしていないためにタレントマネジメントシステムを「使いこなせるか不安だ」という漠然とした反応が出る。成功する会社はそうではない。意識は「(集めたデータで) どういう人材をプロジェクトにアサインするか」といった具体的な活用に向かっている。道具は道具。使う目的がはっきりしていれば、「この道具で本当に目的を達成できるのか?」という不安が出ることはあっても、「使いこなせるか」という不安が生じることはないはずだ。その不安は新しいチャレンジに踏み出すことへの抵抗感からくる「不安」ではないか、もう一度問い直してほしい。

そして、科学的人事がうまくいく会社といかない会社のもっとも決定的な違いは、役員や経営層の関与だ。うまくいかない会社では担当者任せで、採用は採用担当が、育成は育成担当が担う。担当で閉じてしまうからそこで部分最適に陥り、どこまで行っても効率化が目的であり続ける落とし穴から抜け出せない。

会社として目指しているのは人材活用のはずだ。ならば役員・経営層がしっかりとコミットしたい。会社としての人材活用への投資なのか、現場の効率化のためのコストなのか。成功と失敗の分かれ道だ。

両者は「未来志向の成功企業、現在志向の失敗企業」と言い換えることもできるかもしれない。役員・経営層は常に会社の未来を見据えているはずだ。科学的人事を進めるのであればあくまでも未来志向でいきたい。

2 データにより人材活用を高度化する

① アウトプットが見えるとインプットの質は上がる

ステップ1で人材を見える化し業務の効率化を図ったら、ステップ2ではデータを効果的に活用することで意思決定の高度化を図っていく。ステップ2のポイントは目的をより明確にして、目的に沿った分析・見える化のアウトプットを定めること。具体的なアウトプットが見えると、その効果に実感が湧き、インプットの質はおのずと上がっていく。逆に言えば、アウトプットが見えないまま突き進めばインプットの質は低いままだ。

人材育成に使うのか、離職防止に使うのか、あるいは採用のミスマッチ防止のために使うのか。目的によって使うデータは変わってくる。また、経営が使うのか、現場のマネージャークラスが使うのか、一般社員も使うのか。使う人によってもデータ活用の切り口は違ってくる。知りたいことがまず先にあり、その目的を達成するために必要なデータを持ってくるという発想を持とう。

例えば、M&A後のグループ横断での組織再編について、スキルという観点を重視して検討することが目的なら、現状の組織とスキルを軸にしてグループ全体の人材ポートフォリオを見える化するのが有効である。

あるいは、社員の成長度に合わせた研修プログラムや有望社員の育成戦略を練りたいと考えるなら、社員のスキルとその成長度合いの2軸で、人材をプロットしてみる。さらにパフォーマンス＝業績評価を掛け合わせることで幹部候補に育てたい中堅のエース候補や、活躍の機会を提供すべきやる気に満ちた若手を抜擢し、今後伸ばすべきスキルと、そのための詳細な育成施策を考えることができる。

② 人事データは継続的な収集が重要だ

科学的人事に失敗しないためには、ゴールや目的から逆算してデータを収集して、見える化を進めることだ。例えば、最終的な目的が継続的な企業成長や売上貢献だとすれば、まず目的に直結するKPI①を設定し、その達成のための人事部門のゴールとしてKPI②を設定する。するとKPI②の達成に必要なアクション――採用強化、最適配置、人材育成、離職防止――が見えてくる。そのようにして目的から逆算してアクションを決めれば、そのた

図表6-2 ゴール・目的から逆算してデータを考える

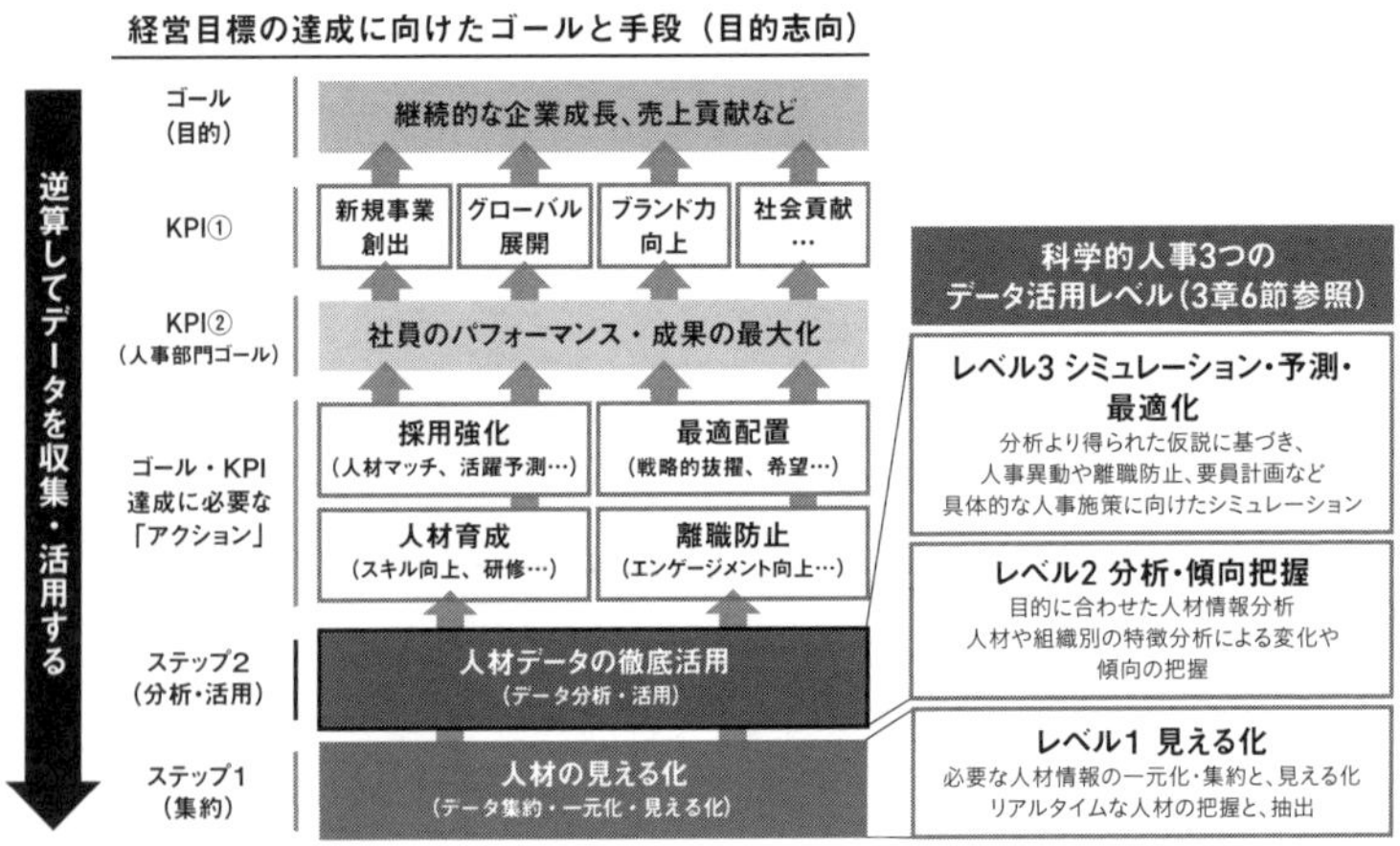
経営目標の達成に向けたゴールと手段（目的志向）
逆算してデータを収集・活用する
ゴール（目的）
継続的な企業成長、売上貢献など
KPI①
新規事業創出
グローバル展開
ブランド力向上
社会貢献…
KPI②（人事部門ゴール）
社員のパフォーマンス・成果の最大化
ゴール・KPI達成に必要な「アクション」
採用強化（人材マッチ、活躍予測…）
最適配置（戦略的抜擢、希望…）
人材育成（スキル向上、研修…）
離職防止（エンゲージメント向上…）
ステップ2（分析・活用）
人材データの徹底活用（データ分析・活用）
ステップ1（集約）
人材の見える化（データ集約・一元化・見える化）
科学的人事3つのデータ活用レベル（3章6節参照）
レベル3 シミュレーション・予測・最適化
分析より得られた仮説に基づき、人事異動や離職防止、要員計画など具体的な人事施策に向けたシミュレーション
レベル2 分析・傾向把握
目的に合わせた人材情報分析
人材や組織別の特徴分析による変化や傾向の把握
レベル1 見える化
必要な人材情報の一元化・集約と、見える化
リアルタイムな人材の把握と、抽出

めに優先的に収集・一元化すべきデータ（ステップ1）は自ずと決まってくる。

データの継続的な収集も科学的人事の成功のキーになる。継続性が重要なテーマの例として新卒採用を取り上げよう。従来の人事では2023年卒の情報は2023年度の採用データ、2024年卒は2024年度のデータとして管理されている。各年度の採用業務を効率的かつ確実に行うことが目的で、年度をまたいでデータを見るという発想がないため、年度比較はできない状態にある。

ステップ1までを目的とするなら、2023年卒に対する採用業務だけを考えて効率化できればそれでいいだろう。だが、データの活用・分析の段階にあるステップ2では継続性が必要だ。今年度の採用戦略のどこに問題があり、何

を改善すべきだったかは、データを継続して収集し、年度ごとに比較してみなければわからない。業務の効率化に留まらず、人材活用の高度化まで考えるのであれば、継続的にデータを蓄積し分析しよう。

3 活用範囲を拡大しノウハウを蓄積しよう

① 段階的に活用範囲、関連部署、ユーザーを増やす

最後のステップ3では活用範囲を広げていく。段階的に活用する部署や役職、活用場面を拡張していこう。社員のデータは良い意味でも悪い意味でもパワーがある。どう使うのか、誰が使うのか。自社に合った使い方のノウハウを継続的に蓄積していくのが王道だ。

ステップ3を成功させるためには、人事部門の中に、これまでの人事管理業務を行う部隊とは別に、「タレントマネジメント推進室」のようなタレントマネジメントを推進する別部隊を設けたい。全社の人材情報の活用を司る横断的な組織（ハブ）である。

図表6−3　科学的人事（タレントマネジメント）を成功させる組織体制

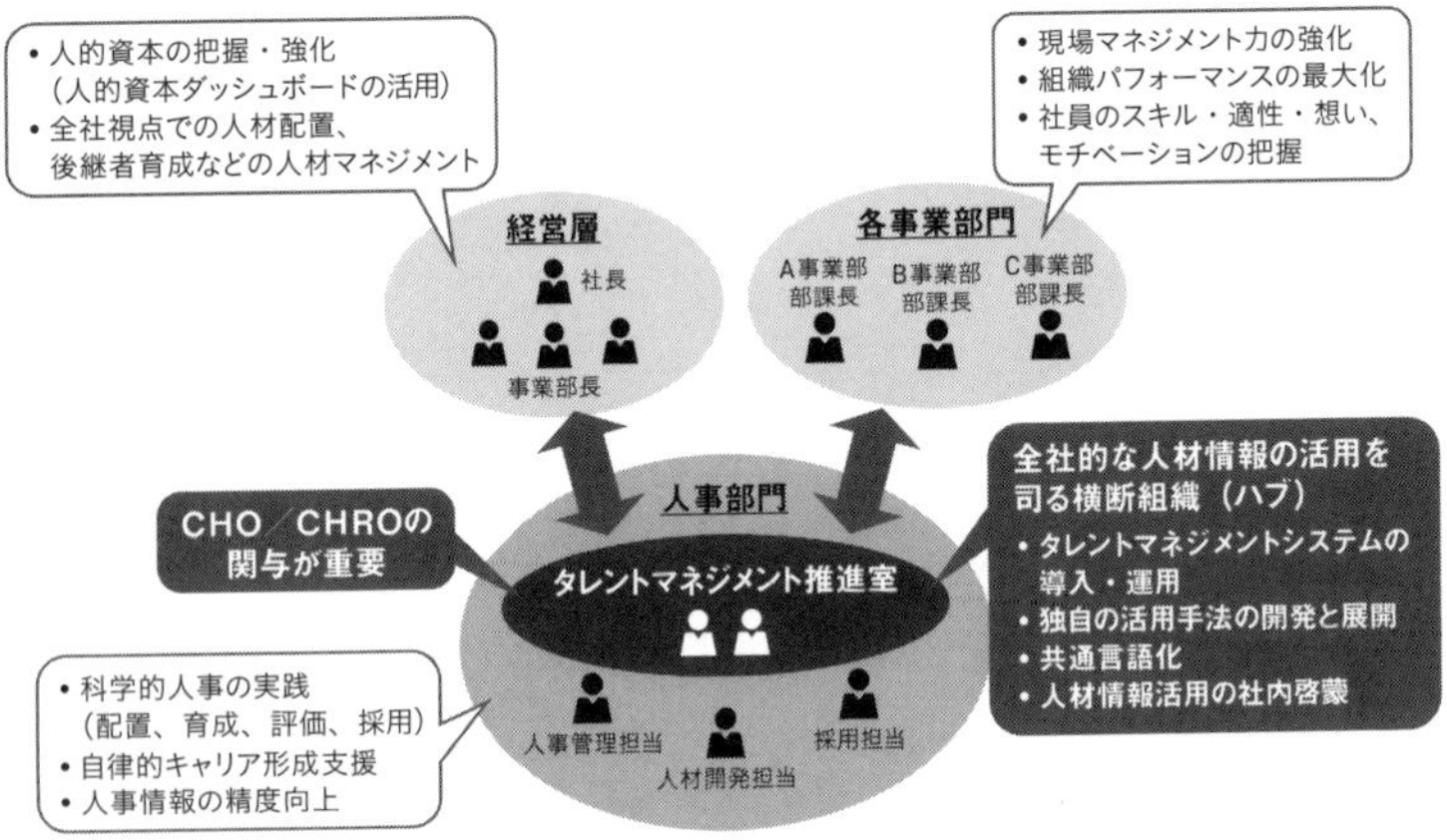

データ活用の議論が空中戦で終わらないように、タレントマネジメント推進室では自社に合った独自の活用手法を開発して共通言語化するとともに、部署や役職に応じてどのようにデータを使っていくべきかを指南する社内啓蒙活動を展開する。経営層は人的資本の状態をどうモニタリングしていくか、現場のマネージャーは日々のマネジメント業務にどう活かすか、社員は自身のスキルや業務経験、評価の状態を客観的にとらえ、自律的に成長していくためにどう使っていけばいいかといったことを正しく浸透させていきたい。

また、タレントマネジメントの推進には経営層の深いコミットが重要だ。先進企業では、CHOまたはCHROといわれる、管理目線ではなく経営目線で人材活用を戦略的に企画・推進できる最高人事責任者をタレントマネジメント推進の主管として配置している。人事戦略は経営戦略の核心ではあるが、短期的に成果が出るものではない。中長期の視点に立って経営層のコミットの下で着実に推進していけるかどうかが成否の鍵であることは間違いない。

② 科学的人事の成功は自律的な挑戦の仕掛けとセット

科学的人事は自律的な挑戦の仕掛けとセットであることが前提だ。例えば、社員が将来チャレンジしたいことをタレントマネジメントシステムで登録しておくと、会社にその情報が正しく伝わり、チャンスが公平に与えられる。社員は自分が目指すキャリアに対して与えられたチャンスを活かして必要なスキルを伸ばしていくことができる。そうしたフェアで透明なプラットフォームを構築していこう。

社員のスキルを効果的に押し上げる研修コンテンツが推奨されたり、自分のスキルや経験を活かせるプロジェクトやポジションに対する社内公募が提示されたり、憧れの先輩が経験してきたキャリアやスキルを見ることができるような仕掛けも有効だ。単に社員のデータを吸い上げ、経営層が使っているだけでは科学的人事とはいえない。「自分たちにも大いにメリットがある」と社員が実感し、納得してもらうための仕掛けが科学的人事を成功へと導く。

③「データの民主化」を意識する

先進企業ではタレントマネジメントシステムを稼働させ、再現性のある人材採用や人材育成に取り組んでいる。再現性を支える仕組みを構築していく上では、「データの民主化」を意識したい。直感的で分かりやすく、ビジュアルに時系列での変化や予兆を一目で把握できれば、意思決定のスピードと精度は上がっていく。システムの使いやすさは社員の利用を促進するために欠かせない。

また、今後は人的資本のダッシュボードは経営が必ず見るべきものと位置づけられていくはずだ。属人的人事のままではサステナビリティは実現できない。経営層の発想の転換を促していくためにも、「データの民主化」が重要である。

さらに、情報を誰にどこまで見せるのか。経営層から現場のマネジメント、一般の社員まで安心して人材情報を活用していく上で、情報へのアクセス権限の設定は重要である。慎重に検討するとともに、柔軟に設定できる仕組みが求められる。詳細は次節の「タレントマネジメントシステムの選び方」で紹介する。

4 人材活用を高度化するためのタレントマネジメントシステムの選び方

ここでは、単なる業務効率化を目的とした人事DXではなく、企業価値の向上に向けて本質的な人材活用を推進する「科学的人事」を実現するためのタレントマネジメントシステムの選び方を解説したい。人事管理を目的とする場合と人材活用を目的とする場合とでは、データをどう蓄積し、どのように使える状態にするかがまったく異なるため、実際にシステム選びを間違えて、本来目的としていた科学的人事が行えないといった事態も起きている。システム選びには注意が必要だ。

① マーケティング思考で活用できる人事データの蓄積と分析機能

科学的人事を行うためには、まずはさまざまな人事データがいつでも柔軟に使える形で蓄積されている必要がある。社員の基本的なプロフィールや異動履歴は基幹システムに保存され、自己申告書は人事担当が保管し、研修受講履歴は人材開発担当者の手元にあり、直近の評価データは現在の上司が所有し、過去の評価やプロジェクトのアサイン歴は以前の上司のみが知る。そんな状態では人材活用の意思決定のために複数のデータを掛け合わせて分析しようとしても、データの収集と紐付け作業から始めなければならず、途方もない手間が発生することは想像に難くない。1つの社員IDでこれらのデータが自動的に紐付けられている形で人事データを一元化しよう。人材活用を進めるためには、社員のプロフィール（経歴や属性など）、評価、スキルや経験、モチベーション、将来の希望といったデータまで、横串にしていつでも簡単に活用できなければならない。

また、第3章5節の「マーケティング思考で見る人事データ活用の3つのポイント」でみたように、①複数データの収集と掛け合わせができること、②時系列分析／特徴の抽出／予測ができること、③社員の声が活用できることの3つのポイントを踏まえてデータを活用していく。特に、②の「時系列で情報が蓄積されているか」は、外してはいけない重要要件だ。そもそもタレントマネジメントシステムは、人事管理システムと違って直近の状態が検索できればいいというものではない。過去から現在にかけて時系列に情報を分析し、人の成長や組織の変化を追いかけることができなければシステムを導入する意味はない。しかしながら、今の組織や人材の情報を視覚的に見ることができるだけで、時系列で情報を分析活用できないシステムが実に多いのが現状だ。これはすでに述べたとおり、人事システムが「今」を管理する目的で設計されてきた経緯によるものだが、タレントマネジメントはそうではいけない。発生・変化ベースでしかデータが存在しない人事データは、そのまま時系列で並べると連続性のない歯抜けのグラフになってしまう（詳細は第3章5節2をご覧いただきたい）。そうならないためには、マーケティングにおけるＣＲＭシステムのように日々の履歴が自動的に保存されて、常に時系列で変化が把握できる仕組みが必須である。

これまでの人事管理の発想でタレントマネジメントシステムを構築しようとして失敗した例を一つご紹介しよう。人事データを一元化したものの、思うような条件で人材検索ができないという例だ（筆者は「人事データあるある」と呼んでいる）。

同社ではローテーションによる異動の候補者を抽出するため、「過去5年間で異動が2回以内」という条件で該当者を見つけようとしたが、タレントマネジメントシステムの上ではできないことがわかった。いつどの部署に異動したかはわかっても、社員ごとの異動回数を算出できないためだ。算出には、全員分の異動回数をＥｘｃｅｌなどで計算した上で、タレントマネジメントシステムに取り込み直すしかない。

同様に、新規プロジェクトに「営業経験3年以上」のメンバーをアサインしたいといった場合にも、絞り込みは不可能だ。例えば、２０１４年4月にセールス部門に異動し、２０１

図表6-4 （人事データあるある）管理のためのデータと活用のためのデータの違い

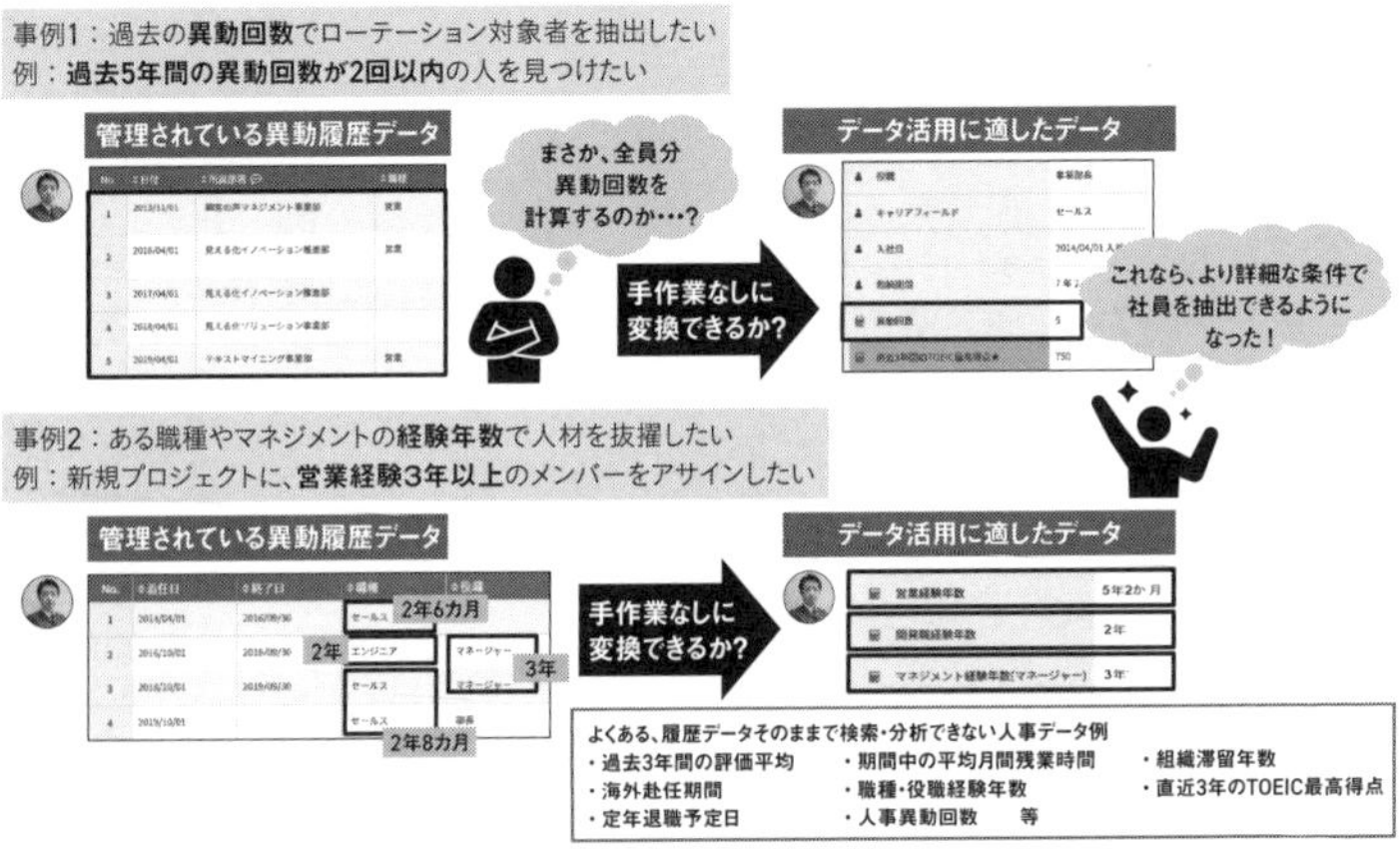
事例1：過去の異動回数でローテーション対象者を抽出したい
例：過去5年間の異動回数が2回以内の人を見つけたい
管理されている異動履歴データ
まさか、全員分異動回数を計算するのか・・・?
手作業なしに変換できるか?
データ活用に適したデータ
これなら、より詳細な条件で社員を抽出できるようになった！
事例2：ある職種やマネジメントの経験年数で人材を抜擢したい
例：新規プロジェクトに、営業経験3年以上のメンバーをアサインしたい
管理されている異動履歴データ
2年6カ月
2年
3年
2年8カ月
手作業なしに変換できるか?
データ活用に適したデータ
5年2か月
2年
マネジメント経験年数(マネージャー)
3年
よくある、履歴データそのままで検索・分析できない人事データ例
・過去3年間の評価平均
・期間中の平均月間残業時間
・組織滞留年数
・海外赴任期間
・職種・役職経験年数
・直近3年のTOEIC最高得点
・定年退職予定日
・人事異動回数　等

6年10月からはマネージャーとしてエンジニア部門に在籍、２０１８年10月から２０２０年９月まで再びセールス部門、かつ今度はマネージャーに就いたBさんの場合、彼の営業経験はトータルで４年半。マネージャー歴は４年におよぶが、この経験年数は「管理型」の人事システムでは計算できず、いつでも分析に活用できる状態にはなっていない。

他にも、過去３年間の評価の平均や海外での赴任期間、現組織の滞留年数、直近３年間のＴＯＥＩＣの最高得点なども、人材の配置や抜擢、昇給昇格候補者の抽出には当たり前に必要となる人材要件にもかかわらず、自動算出されてはいない。

なぜこうしたことが起きるのか。タレントマネジメントのさまざまな目的に対して、データ

が使える形になっていないからだ。データの溜め方を間違えるとデータがあっても結局は使えないと述べたのはまさにこのようなことである。

科学的人事の実践に向けたタレントマネジメントシステムの選定にあたっては、このように具体的な活用シーンを想定して検証することをお勧めする。なお、弊社が提供する「タレントパレット」では、先ほどの滞留期間や異動回数、経験年数などの時系列データは、従来の発生・変化ベースの人事データを登録するだけで全社員分を裏側で自動算出するため、いつでも人材の抽出条件や分析軸として利用できるようになっている。

2 さまざまな情報を収集し、人材を多角的な視点で見える化

これまで見てきたように、科学的人事を実践している企業は目的に合わせて、これまで人事部門で管理してきた基本的な人事情報のほかに、以下のような情報を新たに収集し活用して成果をあげている。

①マインド（適性検査）

②スキル（資格・能力／研修受講履歴など）

図表6-5 全社的な人材活用プラットフォーム「タレントパレット」全体像

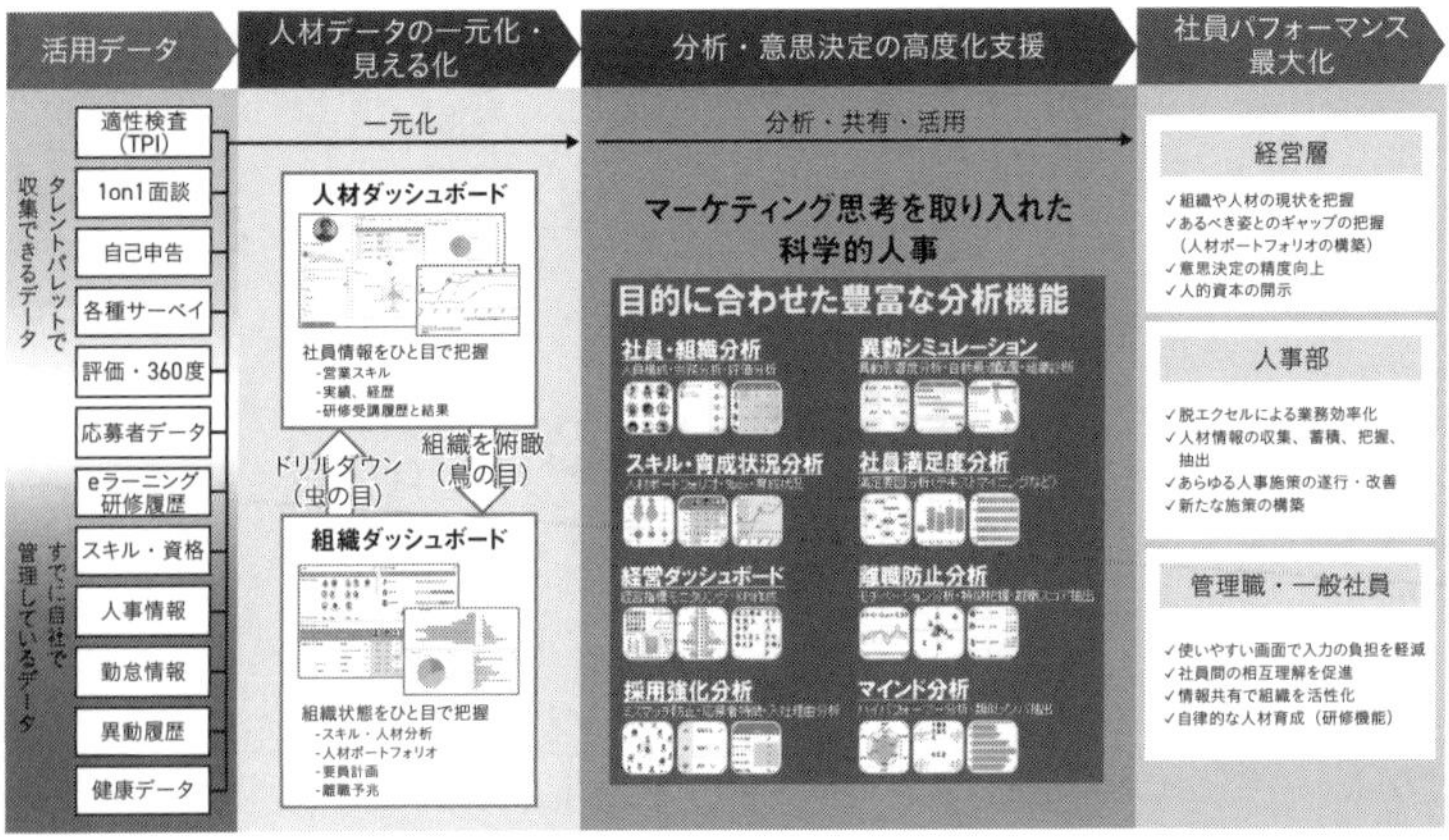

③モチベーション・エンゲージメント（アンケート／パルスサーベイ／組織診断）
④評価／ＯＫＲ／３６０度評価
⑤健康情報（ストレスチェック／ヘルスチェック／健康診断データなど）

特に、科学的人事をこれから実践する企業には、まずは①マインドと②スキルの収集をお勧めする。

①マインド（適性検査）…先進企業では、適性検査データを分析して最適配置やハイパフォーマー分析などに活用している。しかし、適性検査は有償（２０００〜５０００円／人）のものが一般的なため、採用時のアセスメントでの利用にとどまり、全社員に適用しているケー

スは少ない。弊社の「タレントパレット」では、独自の適性検査（TPI＝Talent Performance Indicator）を無償で提供しており、導入企業のほとんどが全社員に対して実施し、各種人事データと組み合わせて活用している。科学的人事を進める上で、適性検査の活用は不可欠と考えたい。

②スキル（資格・能力／研修受講履歴など）…技術スキルやITスキル・DXスキルなど、人材育成や、異動・配置に幅広く活用できる社員の一人ひとりのスキル・能力のデータを指す。資格管理やスキルチェック、コンピテンシー評価などの言葉で運用されている企業が多く、そうしたデータをスキル情報として再整理するだけでも科学的人事に効果的に活用できる。今後さらにジョブ型雇用やサクセッションプラン施策を見据えた場合、このスキル情報の活用が肝《きも》になる。なお「タレントパレット」では、スキル機能として、既存の社内運用にも対応するための上長による承認機能や柔軟な登録フォームを実装している。さらにIT人材育成で広く利用されているiCD（第4章4節を参照）や厚生労働省が策定した「職業能力評価基準」（96職種のスキルを利用可能）など社員一人ひとりのスキル情報を収集しやすくするためのスキルセットのテンプレートを無償で標準搭載している。

図表6-6　目的に応じた人材データが手軽に収集できることが重要

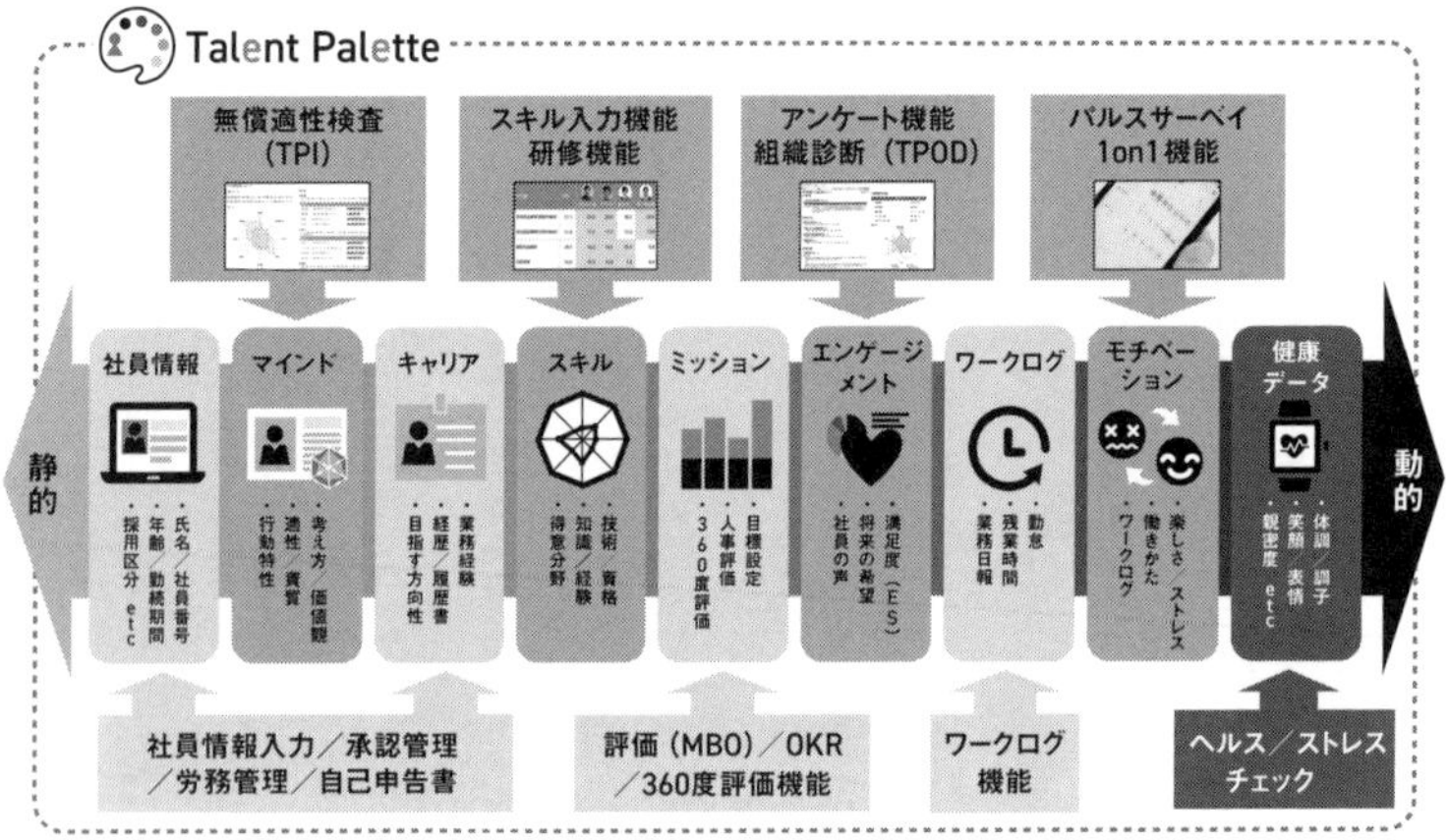

まずは、マインドとスキルの情報を収集するだけでも、これまでとまったく違う人材情報の分析・活用が可能となることがイメージできたはずだ。やみくもにデータを集めるのではなく、目的志向で、最低限の情報から効率よく集めよう。そうすれば十分に科学的人事の第一歩が踏み出せる。

③ 各立場や役割、目的に応じた柔軟なアクセス権限機能

先に見た人事データの民主化、つまり、経営層から現場のマネジメント、一般の社員に至るまでのあらゆる役割や立場の人がそれぞれの目的で科学的人事を実践していくためには「人材情報を誰に、どこまで見せるのか」といったア

クセス権限設定が極めて重要となる。人事ＤＸを目的としたシステムと科学的人事を目的としたシステムでは、実はこの権限設定の柔軟性に大きな差があることは意外に知られていない。導入後に初めて、「やりたいことができず後悔した」といった話が少なくないので注意が必要だ。

具体的には、社員の所属組織や役職、立場によって以下のような権限設定ができることは基本中の基本である。

1―情報を閲覧できる社員の範囲を柔軟に設定できる。

2―閲覧できる情報について、評価情報やスキル、過去の異動履歴、研修受講履歴、採用情報など、データ単位で設定できる。さらには項目単位（研修受講履歴自体は閲覧できるが、その中にある「テスト点数」の項目だけは閲覧できないなど）で設定できる。

3―使用できる機能を個人単位で制御できる。（店舗スタッフはパルスサーベイのみ利用できるが、店長はダッシュボード、評価、分析機能が利用できるなど）

4―個別事情の権限設定にも対応できる。（部長同士はお互いのプロフィール情報は閲覧できるが、評価データは閲覧できないなど）

図表6-7 人事データの民主化を実現する柔軟な権限管理

誰に何の目的で、どの情報まで見せるか？

分類	情報詳細	社内公開	本人	上司	役職者	人事
社員基本情報	プロフィール、趣味	○	○	○	○	○
	社員番号、氏名、所属、役職、職種、勤務地	○	○	○	○	○
	適性検査	○	○	○	○	○
	写真	△	○	○	○	○
	等級、ランク	×	○	○	○	○
キャリア	資格・スキル	△	○	○	○	○
	所属歴	×	○	○	○	○
	研修受講履歴	×	○	○	○	○
	勤怠、給与歴	×	○	○	○	○
コンディション	モチベーション	×	○	○	○	○
評価	評価ランク、評価履歴	×	×	○	○	○
	面談履歴	×	×	○	○	○
採用情報	志望動機、面談評価	×	×	×	○	○
満足度調査	満足度	×	×	×	○	○
自己申告書	将来の希望	×	×	×	○	○
健康情報	ストレスチェック、ヘルスチェック、健康診断	×	○	×	×	△

以上を踏まえた上で、次のような具体的な運用に耐えられるか確認したい。

例えば、上司は所属の部下の情報にだけアクセスできるようにしたいといったケース。あるいは、評価の承認フローにおいて、期中に人事異動が発生し、上司が代わった場合に柔軟に閲覧権限を変更したいといったケースだ。意外に思われるかもしれないが、手作業で一から閲覧権限の付け直しをしなければならないシステムは多い。そのため、弊社の「タレントパレット」では、最新の組織情報を新たに取り込むと、組織変更(差分)を認識し、自動的に権限の設定変更が行われるような機能を設けている。実運用を考えると、地味ではあるが、必須の機能として活用されている。

また、閲覧権限とダッシュボード機能が連動することで、所属部署や役職、立場に応じて見るべき情報が、あらかじめアウトプットが画面にレイアウトされたダッシュボードとして、リアルタイムに閲覧できる機能も不可欠だ。経営層であればこれからの時代、「人的資本ダッシュボード」が必須になる。経営企画であれば次世代人材育成のための「サクセッションプラニング・ダッシュボード」を、事業部長であれば自部門の「エンゲージメントモニタリング・ダッシュボード」を見て常に社員のモチベーションの把握に努めたい。

さらに、グローバルに事業を展開している企業においては、海外での利用が前提となるため、インターフェイスが外国語に対応していることも必要要件だ。いずれにしても、シンプルで無理のない運用が成功のポイントである。

4 社内のさまざまなシステムと柔軟に自動連係

タレントマネジメントで利用する人事データは、すでに基幹システムなどに管理されている基本的な人事情報と、マインドやスキルなどの新たに収集するデータに分かれることをこれまで説明してきた。このうち継続的に安定して運用していく上で重要となるのが、前者の基幹システムとのデータ自動連係だ。

特に1000名を超えるようなエンタープライズ企業では、必ずといってもいいほど、複数の既存の基幹システムとの連係が必須となる。人事管理システムや勤怠管理システム、給与管理システム、場合によっては採用管理システム、研修管理システムなど、いくつもの基幹システムが並行して動いている企業は珍しくない。タレントマネジメントでは、社員情報や異動情報は基幹システムがマスタとなって更新されるケースが多い。その場合は基幹システムで更新された情報がリアルタイムにタレントマネジメントシステムに同期される仕組みが求められる。特に異動情報や役職の変更などは、社員情報へのアクセス権限と深く連動するため、タイムラグは許されない。

一般に、最近のITシステムやSaaS型のITサービスでは、API（Application Programming Interface）と呼ばれるシステム同士が情報をやり取りする際の接続手段があらかじめ用意されていることが多い。一方、特に大企業でよく見られる、個別にカスタマイズされた基幹システムに対しては、汎用のAPIではそのまま接続できずに、導入後に予期せぬ費用が掛かってトラブルになるといった事例が後を絶たない。また、定期的に実施されるシステムの改変（バージョンアップ）に伴い、他システムとの連係について、都度膨大な追加カスタマイズ費用が発生することも避けたい。システム連係に関するトラブルや過度な追加費用の発生を回避するには、基幹システムと個別に連係したり、都度、カスタマイズで対応するのではなく、汎用的な仕組みで工数をかけずに連係できるかどうかを事前に確認しておくといいだろう。

5 システムの進化で変化の速いトレンドに対応

価値観の多様化やコロナなどの外部要因に起因する働き方の変化、ジョブ型雇用など新しい人事制度の採用、健康経営や人的資本経営、リスキリングへの要請など、近年、人事をめぐる課題・トレンドは著しく変化している。人事戦略は、経営戦略におけるスピーディーな舵取りとの連動が求められることはいうまでもないが、その人事戦略を司るタレントマネジメントシステムにも変化に対応するスピードが必要だ。

急速なデジタル化やIT技術の進展により、社員のモチベーションやヘルスケアデータなど、収集できるデジタル情報も日進月歩で広がっている。タレントマネジメントシステムには、経営や現場の要請に柔軟かつスピーディーに対応できる拡張性がなければならない。しかしながら、例えば大手外資系のシステムのなかにはバージョンアップは年1回にとどまり、仮にユーザーから強い要望を受けたとしても海外の本社にお伺いを立てるため早急な対応は難しいといったものもある。数カ月待っても、結果的に対応してもらえなかったというケー

図表6-8　科学的人事プロジェクトと「タレントパレット」の高速機能進化

先進企業へのコンサルティングを通して、**約6年間で3,800以上**の新機能を開発&標準搭載

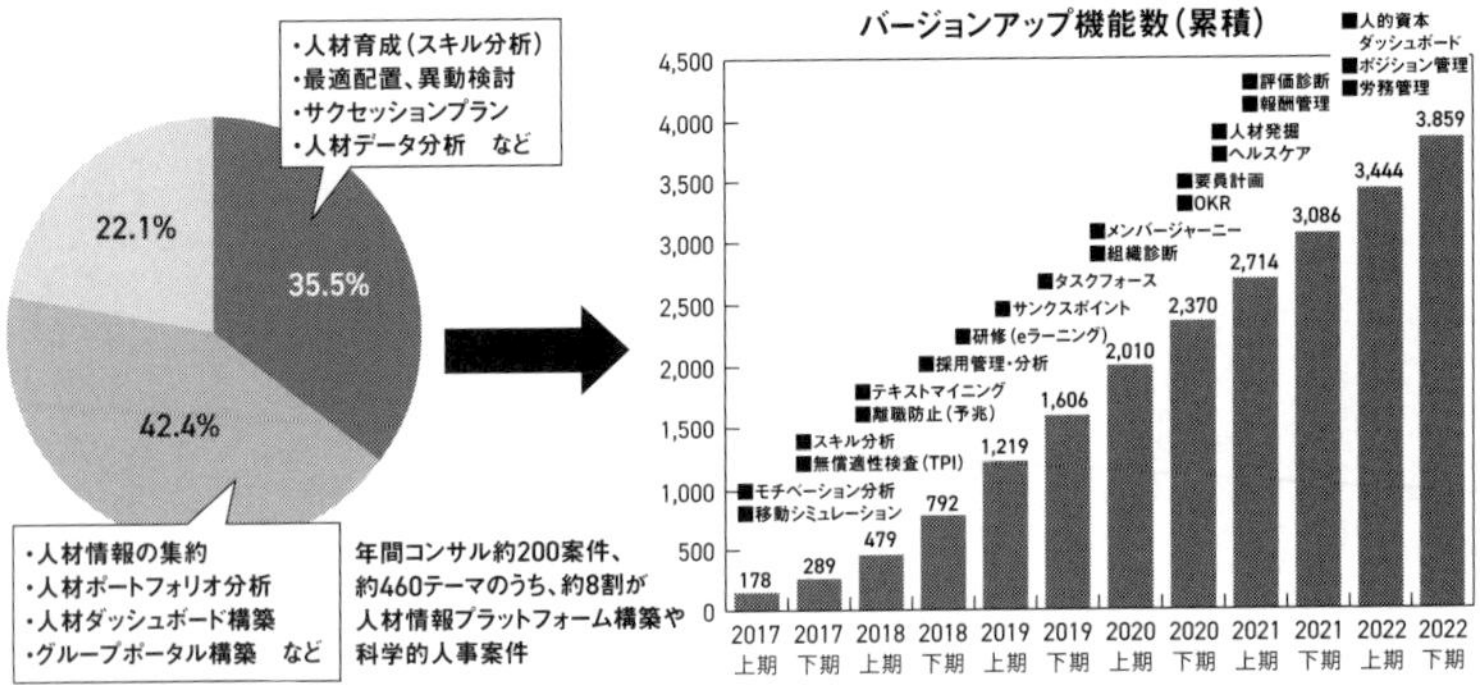

スもある。はたしてそのような時間軸で経営からの要請に応えられるだろうか。ちなみに弊社の「タレントパレット」では、約6年間で3800以上の新機能を実装している。実に1日約2つペースで新機能が生まれ実装されている計算だ。利用企業の4割以上がエンタープライズ企業である理由の一つはここにある。

6 人事DXまでカバーし、足元の人事業務の効率化も同時に実現

「日本の人事部　人事白書2020」(HRビジョン)によれば、「人事部門は管理業務に追われているか」という問いに対して「当てはまる」と答えたのは34%、「どちらかといえば当てはまる」が46%で、合わせて約80%が「当てはま

る」と回答していた。人事の仕事のメインが人事「管理」であり、人材「活用」ではない実態がよくわかる。

現実に例えば、人事評価をＥｘｃｅｌシートで行っている企業はまだまだ多い。それだけに、煩雑な人事評価業務をシステム化し、効率化するメリットは計り知れない。スマホを使った評価システムを導入して脱Ｅｘｃｅｌ化を図った小売チェーンＡ社の場合、システム化により評価時期に人事部門で浮いた時間は約１００時間。人事は本来の人材活用のための業務に専念できるようになった。

Ａ社の勝因は、店舗の社員やスタッフなど誰もが使いやすい操作性と効率的な評価フローを仕組み化したことだ。店舗での利用を考慮した操作性を追求し、本人による自己評価の入力から上長による承認フロー、さらに最終的な評価調整（甘辛調整）まで効率化したＡ社ではいま評価結果を分析し、各社員の強み・弱みの把握に努め、人材育成に活かしている。これこそ人事本来の業務だ。

気がつけばシステムの数が増えていた。これも人事の「あるある」だ。目先の効率化を目指すとこの状態に陥りやすい。基本的な社員データから異動履歴、評価データ、各種申請・承認データ、給与データ、採用応募者や内定者のデータがそれぞれバラバラに管理されている。このような特定の業務への特化型システムでは、個別の業務は効率化されても、人事業

図表6-9 人事DX～タレントマネジメントを1つにしたオールインワンシステム

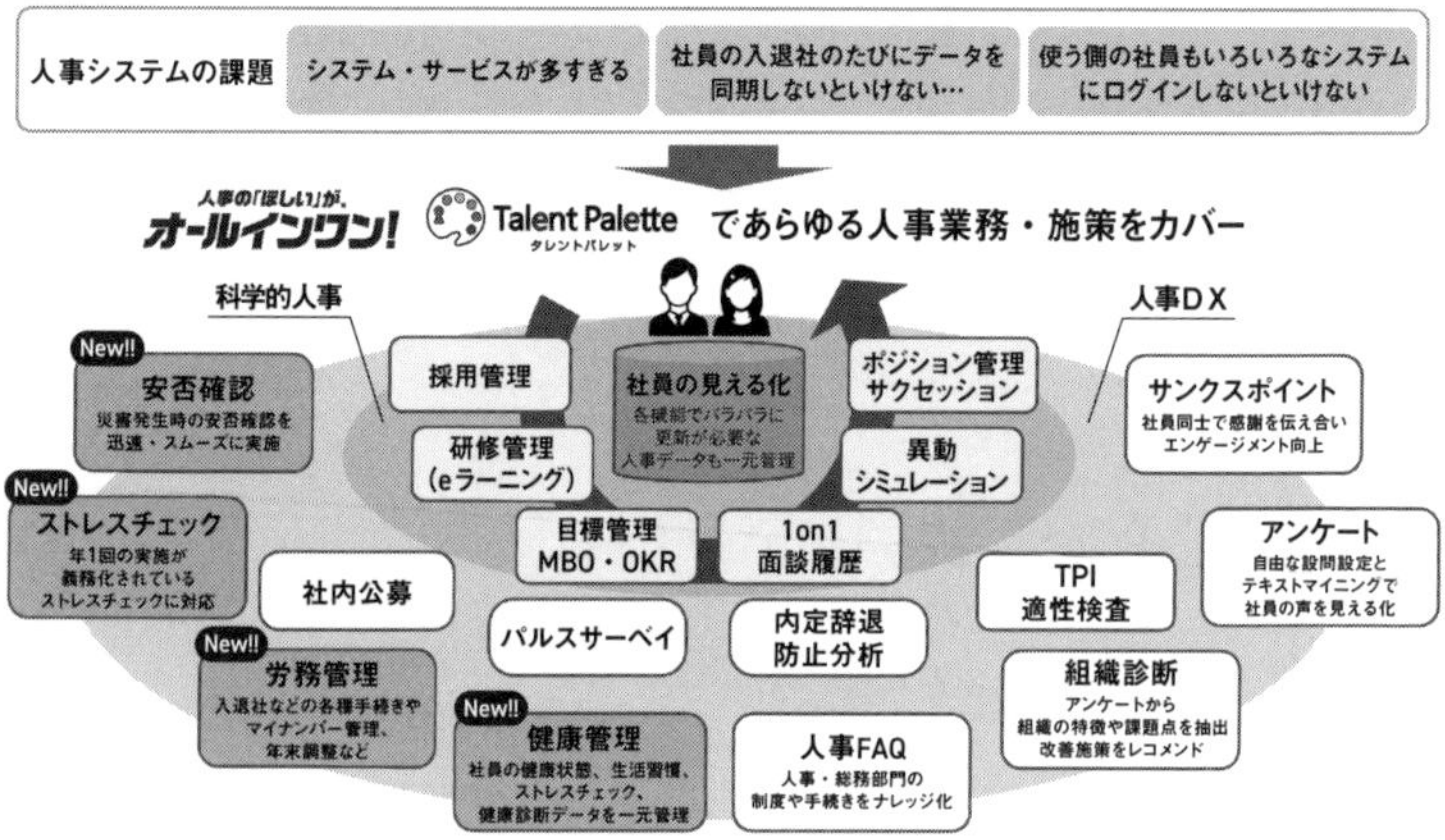

務全体の効率化は中途半端に終わる。管理するシステムが多いと業務は煩雑さを増していく。

人事の役割の一つである「安否確認」を例に挙げよう。社員が入社すると人事は必ず安否確認システムの社員データを更新し、退職したらそのデータを消す。しかし、特化型システムがいくつもあるということは、それらすべてでこうした作業が必要になるということだ。膨大な作業量を抱えた人事部門が本来の役割に時間を割けなくなるのは当たり前だ。

人事部門を煩雑な管理業務から解放し、人材活用に集中できる体制を作るには業務の効率化は欠かせない。決して目的化してはいけないが、科学的人事の第一歩として業務効率化は重要なステップだ。科学的人事を実現するタレントマネジメントシステムは、分析やシミュレーションなどのタレントマネジメント機能はもちろん、人事評価や労務管理、採用管理、さらには健診データやストレスチェックなどの健康管理など、人事ＤＸ領域の機能もオールインワンで解決できるシステムを選びたい。

5 ＩＴを武器に人が考えることこそ、科学的人事の本質

科学的人事にはＩＴの活用が不可欠だ。だが、ＩＴによってどんなにシステムが使いやすくなり進化を遂げたとしても、最終的な意思決定は人間が行うことを忘れてはいけない。

ＡＩやＲＰＡ（Robotic Process Automation）の台頭でデータを活用する業務の生産性は飛躍的に向上した。私たちがいま大量のデータを高速に処理できるのはＩＴが進展し、広く普及したからだ。

一部ではＡＩによって人の仕事がなくなるのではないかという議論が盛り上がったりもしたが、それには改めてはっきりと「ＮＯ」と言いたい。さまざまなデータが見える化されればできることは大幅に増えていく。業務は楽になり、効率は上がるが、システムは人が意思

決定に集中するために存在する。人がやるべきことは、気づく、考える、判断する、そして検証することだ。システムに意思決定はできない。

ＩＴを使って考える時間を作ること自体は問題ない。ただし、気づき、考え、判断し、アクションした結果を検証するプロセスがブラックボックス化されていて、いきなり「回答」が提示され、考えることを放棄させてしまうようなＩＴの使い方は間違いだ。特に人事においては、ブラックボックスで決められてしまうほど気持ち悪いことはない。社員の不信感は増し、エンゲージメントの低下すら招きかねない。

システムを効果的に使いながらも、最終的に意思決定できるのは人間だけだ。ＩＴは道具である。マーケティングの視点や思考を組み入れ、データを複合的に活用しながら人事戦略や人事施策の意思決定につなげていこう。「科学的人事」によって高度な意思決定をしようとするとき、ＩＴは強力な武器となるが、武器を使うのは私たちだ。主導権は人間が握っている。

特別インタビュー

人的資本経営の時代における人事の役割

社会は大きく変化し、
人事戦略や経営戦略の変化も求められている。
このような潮流に対応するために、
企業の経営者や人事担当者はいかにして
人事戦略を立て、それを実践していくべきなのか、
特に人事とデータの関係について、
早稲田大学政治経済学術院教授の大湾《おおわん》秀雄《ひでお》氏に
お話を伺いました。

大湾秀雄 氏

早稲田大学
政治経済学術院 教授

東京大学理学部卒業後、野村総合研究所でエコノミストを務める。コロンビア大学経済学修士。スタンフォード大学経営大学院博士。ワシントン大学オーリン経営大学院助教授、青山学院大学国際マネジメント研究科教授、東京大学社会科学研究所教授などを経て2018年から現職。（独）経済産業研究所ファカルティフェロー兼任。

専門は人事経済学、組織経済学、労働経済学、および産業組織論。企業の人事制度や職場組織の設計と生産性やイノベーションへの影響などに関する理論および実証研究を行う。

産学官連携で人事情報を科学的に活用するための実践的な研究会「人事情報活用研究会」主宰。一般社団法人ピープルアナリティクス&HRテクノロジー協会理事。

著書に『日本の人事を科学する 因果推論に基づくデータ活用』（2017年、日本経済新聞出版社）など。

撮影：石井文仁（KATSUMATA JAPAN office）

◯ 日本にも迫る人事改革の波

いまタレントマネジメントに真剣に取り組む企業が増えています。その背景にはどのような要因があるのでしょうか。

欧米では十数年前からタレントマネジメントが普及し、日本にはだいたい10年前に入ってきました。背景にあるのは仕事の変化です。人の仕事は定常的な仕事と非定常的な仕事に分けられますが、定常的な仕事は、誰がやってもあまり生産性は変わりません。一方、そうした仕事はＩＴやＡＩの出現で自動化され、非定常的な仕事が相対的に増えました。非定常的な仕事は人によって生産性が大きく異なるので、マッチングが重要になります。また、チームで進める仕事が増え、誰をチームに入れ誰をリーダーにするかがチームの生産性に大きな影響を与えることが認識されてきました。こうした動きに伴って、人材を活用し育成するタレントマネジメントの重要性が高まり、より効率的に行いたいというニーズが生まれてきたのだと思います。

人的資本経営という言葉が登場したのも同じ時期ですか？

タレントマネジメントとほぼ同時期ですね。人の持つ能力や活用方法によって企業価値が変わることへの理解が深まるにつれて、資産概要や投資計画、事業計画の整合性を開示すべきだという声が投資家の中から生まれてきました。ただ、人的資本という考え方自体は以前からあります。ノーベル経済学賞を受賞したゲーリー・ベッカーが１９５０年代の後半から60年代に人的資本理論の基礎を作りましたが、その前にも経済学者のサイモン・クズネッツがＧＤＰを計算するにあたっては人的資本が重要だと書いています。しかし、人的資本を測定することは簡単ではありません。投入したリソースだけでは測りづらく、何より減価償却がまったくわからない。30年使える機械だったら30年かけて償却していきますが、人が持つ知識やスキルはいつ時代遅れになるかもしれません。事前に予想できないので、人的資本会計をつくるのは無理だと彼はあきらめたわけです。それがいま、改めて、人的資本を把握することが大事だととらえられるようになりました。最終的にはＧＤＰの計算に人的資本投資が入ってくるかもしれませんね。

人的資本経営という発想は日本の企業にも浸透してきていますか。

日本の国際競争力が落ちてきていますから、その差が人への投資の違いにあるという認識は広がってきていると思います。しかし、日本の民間企業の人的資本投資は欧米の10分の1と言われていますから、並大抵の経営努力ではこれを挽回することはできません。

欧米との差を埋めるためにはどのような問題を解決していく必要がありますか。

単にお金だけの問題ではなく、職が標準化されてないことが大きな問題です。これまで日本では、本人の希望とは関係なく会社が仕事をアサインしてきました。しかし、それでは自分が10年後に何をやっているかはわかりません。わからないから自己研鑽するモチベーションが上がらない。この悪循環を変えていくには、キャリアパスをある程度体系化する必要があるでしょう。そのためには職を標準化し体系化して、どのようなキャリアパスがあるのかを社員に見えるようにする。このパスを選んだら、いま足りていないスキルがわかり、それを身につけられるような仕組みを会社が提供していくことが望ましい。そうすると、いままでのような階層型の研修が減り、自分に必要なスキルを自分が手を挙げて身につけていく自己研鑽型の研修が増え、人材育成の予算構成が変わってくるのではないかと思います。それとは別に、将来の経営人材を育成するための研修は集権的にやらなければいけません。こうした選抜型研修を増やしていくことも、今後の人材育成においては非常に大切なことです。

大湾先生は研修を一般的人的資本研修と企業特殊的人的資本の研修に分けておられます。今後はどちらの研修が増えそうですか。

明らかに一般的研修の割合が増えていきます。日本企業はこれまでOJTで企業特殊的な人的資本の蓄積を図ってきましたが、ITの普及によってプロセスがどんどん標準化され、スペシャリストの需要も増えています。新しい技術を使ったビジネスモデルやプロセスの構築が求められているため、テクニカルなスキルを持ちつつ、チームの中でさまざまなプロセスやビジネスモデルを構築できる人材の育成がますます重要になっていくでしょう。社員にとっても自分の市場価値を高め、自分のキャリアを形成する上で、一般的技能の習得の方が遥かに効果的です。とはいえ、企業特殊的人的資本がいらなくなるわけではありません。社内での調整やその業種ならではのノウハウ、顧客に関する知識も大切です。ただし、いままではそちらの投資に力を入れ過ぎた。企業特殊的人的資本の円滑な蓄積のために形成されたさまざまな人事制度、例えば、年功制、遅い昇進、人事部による集権的な異動配置、といったものは、経済合理性を失っていると思います。

一部の業務や新規事業などでジョブ型雇用を採用する企業が増えています。この動きも今後さらに進むでしょうか。

時間はかかるかもしれませんが、徐々に欧米型の雇用システムに収束していくのではないかと見ています。しかし、メンバーシップ型の雇用を維持している会社が非効率かというと決してそうではありません。新卒採用した人を教育しながら上に上げていくメンバーシップ型が可能な企業はあるし、実はアメリカにもメンバーシップ型の会社はあります。ただそうした企業はどこも成長業種なんですね。日本のメンバーシップ型の人事制度は60年代~70年代に形づくられました。日本企業が成長し、グローバルマーケットでどんどん会社が大きくなっていく過程で出来上がった仕組みです。しかしその仕組みは成長しているから維持できるのであって、いずれはジョブ型がデフォルトの世界に移行してくるはずです。それに伴って外部の労働市場も広がり、雇用の流動化は進んでいくでしょう。

○いま、人事が抱える課題とは

日本の人事に足りないものがあるとしたらそれは何でしょうか?

人的資本投資が少ない点ですね。これは改善していかなくてはなりません。政府も同じです。企業が人的資本投資を十分にせず、政府も大学院教育にあまり投資していない。それが日本の研究開発力や国際競争力の低下に現れていると思います。ただ、ようやく大企業を中心に人的資本経営に取り組み、リスキリングに力を入れるところが増えてきました。まず大企業がきちんとプラットフォームをつくり、コンテンツを揃えていくと、それが中小企業に広がっていくのではないでしょうか。おそらく政府もそれを支援して、いずれは中小企業が比較的安い値段で利用できる教育プラットフォームが築かれていくと思います。

データ活用に関する人事のリテラシーはどうご覧になっていますか。

データ活用は進んできていると思います。それこそ「タレントパレット」のようなシステムを使って人材情報の可視化に取り組む人事は増えてきていると思います。データを人事で活用する一番のメリットは可視化ですね。可視化されることで課題が浮き彫りになってくるのは大きいです。また、ある施策を導入したときに本当に効果があったかどうかを検証できるのもデータ活用のメリットです。ピープルアナリティクス（人事データの分析・活用をする活動の呼び名）がアメリカから入ってきた当初、人事部は社員のデータをひそかに分析し、結果が出たらそれを経営陣に報告するという使い方をしていました。しかし、個人情報を使う以上は何のためにどのように使っているのかを従業員に説明しなければなりません。人事部だけが使うのではなく、経営陣だけが見るのでもなく、現場のマネジャーがデータベースにアクセスして、必要な社内人材を検索したり、一人ひとりの社員が自分のパフォーマンスを確認したり、キャリア設計のために業務情報を見られるようにしておくといった使い方が広がりつつあります。退職者分析や活躍人材分析をするにしても、個人を特定するというよりも、会社として改善すべき方向性を見つけるために行っていくのが本来だと思います。ただ、そうしたデータの民主化は着実に進んできているように思いますね。

日本の会社員のエンゲージメントは他の先進国より低い水準です。上げていくために人事は何をしていくべきでしょうか。

エンゲージメントが低いのは自律的なキャリア形成ができない仕組みだからです。自分が希望した仕事に就くことがあまり許されず、会社が仕事を決めている。転職マーケットもまだ欧米に比べると薄いので、会社を辞めることに対しての不安も大きいとは思います。だから不満はあってもなかなか辞めない。人間関係が悪くても、あるいは自分のキャリア観とちょっとズレていても辞めない。自分が辞めるとほかの人に迷惑がかかると考える日本人も多いです。でも、それは属人的に仕事をしているからなんですよ。仕事が標準化され、ある程度、定常的な仕事はマニュアル化され、かつチームで仕事をするようになれば、誰かが辞めてもそんなには困らない。仕事が標準化されているので、新しく人が入ってきてもすぐに働き始められて、辞めた人と同じレベルまですぐに生産性が戻るのであれば、自分が辞めたら迷惑をかけるなどと考えずに済みます。そもそも困らないようにするのはマネジャーの仕事です。

マネジャーの力量の底上げも急務ですね。

日本の管理職は他の先進国と比べると、部下のトレーニングや相談への対応、部下の仕事の計画にかける時間が一番少ないです。中間管理職の力を底上げして、マネジャーは部下のサポートが自分の一番大事な仕事だと考えるべきですが、現状は無駄な仕事が膨大にあります。本来部下がやるべき仕事をやっているプレイングマネジャーも多いです。業務の見直しは最優先事項でしょう。無駄をなくそうと思っても変えるのに大変な手間と時間がかかるため、結局はやらないというケースが多いのですが、改善提案をして、それを実際に実践した人を評価する仕組みを作るべきです。いま私は業務の可視化に踏み切った会社のデータを分析していますが、見直しを図ればホワイトカラーでも工数は3割ぐらいは減らすことができます。

業務の棚卸しを図るわけですね。

ええ。自分がやってる業務を全部書き出し、そのプロセスを図式化して、どこに無駄があるかということを検討します。それをやっているときは逆に残業が増えますが、終われば業務の工数が減って、自然に残業も減っていく。浮いた人材を付加価値の高い仕事に割り振ることもできます。あとは業務の選別、受注の選別ですね。

○本来の人事の役割とは

人事は今後、どうあるべきだと思われますか。

企業特殊的人的資本の重要性が落ち、職の標準化かつ高度化が進んでいく中で、人事が集権的に人の採用も育成も配置も行うという従来型の仕組みが経済的合理性を失ってきています。そこを変えていく必要があるでしょう。そもそも人事が集権的に採用・育成・配置を担っているのは日本だけなんですよ。

他の先進国の人事は集権的ではない?

経営人材の育成こそ集権的にやっていますが、ほかは現場が人を採用し現場が育成しています。現場の希望と本人の希望をすりあわせて分権的に人を配置していますね。日本は、企業特殊的な知識を備えて人的ネットワークを構築するため、人事部が計画的に社内ローテーションを行って人材を育成してきました。しかし、蓄積しようとしている社内コーディネーション能力自体の価値が下がっていますから、もう人事が集権的にやる必要はありません。

特にいまは個々の部署で必要な専門的知識が増え、多くの仕事が高度化しています。どのようなスキルを持った人間が現場に必要なのかを人事がすべて把握し最適な配置をするのは極めて困難です。新卒採用だったらまだ色がついていないのでできるかもしれませんが、ある程度経験を持った人間を効率的に配置したい、あるいは中途採用で採った人をうまく活用したいというときには人事主導では難しい。ある程度分権化して、現場に任せていく。現場の声を聴きながら、彼らと一緒に協働し、現場の希望が叶うような仕組みを人事が作ることが大切です。そうした改善努力を怠っていることがエンゲージメントの低下につながっています。いまはそうした仕組み作りが技術的に可能になってきていますから、そちらの方向に大きく舵を切りましょうというのが大きな流れになってきました。

すでに分権化を進めている企業の例はありますか。

ソニーがそうですね。人事部主導の異動はもうほとんどありません。従来の社内公募に加えて、ハイパフォーマーを対象とした「FA制度」、社内兼業を可能にした「キャリアプラス」、異動によって新しい経験を積みたい場合には上司と相談の上、登録できる「キャリア登録制度」という4つの仕組みを持っています。また、医療機器メーカーのシスメックスは新入社員の配置にマッチングアルゴリズムを導入し、うまくいっているという話です。といってもＡＩがすべてを決めるわけではありません。新入社員が強みをアピールし、新入社員を受け入れたい現場は、自分たちの部署の紹介や育成計画を新入社員にプレゼンします。双方がプレゼンした上で新入社員は自分が行きたい部署をランク付けして、部署も欲しい人材をランキングする。お互いの情報に基づいてコンピュータがアルゴリズムに沿って配置することで人事部の工数は大幅に減っています。

その方法なら配置される方も納得感がありますね。

そうです。一番のメリットは納得感ですね。自分の希望通りの部署に配属されないと納得がいきませんよね。しかしこの方法なら、たとえ自分が第一希望に行けなかったとしても、行けなかったのは自分よりももっとその部署が欲しいと思う人材がいたからだとわかるので納得して働けます。この仕組みでもう一つ重要な点は、新入社員が自分のキャリアについて深く考えることができることです。この会社で何をしたいか、どういうキャリアを形成したいのかということを真剣に考える。現場は現場で新入社員をどのように育成するかを熟考できます。

人事を変えていくにはトップの関与も必要でしょうか？

もちろんです。何よりもトップが変えなければいけないという意思決定をする。トップがコミットメントすることです。

これは欧米の研究ですが、ダイバーシティ施策を①トップのコミットメントを高める施策、②管理職のジェンダーバイアスをなくす研修、③柔軟な働き方を導入するの3つに分類してどれが一番効果が高いかを調べると、②や③を単体でやってもあまり効果が出ないんですね。でも、①のトップがコミットメントを高める取り組みと合わせて実施するとものすごく効果が出る。制度だけ整え、ハコを用意してもトップが真剣に取り組まなければ機能しません。人事制度の改革を成功させるためにはトップのコミットメントは不可欠です。

京セラのアメーバ経営が創業者の稲盛和夫氏の提唱だったように、非常に画期的な人事制度の多くはトップマネジメント主導で生まれています。先ほど現場との協働が大事だとお話ししましたが、現場の協力を得るためには、トップマネジメントがビジョンを提示して、人事制度を構築していくことが大事だと思いますね。トップのコーディネーションは必須です。CHRO（Chief Human Resource Officer＝最高人事責任者）の重要性もこれから高まってくると思いますね。制度設計や事業計画に合わせた人材の育成計画はトップレベルでやらなければなりません。ＣＨＲＯがさまざまな意思決定に関与し、必要な人事施策を取ることが重要になってくるでしょう。多くの日本企業ではいまだにＣＨＲＯの位置づけは低いままですし、戦略会議にＣＨＲＯが出ない会社もまだ多いと思いますが、そこに呼ぶようにしなければなりません。

人事の業務はかなり現場に移せます。採用、育成、配置などは現場主導でやった方がいい。では人事に残るのは何かといえば、一つは制度設計です。それからタレント情報を管理して分析すること。人材育成計画の策定、特に経営人材の計画的な育成については集権的にやらなければいけない。これが人事部のもっとも重要な役割になると思いますから、それ以外は全部現場に任せるのがいいでしょう。

それが本来の人事の役割なんですね。

そうです。そうすると人事に必要な人材も3タイプぐらいに分かれてくると思います。一つは経営目線で制度設計できる人間。ＣＨＲＯに上がっていく人たちですね。２つ目は育成のプロ。人材育成のことをすごく勉強して、それを実践できる人間です。３つ目がデータサイエンティスト。たぶんこの3タイプが人事の専門職として生き残っていくと思います。

アメリカでは人事部はこうした専門職の人材で構成されています。腰掛けで人事をやりますという人はいません。日本では人事は専門職ではなく、いろいろなことを経験した人が自分の出世の一つの通過点として通っていく部署でしたが、これからは違ってくるでしょう。アメリカのように専門職化し、経営ビジョンや事業戦略に基づいて人材の採用計画や育成計画を立て、人事制度も変えていく。そうしたことを先を読んで実施する機能こそが人事部に求められていると思います。

おわりに

私たちは、これまで多くの企業の科学的人事の立ち上げ・実践を支援し、人材活用の高度化をサポートしてきた。企業の規模や業種はさまざまだ。従業員数万名の大企業もあれば、中小企業もある。業種・業態も幅広い。業種に関していえば「ほぼすべて」を網羅しているといっても差し支えない。

その中でたくさんの成功例を見てきた。その中には、デジタル化とは縁がなかった企業、デジタル化にあまり積極的でなかった企業も多い。

驚くほどアナログで属人的な人事管理しか行ってこなかった企業であっても、着実にデータを見える化し、目的を持ってデータの複合的な分析に取り組み、人材育成や配置・異動、採用などの各場面で意思決定の高度化に成功しているケースは多い。以前とは見違えるように科学的な人材マネジメントを行っている例も多数ある。成功例に、企業の規模や業種は関係ない。

共通点をあげるとすれば、経営層の関与である。人事に直接携わっているという意味ではない。科学的人事の本質や必要性を理解し、コミットする体制があるかどうか。人事に任せきりにしているのか、経営が関与しているのか。それが科学的人事の成否を分ける分岐点といってもいいだろう。

科学的人事を成功させるには人事部門による取り組みだけでは不可能だ。全社的に人材情報を活用していくには事業部門との連係なくしては難しい。採用も配置も育成も各部門が有機的につながり、必要に応じて連係できる体制があってこそ高い効果を発揮し、パフォーマンスを最大化できる。

役員や経営層が正しく人事にコミットしている企業の科学的人事は、本書で紹介しているように着実に先を行っている。スキルを見える化して詳細かつ明確な人材ポートフォリオを作成し、未来に向けて必要な人材育成を着々と進めている企業もある。「自律的なキャリア形成」をキーワードに、本人が描くキャリアパスや志向とは関係の弱い画一的な研修を見直し、個人のスキルの現状や目標を可視化した上で、目標とのギャップを埋めるために有効な研修を推奨し始めた企業もある。

コロナ禍によるメンタルダウンを考慮して、1on1の面談記録やモチベーションの収集から離職予兆の検知に努める企業、自己申告書を活用して離職危険要因を拾い上げ、社員のタイプを掛け合わせて離職防止を図る取り組みも増えてきた。

いまもっとも求められている人材であるDX人材に求められるスキルや適性を洗い出し、適した人材を見つけ配置し検証するサイクルを回しながら、DX人材の充実に成果を出している企業も少なくない。

業績を上向かせるのも利益率向上をもたらすのも、その源泉は「人」である。現状の危機感や閉塞感から抜け出すためにまず何よりも人材に投資し、経営がコミットする形で科学的人事に踏み出した企業は強い。これからもますます前へと進み、先端的な実践例を生み出していくに違いない。科学的人事に踏み出す企業と属人的人事にとどまる企業。その差はますます開いていくように思えてならない。

コロナ禍で多くの企業が危機感に迫られ、活路を求めて試行錯誤を続けている。その一端として「人」への関心も高まってきている。

だが、本当に「人」に目を向けていると自信を持って言えるだろうか。「人」こそ企業の資産であると語る経営者は多いが、それを本当に形にしているだろうか。

掛け声にとどまらず、真の意味での人材活用を果たすには科学的人事が不可欠だ。自社はいまどのレベルにあるのか、まず何をすべきかを見極め、明確な目的を定めて人材データを収集・統合し、見える化してアクションにつないでほしい。

次に科学的人事を軌道に乗せるのはあなたの会社である。本書がその一助となれば幸いである。

なお、本書の執筆にあたり、たくさんの方にご支援・ご協力をいただきました。皆さまには厚く感謝を申し上げます。人材データの活用と分析による科学的人事の方法論の確立を目指して弊社が立ち上げた「科学的人事研究会」の座長をつとめていただいている早稲田大学政治経済学術院の大湾秀雄教授には、日ごろ貴重なご指導とご助言を賜っている上、本書では取材にもご協力をいただき、特別インタビューとして収録することができました。心から感謝申し上げます。また、数々のタレントマネジメントのコンサルティングプロジェクトを通して、日々我々と一緒に「科学的人事」の手法の研究開発に邁進してくれているコンサルティングチームの菊地一彦君、蒲谷崇君、マーケティングチームの久保田裕貴君、事業部の皆さん、そして、日ごろ、我々のモチベーションアップ、人材育成面でいろいろなご助言と過分な励ましをいただいている北京の杉本和雄さんにもこの場を借りて感謝の意を表します。

ありがとうございました。

なお、本書を最後までお読みいただいた皆さまに御礼申し上げます。本書をお読みいただいたことで、実際に1社でも多くの企業が「科学的人事」を実践され、人材活用を武器にして企業の競争力強化が実現されることをお祈りしています。

2022年12月

株式会社プラスアルファ・コンサルティング

三室克哉

鈴村賢治

中居隆

著者紹介

三室克哉（みむろ・かつや）

株式会社プラスアルファ・コンサルティング　代表取締役社長
早稲田大学大学院理工学研究科にて、ニューラルネットワーク、画像認識、並列処理等の研究に従事し、株式会社野村総合研究所に入社。以来、AI、データマイニングを活用した、商品需要予測、優良顧客分析、GIS、WEBアクセス解析等、各種プロジェクトを多数実施。その後、コンサルティング業務での経験から、自然言語処理を活用したテキストマイニングシステムを企画事業責任者として開発。
2007年、テキストマイニング、CRMのクラウドビジネス立ち上げを目的にプラスアルファ・コンサルティング代表取締役社長に就任。現在は、人事、採用、研修、福利厚生など、人事分野での科学的なデータ活用を実現するタレントマネジメントシステムの企画、開発を積極的に進めている。

鈴村賢治（すずむら・けんじ）

株式会社プラスアルファ・コンサルティング　取締役副社長
中央大学理工学部卒業後、株式会社野村総合研究所に入社。システムエンジニアとしてCRMシステムや情報システムの開発経験などを経て、テキストマイニング事業に営業・マーケティング責任者として参画。日本を代表する大手企業を中心に顧客の声活用プロジェクトやデータマイニングプロジェクトを多数経験しながら、執筆・講演などの情報発信を通してテキストマイニングの認知度向上やデータマイニング技術の業務活用に努める。
2007年、プラスアルファ・コンサルティングに入社、取締役副社長に就任。国内・海外でのテキストマイニング活用、データマイニングを活用したCRM/マーケティングオートメーション事業の推進、社員のパフォーマンスを最大化するためのタレントマネジメントの普及活動や科学的人事実践の手法開発など、データを“見える化”することによる新しいビジネスの創造に向け、日々全国・世界を駆け巡っている。

中居隆（なかい・たかし）

株式会社プラスアルファ・コンサルティング　取締役
東京大学工学部船舶海洋工学科修士課程修了後、株式会社野村総合研究所に入社。事業環境分析、研究開発管理、組織分析・診断、ナレッジマネジメントなどを担当。特に製造業・大学・研究機関の研究企画、事業戦略策定を目的とした、テキストマイニングを活かした特許・論文情報のクラウド型分析サービスの事業展開に従事。
2016年、プラスアルファ・コンサルティングに入社。多様なデータ活用、戦略策定支援の経験を活かし、タレントマネジメントをはじめ、テキストマイニング、CRMなどのクラウド型ソリューションの活用支援・コンサルティングを通じた、企業への提案、新機能・新サービスの企画開発を進めている。

科学的人事の実践と進化
人事DXを超えた経営戦略としての人材活用
2023年2月9日発行

著　者――三室克哉／鈴村賢治／中居隆
発行者――田北浩章
発行所――東洋経済新報社
〒103-8345　東京都中央区日本橋本石町 1-2-1
電話＝東洋経済コールセンター 03(6386)1040
https://toyokeizai.net/

ＤＴＰ………………アイランドコレクション
装丁・本文デザイン……小口翔平+青山風音+阿部早紀子（tobufune）
印　刷………………港北メディアサービス
製　本………………積信堂
　ISBN 978-4-492-96220-6